왕오천축국전

실크로드 고전여행기 2

역주자 김규현

서울에서 태어나 성균관대학교(화공과 자퇴)와 해인불교전문강원을 거쳐 베이징의 중앙미술대학, 티베트 라싸의 티베트대학에서 수인목판화와 탕카를 연구하고, 1993년부터 '쌍어문 화두'를 들고 양자강, 황하강, 갠지스강, 인더스강과 티베트고원을 종주하면서 그 여행기를 신문 잡지에 연재하였다.

1997년 강원도 홍천강 '수리재(水里齋)'에 한국티베트문화연구소를 설립하여 우리 문화와 티베트 문화의 연결고리에 관련된 저술에 몰두하여 『티베트의 신비와 명상』(2000), 『티베트 역사산책』, 『티베트의 문화산책』, 『혜초 따라 5만리』(상·하), 『바람의 땅, 티베트』(상·하) 저술하고 한편 국내외에서 개인전 [공간미술관(1989년), 경인미술관, 티베트 라싸예총 초대전] 등을 열었고, 화집으로 〈월인천강별곡(月印千江別曲)〉 시리즈, 〈싣다르타의 꿈〉 등에서 다수의 작품을 발표하였다.

또한 근래에는 KBS다큐 〈차마고도〉(6부작), KBS역사기행 〈당번고도〉(2부작), KBS역사스페셜 〈혜초〉(2부작), KBS다큐 〈티베트고원을 가다〉(6부작), MBC다큐 〈샤먼로드〉 같은 다큐를 기획하는 등 리포터 및 고문역을 맡아왔다.

실크로드 고전여행기 2

왕오천축국전

ⓒ 김규현, 2013

1판 1쇄 발행__2013년 02월 25일
1판 3쇄 발행__2023년 07월 10일

역주자__김규현
펴낸이__홍정표
펴낸곳__글로벌콘텐츠
　　　　등록__제25100-2008-000024호

공급처__(주)글로벌콘텐츠출판그룹
　　　　대표_홍정표　이사_김미미　편집_임세원 강민욱 백승민 권군오　기획·마케팅__이종훈 홍민지
　　　　주소__서울특별시 강동구 풍성로 87-6
　　　　전화__02) 488-3280　팩스__02) 488-3281
　　　　홈페이지__http://www.gcbook.co.kr
　　　　이메일__edit@gcbook.co.kr

값 22,000원
ISBN 978-89-93908-61-9 93220

※ 이 책은 본사와 저자의 허락 없이는 내용의 일부 또는 전체의 무단 전재나 복제, 광전자 매체 수록 등을 금합니다.
※ 잘못된 책은 구입처에서 바꾸어 드립니다.

왕오천축국전

다정 김규현 역주

글로벌콘텐츠

왕오천축국전 순례총도

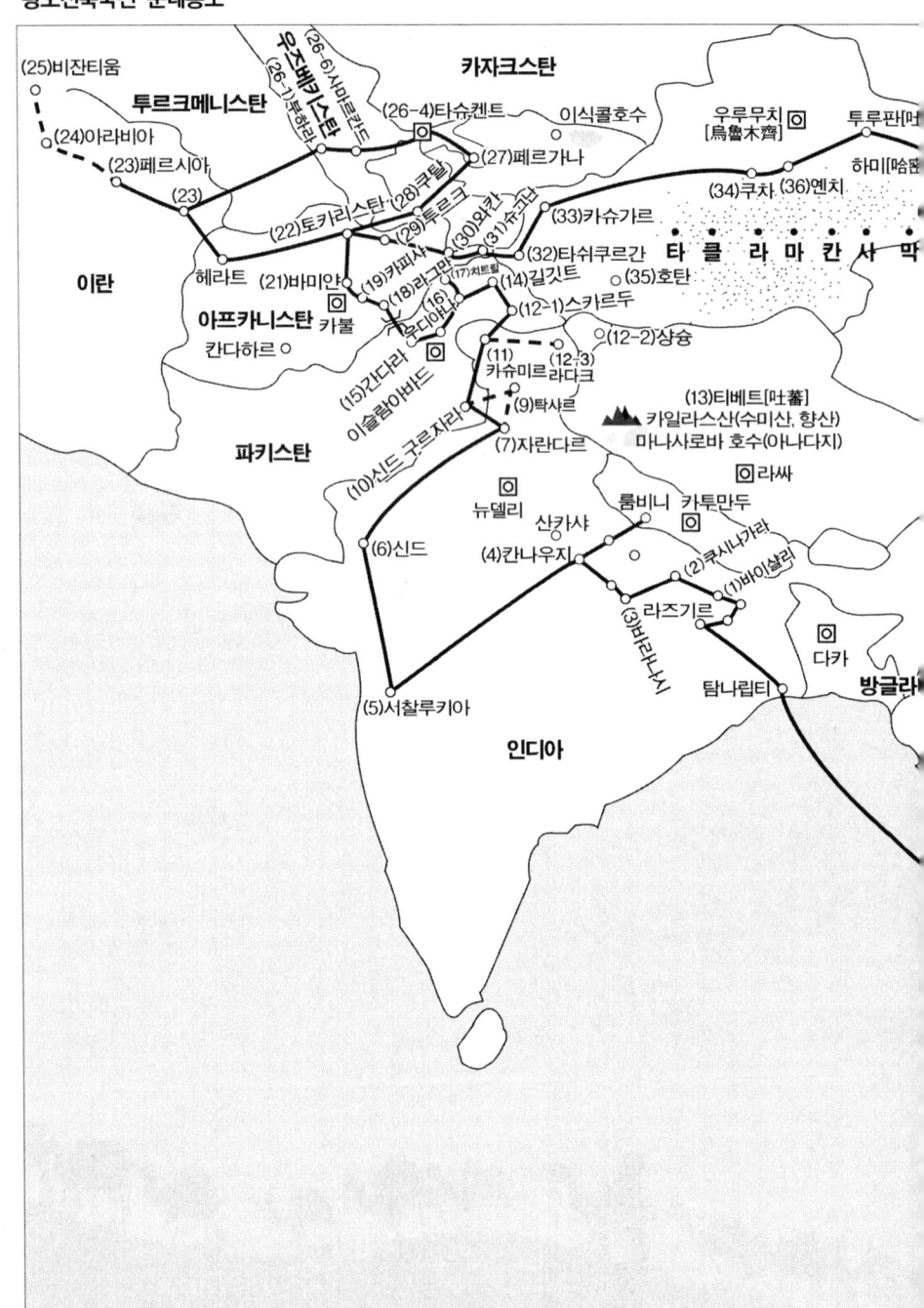

··· 정식명칭 ···

1. 바이샬리국(Vaishali/ 폐사리국/ 吠舍離國)
2. 쿠시나가라(Kusinagara/ 구시나국/ 拘尸那國)
3. 바라나시(Varanasi/ 파라스국/ 波羅斯國)
4. 칸나우지(Kanauji/ 중천축국/ 中天竺國/ 갈나급자/ 葛那及自)
5. 서찰루키아(西Ch lukya/ 남천축국/ 南天竺國/ 서촤루기/ 西遮婓其)
6. 신드(Sindh/ 서천축국/ 西天竺國/ 신덕/ 信德)
7. 자란다르(Jalandar/ 북천축국/ 北天竺國/ 사란달라국/ 闍蘭達羅國)
8. 수바르나고트라(Suvarnagotra/ 소발나구달라국/ 蘇跋那具怛羅國)
9. 탁샤르(Takshar/ 탁사국/ 吒社國)
10. 신드 구르자라(Sindh-Gurjjara/ 신두고라국/ 新頭故羅國)
11. 카슈미르(Kashmir/ 가섭미라국/ 迦葉彌羅國)
12-1. 볼로르(Bolor/ Skardu/ 대발률국/ 大勃律國)
12-2. 샹숭(Zhang-zhung/ 양동국/ 楊同國: 羊同)
12-3. 라다크(Ladak/ 사파자국/ 娑播慈國)
13. 티베트(Tibet/ 토번/ 吐蕃)
14. 볼로르(Bolor/ 소발률/ 小勃律國)
15. 간다라(Gandhra/ 건타라국/ 建馱羅國)
16. 우디야나(Uddiyana/ 오장국/ 烏長國)
17. 치트랄(Chitral/ 구위국/ 拘衛國)
18. 라그만(Laghman/ 남파국/ 覽波國)
19. 카피샤(Kapisa/ 계빈국/ 罽賓國)
20. 가즈니(Ghazzni/ 사률국/ 謝䫻國)
21. 바미얀(Bamiyan/ 범인국/ 犯引國)
22. 토카리스탄(Tokharistan/ 토화라국/ 吐火羅國)
23. 페르시아(Persia/ 파사국/ 波斯國)
24. 아라비아(Arabia/ 대식국/ 大寔國)
25. 비잔티움(Byzantium/ 대불림국/ 大拂臨國)
26. 여러 호국(胡國)들
26-1. 부하라(Bukhara/ 안국/ 安國)
26-2. 카부단(Kabudhan/ 조국/ 曹國)
26-3. 키시시(Kishsh/ 사국/ 史國)
26-4. 타슈켄트(Tashkent/ 석라국/ 石騾國)
26-5. 펜지켄트(Penjikent/ 미국/ 米國)
26-6. 사마르칸드(Samarqand/ 강국/ 康國)
27. 페르가나(Ferghana/ 발하나국/ 跋賀那國)
28. 쿠탈(Khuttal/ 골돌국/ 骨咄國)
29. 투르크(Turq/ 돌궐/ 突厥)
30. 와칸(Wakhan/ 호밀국/ 胡蜜國)
31. 슈그난(Shighnan/ 식닉국/ 識匿國)
32. 타쉬쿠르간(Tashkurghan/ 탑십고이간/ 塔什庫爾干/ 총령진/ 蔥嶺鎭)
33. 카슈가르(Kashgar/ 객십/ 喀什/ 소륵/ 疎勒)
34. 쿠차(庫車/ Kucha/ 귀자/ 龜玆)
35. 호탄(Khotan/ 우전/ 于闐)
36. 엔치(Karashar/ Arki/ 언기/ 焉耆)

[일러두기]

〈실크로드 고전여행기〉 총서의 각 원문은 『고려대장경』(K)과 『대정신수대장경』(T)에 수록된 목록은 다음과 같다.

『구법고승전(求法高僧傳)』 K.1072 (32-732) T.2066 (51-1)
『기귀전(寄歸傳)』 K.1082 (33-672) T.2125 (54-204)
『고승법현전(高僧法顯傳)』 K.1073 (32-749) T.2085 (51-857)
『대당서역기(大唐西域記)』 K.1065 (32-369) T.2087 (51-867)
『일체경음의(一切經音義)』 K.1063 (32-1) T 없음

총 서 문

다시 나그네 꿈을 꾸면서…

1. 프롤로그

미지의 세계로 향해 뻗어 있는 길을 걸어가야만 직성이 풀리는, 이른바 역마살(驛馬煞)의 운명을 타고 태어난 사람들이 어찌 한두 명이었겠냐마는, 그들 중의 일부는 그 무지개 꿈을 좇아서 길을 떠났을 것이다. 물론 그들의 DNA 속에는 먼 옛날 호랑이가 담배 피기 이전, 곰이 담배 피던 시절, 아득히 먼 '세상의 지붕'이라는 파미르고원에서부터 샛별을 따라 동쪽으로 동쪽으로 이주해 온 한 노마드(Nomad)민족의 혈통이 잠재해 있었을 것이다.

당시의 여행은 달러($)만 있으면 아무 나라나 갈 수 있는 지금과는 사뭇 차원이 다른 원초적인 상태였을 것이다. 그냥 가는 곳마다 즉석에서 물물교환의 방식이나 또는 엽전이나 물품을 보시(布施) 받아서 필요한 것을 구하면서 다니는 여행이었다. 말하자면 "집 떠나면 개고생"이란 말이 딱 어울리는 그런 시대였다는 말이다.

그들은 대개 실크로드의 본격적인 시발점인 둔황[敦煌] 교외의 서역행의 양대 관문인 양관(陽關) 내지 옥문관(玉門關)으로 나아가 우선 '카라부란'이 불어대는 '사하(沙河)'라는 모래 강을 건너야 했다.

여기서 '카라부란'이란 '검은 바람'이란 뜻으로 사막에서 불어대는 모래바람을 말하는데, 한 번 불기 시작하면 하늘이 보이지 않기 때문에 부쳐진 이름이고, '사하'란 바로 현지어로 '쿰 다리아'인데 '쿰'은 모래를, '다리아'는 강물을 의미하여 '모래가 강물처럼 흐르는 모래의 강'이란 뜻으로 바람에 따라 움직이는 지형을 말한다. 현장법사의 평전인 『대자은전』에는 이에 대해 다음과 같은 기록하고 있다.

온통 모래뿐인데 바람 따라 모이고 흩어진다. 발자국이 남지 않아 길을 잃는 수가 많다. 그래서 그곳을 왕래함에 있어서는 유해(遺骸)를 목표물로 삼는다. 바람이 일기 시작하면 사람 짐승 할 것 없이 눈을 뜨지 못하며 때로는 노랫소리가 들리고 때로는 울부짖는 소리도 듣게 되는데 그것을 듣는 사이 어디로 가는지 모른다. 이렇게 해서 가끔 목숨을 잃는 경우가 많은데, 이는 모두가 악귀의 소행이다.

그들이 만난 첫 관문은 현 지도상으로는 고비사막의 서쪽 끝과 타클라마칸사막의 동쪽 끝에 해당되는 지역으로 둔황의 서쪽의 관문을 지나 옛 선선국(鄯善國)에 이르는 사이에 있는 사막이다.

이제부터 눈앞에 한없이 전개되는 막막한 타클라마칸 사막의 넓이와 크기는 우리처럼 좁은 나라에 태어난 사람들은 선뜻 감이 잘 안 잡히는 그런 것으로, 무려 가로 6,000리에 세로가 1,600리나 되는 장방형의 크기이다.

이처럼 우리에게 친근한 '리(里)'라는 단위로 환산해보면 실감이 조금 나기는 하지만, 그 크기의 개념이 안 잡히기는 마찬가지이다.

'타클라마칸'이란 말은 본토인의 위구르어로 "한 번 들어가면 나올 수 없다"라는 뜻인데, 이 말의 행간 속에서 우리는 그들 원주민조차 그 막막한 모래벌판에서 느끼는 두려움을 엿볼 수 있다 하겠다.

아무튼 그들 순례승들은 살아 돌아올 기약이 없는 사막 속으로 스스로의 목숨을 담보로 맡겨 놓고 들어가야만 했다. 이렇게 사막을 건너서부터 시작해야 하는 일반적인 순례승들이 겪어야 하는 통과의례적인 고생담을 요약한 5세기 초의 석담무갈(釋曇無竭) 일행의 여행담의 한 구절을 보면 그들이 치러야 하는 행동은 생명줄과 거의 이어져 있음을 알 수 있게 한다. 구원의 손길이란 자신들이 믿는 불보살의 명호뿐이었다.

특히 대협곡을 건너갈 때와 대설산을 넘을 때의 광경은 읽는 이의 손에 땀을 쥐게 하기에 충분할 정도이다.

설산의 독기(毒氣)는 1,000겹으로 겹쳐 있고, 층층이 쌓인 눈과 얼음은 만 리에 뻗쳐 있으며, 아래로는 큰 강이 쏜살같이 흘러내려갔다. [강을 건널 때는] 동쪽과 서쪽의 두 산허리에 굵은 줄을 매어 다리로 삼아서는 열 사람이 일단 건너가 저쪽 기슭에 도착하면 연기를 피워서 뒷사람은 이 연기를 보고 앞사람이 이미 도착했음을 알아 비로소 다시 나아갔다. 만일 오랫동안 연기가 오르지 않으면, 사나운 바람이 그 줄을 흔들어 사람이 강물 속으로 떨어졌음을 비로소 알 수 있었다.

설산을 넘은 지 3일이 지나 다시 대설산(大雪山)에 올랐다. 깎아지른 듯한 절벽에는 어디에도 발 디딜 곳이 없었지만, 절벽에는 모두 곳곳에 오래된 말뚝 구멍이 서로 마주 대하고 늘어 서 있었기에 한 사람이 각각 네 개의 말뚝을 쥐고서는 먼저 아래의 말뚝을 뽑아, 손으로 위의 말뚝을 움켜잡고 계속해서 서로 바꿔가며 기어 올라가서 그렇게 하루를 지내고서야 가까스로 대설산을 넘어왔다. 평지에 도착하여 서로 점검해보니 도반 열두 명을 잃었다.

끝없는 사막과 대협곡과 대설산을 넘어서 천축에 도착했다고 해서 안전한 것만은 아니었던지….

차차 사위국(舍衛國)에 이를 무렵, 들판에서 산 코끼리 한 떼를 만났다. 그들은 관세음보살의 명호를 부르고 신명을 다하여 가르침에 귀의하자 곧 수풀 속에서 사자가 튀어나와, 코끼리떼가 놀라 어쩔 줄을 모르며 달아났다. 또 뒤에 항하(恒河/ 갠지스강)를 건너서 또 들소 한 떼를 만났는데, 으르렁거리며 달려들어 막 사람을 해치려하였다. 그들은 귀의하기를 처음과 같이 하였더니 이윽고 커다란 솔개가 날아올라 들소들이 놀라 흩어져서 드디어 벗어날 수 있었다.

이렇듯 모든 순례승들의 행로는 내일을 기약할 수가 없었지만, 그들은 그런 두려움을 떨쳐내고 떠났던 것이다. 여기서 '떠났다'는 의미는 어떤 신념이나 열정이 있었기에 가능했던 일이었겠지만, 하여간 그들은 하나밖에 없는 목숨을 담보로 맡겨놓고 스스로를 채찍질하며 스스로의 열정을 불태우며 그 유서 깊은 길 위를 걸어갔을 것이다.

물론 그들 중 기록을 남기지 않은 무명의 나그네들이 얼마나 되는지는 알 수는 없지만, 그 중에서 중화권의 입축구법승(入竺求法僧)의 통계수치를 보면 3~11세기까지 약 180여 명에 달하는 이름이 확인되고 있다. 그러나 아쉽게도 그들은 여행기라는 기록유산을 남기지 않았기에 크게 주목을 역사의 뒤안길로 점차로 사라져 갔다. 그런 면에서 이번 〈실크로드 고전여행기〉에 주인공들은 행운아인 셈인데, 그 이유는 기록을 남겨 놓았기 때문일 것이다.

5세기의 법현(法顯)은 하얀 백지였던 그길 위로 첫 발을 내딛었고, 6세기 위(魏)나라의 송운(宋雲)과 혜생(惠生)은 시대적 공백기의 가운데서 귀중한 서역여행기를 남겼고, 7세기에 들어와서는 현장

(玄奘)이 18년의 고행 끝에 장안성(長安城)으로 돌아와서 대하기행기『대당서역기(大唐西域記)』를 남겨 커다란 족적을 남겼고, 그리고 해양실크로드의 백미인『대당서역구법고승전(大唐西域求法高僧傳)』이 의정(義淨)에 의해 써졌고, 8세기에는 우리나라의 자랑거리인 신라의 혜초(慧超)가 역시 그 길을 따라 떠나서 실크로드의 심장부를 지나 저 멀리 아라비아 근처까지 다녀와 대미를 장식하면서 인류역사의 하늘 위에 찬연히 빛나는 별이 되어 지금까지 빛나고 있다.

2. 새로운 패러다임으로서의 실크로드

'비단길'이라고 하면 그 말 자체로서는 한 없이 부드러운 느낌을 주는 것이 사실이지만, 사실은 이 길은 험난하기 짝이 없는 길로 타클라마칸(Taklamakan)이라는 대사막을 동서남북으로 이어지는 여러 갈래의 길을 주축으로 하는 길이다.

푸른 하늘에 우뚝 솟아 있는 천산산맥의 드넓은 기슭 여기저기에는 오아시스 무리들이 여기저기 흩어져 있는데, 어떤 이의 표현대로, "이들을 하늘에서 내려다보면, 아마도 황갈색 융단 위에 눈부시게 빛나는 초록색의 보석을 아로새긴 것"같이 보인다고 한다. 이 보석 같은 오아시스를 잇는 길이 바로 '오아시스길'이고 '실크로드'이며 '서역남·북로'인 것이다.

'실크로드(Silk Road/ 絲綢之路)'란 용어는 1877년 독일의 지리학자 리히트호펜(F. v. Richthofen)이 동서양을 잇는 '고대의 국제교역로'를 '비단'이라는, 당시의 주된 교역물품에 초점을 맞추어 명명한 '쟈이덴 슈트라세(Seiden strasse)'라는 학술용어인데, 영어로 번역되어 폭 넓게 쓰이게 되면서 세계화되었다. 후에는 중원의 순례승들이 이 길을 이용하여 인도를 드나들었기에 구법로(求法路)로서의 기능도 함께 지니게 되어 문화사적으로도 큰 의미를 더하였다.

사실 실크로드는 오래전부터 이미 어떤 부류의 사람들에게는 가슴속의 무엇인가를 들끓게 하였던 말이었지만, 이제는 우리 주위에서도 새삼스러운 것이 아닐 만큼 익숙해졌다. 그 이유 중에 하나는 2010년 말부터 전국의 국립박물관에서 연이어 열렸던 일련의 〈실크로드와 둔황〉이라는 전시회도 한 몫을 했을 것이다. 그 때 우리는 그 동안 희미한 사진으로만 보아왔던, 파리박물관에 소장되어 있던 『왕오천축국전』의 원본도 볼 수 있는 행운도 맛보았다. 그만큼 실크로드는 부쩍 우리 가까이에 들어와 있다고 하겠다.

그러나 이제는 과거 유라시아 대륙에서 명멸했던 여러 문화들의 형성과 발전과 변용의 산물인 이 실크로드를 새로운 시대의 패러다임으로 볼 때가 되었다. 사실 한동안 문화는 서쪽에서 동쪽으로 흘러온 것 같은 일방통행이었지만, 동아시아 새로운 도약에 의해 이제는 새로운 소통로의 정립이 필요한 때가 되었고, 그러기 위해서는 옛 길에서 다시 새 길을 찾아야 하는 방법도 그 대안 중에 하나이리라….

3. 불교의 동점(東漸)과 그 주역들

인도 대륙이라는 철학적 나라에서 생겨나고 발전된 불교는 기존의 노장(老莊)사상이나 유가적 가치기준에 젖어 있던 중원 대륙의 중국인들에게는 이질적이고 파격적일 수밖에 없었다.

그러나 자비와 인간평등이라는 보편타당성 있는 불교적 아이콘은 붉은 순교의 피바람도, 기존 가치관과의 큰 마찰도 없이 무사히 중국 대륙에 연착륙하게 하였고, 나아가 자생화하면서 선종(禪宗)

이라는 이질적인 새로운 종파까지 생겨나게 만들었다.

고대로 올라갈수록 종교가 '문화를 실어 나르는 배' 노릇을 충실히 했다는 것은 이미 역사적으로 증명된 사실 중 하나이다. 인도에서 전래된 불교는 전래 초기에는 나라와 절대왕권을 수호하는 호국종교로서 정치권력과 밀접한 관계를 유지하면서 동양권 전체에서 커다란 변혁을 일으키는 패러다임으로 물질과 정신 양면에서 중생의 삶의 질을 향상시키는 중요한 역할(공헌)을 하였다.

당시 승려는 가람 안에서는 불교라는 종교의 성직자이기도 했지만, 밖에서는 국제교류의 명예대사 역할도 함께 수행한 선진적 행동가였기도 하였다. 그것은 당시 그들이 이른바 '외국물'을 먹을 기회가 있는 유일한 집단이었기에 가능했던 일이었다.

그들은 당나라 이전 기원전 한(漢)나라 때부터 개척된 파미르고원을 넘고 열사의 사막을 건너, 여러 지류의 실크로드를 통해 교역을 하던 대상들 틈에 섞여 인도와 중원을 드나들면서 동서양의 문화와 종교의 물꼬를 터놓았다. 처음 몇 안 되던 그들의 숫자가 늘어남에 따라 불교의 전래는 동서양의 소통이라는 거대한 흐름에 가속도를 붙게 만들었다.

앞에서 이미 그 물줄기를 주도했던 주역들이 오늘의 주인공들인 5명의 순례승만이 아닐 것이라는 점을 강조한 바 있다. 법을 위해 몸을 바치는 '위법망구(爲法忘軀)'적 자세로 사막을 건너 파미르고원을 넘어 동서양을 넘나들던 순례승들이 어디 한두 명이었으랴….

불교의 동점을 따라 서쪽에서 동쪽으로 건너온 서역출신의 역경승부터 꼽아보자면, 불교전래 초기에 멀리 중앙아시아 깊숙한 곳인 안국(安國/ Bukhara)에서 불원천리 중원 대륙으로 찾아온 안세고(安世高)와 대월지족(大月氏族) 출신의 지루가참(支婁迦懺)을 비롯하여 4세기 초에 중국에 들어와 극심하였던 정치적 혼란을 불고의 힘으로 구하려고 포교에 몸 바쳤던 불도징(佛圖澄)과 그의 제자 도안(道安), 도안의 제자 혜원(慧遠), 각현(覺賢) 그리고 중부 인도 출신의 담무참(曇無懺) 등과 5세기 초에 타클라마칸 사막의 중심부에 있는 구자(龜玆) 출신의 구마라집(鳩摩羅什)은 불경번역에 새로운 전환기를 이룩하면서 불교문화의 총아인 만다라꽃을 만개시켰다. 그리고 후에 당나라 중기에 들어와서는 밀교의 수입에 따른 역경승들인 선무외(善無畏)·금강지(金剛智)·불공(不空) 등도 각기 불교사의 하늘에 반짝이는 별들이다.

이렇듯 불경의 역경사업이 진행되어 불교의 '데이터베이스(DB)' 작업이 마무리되자, 이번에는 불교의 토착화가 진행되었다. 바로 백가쟁명의 종파들의 탄생을 말하는데, 그 결과 불교라는 이질적 종교가 중국 대륙 전체의 민중의 혈관 속에까지 깊이 스며들게 되었던 것이다. 그들이 바로 특색 있는 종파를 세운 인물—수대(隋代)에 천태종을 세운 지의(智顗), 삼론종(三論宗)을 세운 가상사 길장(嘉祥寺 吉藏), 삼계교(三階敎)를 세운 신행(信行)—을 비롯하여 당(唐)에 이르러 염불종(念佛宗)을 세운 도작(道綽), 선도(善導), 남산율종(南山律宗)의 도선(道宣), 선종의 신수(神秀), 혜능(慧能), 법상유식종(法相唯識宗)의 현장(玄奘), 화엄종의 법장(法藏) 등이다.

한편 중원 땅에서도 직접 천축으로 가서 불교, 불경을 직수입하려는 움직임이 일어났는데, 바로 오늘의 주인공들인 다섯 명의 입축구법승(入竺求法僧)들을 비롯한 일단의 입축순례승들로서 그간 일방적으로 주고, 받았던 관계에서 벗어나 동서양을 잇는 참된 의미의 소통로가 마침내 이들에 의해서 완성된 것이다.

4. 본 여행기총서의 특징

우리말로 옮겨 놓았다는 번역물을 재삼 읽어보아도 무슨 뜻인지 알 수가 없다면 번역의 의미가 별로 없을 것이다. 모름지기 '번역'이란 원저자가 전하고자 하는 요점을 번역자가 잘 파악하여 제3의 언어로 정확하게 오롯이 옮기는 작업이지만, 원문의 지나친 집착은 오히려 별 도움이 되지 않을 때도 있을 것이다. 그런 함정에 빠지지 않고 번역을 하려면 우선 번역자로서의 기본적인 소양과 경험이 필요할 것이라는 것은 새삼 강조되지 않아도 될 것이다. 더구나 고전 원문에 토(吐)나 역주(譯註)를 다는 작업은 '제2의 저술'이니만큼 그런 덕목이 더 필요한 작업이니 더욱 그러하다.

그러나 고전을 번역하는데, 무엇보다 필요한 덕목은 시대정신을 담아내는 것이라 하겠는데, 그러하자면 우선 고대 언어를 우리 시대 나아가 미래까지 담을 수 있는 언어로 옮겨 놓아야 한다.

선입견이 문제일 뿐이지, 고전이 모두 고리타분한 것은 아니다. 오늘날 수많은 고전들이 서고에서 먼지만 뒤집어쓰고 있는 현실은, 요새 자주 쓰이는 인터넷 용어처럼 시대적으로 업그레이드하지 않은 탓 때문일 것이다. 새로운 패러다임으로 해석하기 나름으로 고전이 화려하게 서가(書架)의 앞자리로 되돌아올 수 있다는 증거를 최근 우리는 여러 번 경험한 적이 있다. 이와 같은 뜻을 살리기 위해서 본 〈실크로드 고전여행기〉(총서)에서는 다음과 같은 특징을 살려보고자 노력하였다.

1) 고전여행기의 전집화

『대당서역기』 및 실크로드와 인도여행기 등 다섯 종을 한 질로 묶어 〈실크로드 고전여행기〉(총서)로 출간하려는 백과사전적 대하기획이라는 점이 우선 꼽을 수 있는 특징 중의 하나이다.

인류역사상 최대의 여행기로 꼽는 7세기 현장(玄奘)법사의 순례의 혼이 깃든 대하『대당서역기(大唐西域記)』를 비롯하여, 우리나라의 자랑거리인 8세기 신라 혜초(慧超)의『왕오천축국전(往五天竺國傳)』, 그리고 최초의 인도 구법여행기인 5세기 법현(法顯)의『불국기(佛國記)』, 그리고 해양실크로드의 백미인 8세기 의정(義淨)의『서역구법고승전(西域求法高僧傳)』과, 위의 여행기들의 시대적 공백을 이어준 6세기 송운(宋雲)의『송운행기(宋雲行記)』등 5대 고전여행기를 한 질로 묶는 기획을 하였다.

그 이유로는 이 방면에 관심을 갖는 독자들과 연구자들에게 가장 불편하였던 점이 방계 자료들이 분산되어 효과적으로 검색하기가 어려웠다는 점이었는데, 그렇기에 그것들을 편리하게 비교·검색할 수 있게 데이터베이스(DB) 작업화한다는 것은 또 다른 시대적 요구라고 생각된다.

2) 고전여행기의 지도화

모든 고전여행기가 후인들을 위한 가이드북의 성격을 띤 것이란 점은 그 누구도 부인할 수 없는 사실이다. 또한 여행의 의미를 한결 업그레이드한 테마여행은 이미 현대를 넘어 미래지향적인 붐을 이룬지 오래 되었다. 이런 두 가지 의미에서 본다면 여행기라는 고전은 과거가 아니라 미래지향적 테마여행의 중요한 텍스트라는 공식이 성립된다. 문제는 어떻게 고전을 업그레이드하느냐 하는 것이다.

그 해답의 하나로, 옮긴이는 지난 20년여 년 동안 5대 여행기의 체취가 묻어 있는 세계 구석구석을 누비옷을 누비듯이 두 발로 다니며 다양한 자료를 모아가며 이론의 여지가 있는 문제의 현장을 발로 확인하여 마침내 큰 의미가 있는 지도와 도표를 만들어 고전 여행기를 가이드북화하려고 노력하였다.

그래서 기존의 고작 두세 가지였던 실크로드를 더욱 세분하여 큰 간선으로는 11루트, 작은 지류로는 22갈래로 분류하여 자세한 설명을 부치고 이를 다시 〈실크로드 갈래길 총도〉와 〈파미르고원 횡단도〉로 만드는 성과를 이루어 이번 여행기에 처음 공개하게 되었다.

특히 파미르고원을 넘나드는 루트는 옛부터 실크로드의 여러 갈래 길에서 가장 백미에 해당되는 것으로 우리의 혜초사문과 현장법사를 비롯한 수많은 순례승들의 체취가 진하게 배어 있는 비중 있는 곳임에도 불구하고 역사상 그 누구도 아직까지 속 시원하게 밝혀내지 못한 채 지금에 이르렀기에 더욱 그 의미가 깊다고 하겠다.

3) 고대 지명의 코드화

옮긴이의 풍부한 현지답사의 경험을 살려 난해한 원문의 지명을 현재의 지명과 함께 병기하여 가이드북으로서의 기능을 더욱 업그레이드하였다. 또한 모든 나라이름은 지도와 같은 숫자로 코드화하고 또한 각주에서는 5대 여행기를 교차적으로 비교하여 독자들이 고전 여행기를 읽을 때 만나게 되는 혼란을 한결 가볍게 해주었다는 점도 특징의 하나로 꼽을 수 있다.

예를 들면, 제목 색인표의 〈1-2. 쿠차(庫車/ Kucha/ 굴지국/ 屈支國)〉라는 제목은 〈『대당서역기』 권1 2장/ 현대 한글명/ 현대 원어명/ 현지 영어명/ 고전 한글명/ 고전 원어명〉을 뜻하고 이 코드의 숫자는 또한 지도명의 숫자와 일치하기에 독자들은 일목요연하게 필요한 부분을 마치 온라인에서 검색하듯이, 다양한 검색어로 쉽게 찾아볼 수 있게 하였다.

5. 에필로그

실크로드와 유라시아 그리고 인도와 중국 대륙의 서부는 새로운 패러다임의 배낭여행지로 각광을 받고 있는지가 오래되었다. 눈이 질리도록 인상적인 자연풍경을 구경할 수도 있고 다양한 원주민들과 만나 함께 먹고 마시며 그들의 생활을 접하면서 문화적 충격도 경험해볼 수도 있다. 바로 그런 것들이 획일화된 문화에 식상해 일탈을 꿈꾸는 나그네를 유혹하고 있는 것이다

한 조각 뜬 구름 같이 구름나그네가 되어 서역으로 난 옛 말발굽 자국을 따라가는 것은 수천만 화소(畵素)의 무한정한 용량을 가진 우리들의 가슴속에 영원히 잊혀지지 않을 인상적인 영상을 저장하는 작업, 바로 그것일 것이다.

1,600년 전 64세의 노구를 끌고 실크로드를 따라 서역 만 리 길을 떠났다가 13년 동안 30여 개국이나 돌아다니다 살아 돌아온 법현(法顯)사문이 우리 후손들에게 주는 메시지는 선문답처럼 아주 간단하다.

"젊은 친구! 아직 늦지 않았다네."

자, 이제 한 권의 고전을 옆에 끼고 다시 흰 구름을 따라 길 떠날 때가 되었다. 항상 새로운 길을 찾아 떠나는 역마살의 마니아들 앞에 삼가 이 책을 헌정하며 강호제현의 질정을 바란다.

> 2012년 초봄 핏빛 같이 붉은 석류화(石榴花)가
> 피어나는 서역만리로 길 떠날 차비를 하면서
> 수리재 설역서고(雪域書庫)에서
> 다정거사 두 손 모음

혜초 왕오천축국 순례도 1(다정 김규현 작, 水墨木版圖, 2005)

혜초 왕오천축국 순례도 2(다정 김규현 작, 水墨木版圖, 2005)

왕오천축국전 해제

혜초사문과의 20년 세월을 회향하며

　8세기 초 신라시대 혜초(慧超, 704~787)가 저술한 『왕오천축국전(往五天竺國傳)』이란 여행기에 대해 한 동안 세간의 관심이 모인바 있다. 그것은 '1283년만의 귀향'이란 화려한 수식어를 앞세운 〈실크로드와 둔황〉이란 특별기획전이 용산 국립박물관을 비롯한 전국에서 열렸었는데, 그곳에 그 동안 사진으로만 보아왔던 실물이 공개되었기 때문이다.

　혜초를 유라시아와 실크로드를 주름잡았던 위대한 인물로 추켜세워야 할지는 잘 모르겠지만, 다만 그가 하나밖에 없는 생명을 담보로 맡겨놓고 미지의 세계를 싸돌아다닌 행위는, 그것도 무려 1,300여 년 전에, 아무나 할 수 있는 일이 아니라는 점만은 분명하다.

　그러나 정작 우리는 혜초란 인물에 대하여 알고 있는 것이 그리 많지 않다. 뒤늦게나마 근·현대에 들어와서 '혜초학(慧超學)'의 연구[1]가 간헐적으로 활성화되었다가 다시 소강상태에 들어가는 양상이 되풀이되고 있지만, 아직도 『왕오천축국전』은 반쪽짜리 자료이고 혜초의 생애 또한 밝혀지지 않은 부분이 많다. 일부 사전에 의하면, 혜초의 생몰연대가 적혀는 있지만, 사실 그것은 추정에 불과하다.2) 특히 혜초의 생애에서의 '시작과 끝'은 더욱 그러하다. 계림(鷄林)3)이란 단어 이외에는 어떤 방계자료가 전혀 없는 상황이기에 출생문제를 비롯한 신라에서의 행적에 대해서는 학계에서도 기대를 걸고 있지 않아서 그렇다 치더라도 열반지 문제는 '오대산'과 '건원보리사'라는 단서가 있음에도 불구하고 그동안 그곳을 찾아내지 못했지만, 옮긴이가 20여 년 동안 그곳을 찾아 헤맨 끝에 시절인연이 되었던지, "건원보리사로 추정되는 보리암(菩提庵)유적지를 둔황석굴의 〈오대산도〉에서 발견"하여 그 사실을 논문으로 발표하였다.4)

우리나라 사람으로 실크로드를 통한 동서 문명 교류에 크게 기여한 첫 번째 인물을 꼽으라고 한다면, 혜초를 꼽는 것을 주저하지 않을 정도가 되었다.

혜초에게는 '첫째'란 수사를 여러 가지 부분에서 부칠 수 있다.

---

1) 1999년에는 가산불교연구원에서 『혜초학술세미나자료집』이 발간되었고, 2004년에는 정수일 소장에 의해 학고재에서 국내에서 처음으로 『왕오천축국전』의 방대한 주석서가 발간되는 등 근래에 들어서는 괄목할 만한 연구들이 등장하고 있다.

2) 다만 727년에 천축을 순례하고 돌아왔고, 780년에 오대산에서 스스로 번역한 경전의 서문을 썼다는 것 이외의 나머지 앞·뒤 생몰연대는 모두 추정 또는 가설에 불과하다.

3) 「大唐西域求法高僧傳」에 의하면 "鷄貴(鷄林)는 인도말로 '구구타의설라'이며 빠알리어로는 '쿠꾸타이싸라'라고 한다. '구구타'는 '닭(鷄)'이며 '의설라'는 '귀(貴)하다'라는 뜻으로 신라국을 말한다. 전하는 바에 따르면 신라에서는 '닭의 神'을 받들어 모시기에 그 날개 깃털을 꼽아 장식으로 삼는다고 한다". 말하자면, 계림을 뜻하는 인도말이 유행할 정도로 인도에서의 신라는 알려진 나라였다.

4) 김규현, 「慧超의 후반기 生涯와 五臺山 菩提庵에 대하여」, 『불교평론』 36호(가을호), 2008년 9월.

먼저 우리나라 최초로 동서 문명 교류의 두 루트인 '해양실크로드'와 '육로실크로드'를 통해 중국과 인도를 지나 아랍권까지 갔었던, 세계적인 여행가로서의 위상에 대해 그런 호칭을 부칠 수 있다. 요새 말로 하면 혜초는 테마배낭여행객으로 지구촌의 반쪽에 가까운 드넓은 지역에 살았던 다양한 나라와 민족들의 문명·문화·종교·언어·

둔황의 상징 비천상

생활을 맨몸으로 보고, 듣고, 말하고, 먹고, 마시는 체험을 하였다.

여러 자료를 종합해보면 약 180여 명이라는, 적지 않은 구법승의 이름을 확인할 수 있지만,5) 이 많은 천축구법승 중에서 혜초를 비롯한 15명 정도가 해동 출신이라는 것은 큰 의미가 있는데, 이들은 저술을 남기지 않았고 단편적인 기록밖에 없기에 주목을 받지 못하고 있어서 아쉬움을 남기고 있는 것도 사실이다.

마지막 난관인 파미르고원을 넘어6) 순례에서 돌아온 혜초는 짬

---

5) 黃有福·陳景富, 권오철 역, 『한중불교문화교류사』, 까치, 1995, 57~78쪽.
　唐 義淨의 「大唐西域求法高僧傳」을 보면 陸路로 23명이 天竺行을 하였고, 吐蕃을 경유하는 직행로를 통해 천축을 들락거렸던 구법승도 8명이나 기록되어 있다. 그 이름을 열거해보면 阿離耶跋摩, 慧業, 玄太, 玄烙, 慧輪, 玄遊 그리고 두 명의 실명승 등이다. 그 외에도 육로를 택한 승려와 기타 자료에 의한 백제의 謙益과 義信, 元表, 無漏, 地藏, 悟眞, 求本 그리고 혜초사문을 합치면 해동의 천축구법승은 총 17명이나 된다.
6) 옮긴이는 혜초가 여러 번 파미르고원을 넘는 시도를 한 것으로 보인다고 여러 차례 강조한 바 있다. 그리고 그 이유는 '간다라국'조에서, "중국 영토와 오랑캐 땅…… 돌아서 지나가지 못하여 남쪽으로 가려고 하여도 도로가 험악하고 강도들이 많다" 구절에서 찾을 수 있었다. 이처럼 파미르고원을 넘는 일은 시기와 장소에 따라 변동이 심하기 때문에 대부분의 개별 여행자들은 위험한 곳을 통과할 때에는 정보에 밝은 대규모의 대상무리에 합류하는 것이 안전했을 것이다.

1908년의 둔황 16굴 전경

둔황 막고굴 전경

짬이 메모해 두었던 기록들과 기억의 편린들을 되살려가며 몇 번이나 옮겨 적었을 것이다. 아마도 그런 작업을 한 곳은 둔황[敦煌]의 어느 석굴 안이었을 것이다. 이런 가설[7]하에서, 혜초는 둔황에서 겨울을 보내고 장안으로 돌아올 때가 되었을 때 그중 제일 깨끗한 두루마리를 한 부를 말아 가지고 돌아왔을 것이다. 물론 이 수고본(手稿本)은 그 뒤 다시 3권으로 보완되어 장안의 종이값을 올리는 베스트셀러가 되었지만….

이런 추론을 가능하게 하는 근거 중의 하나는 반세기 뒤에 편찬한 『일체경음의(一切經音義)』에 기록되어 있는—상·중·하 3권으로

그럼으로 혜초도 마땅한 루트와 일행을 만날 때까지 여기저기 기웃대며 그 방법을 모색한 것으로 추정된다.

혜초는 첫 번째 카슈미르에서 카라코람 고개를 넘어 바로 고(古) '서역남로'의 호탄-둔황으로, 두 번째 길깃트-쿤자랍 고개-파미르고원-총령진으로, 세 번째 우디야나-치트랄에서 고선지 원정로를 따라 힌두쿠시산맥의 고개를 넘어 와칸 계곡-총령진으로, 네 번째 페르가나 계곡에서 천산산맥을 넘어 바로 카슈가르로 넘어가려는 시도를 한 것으로 보인다. 그러나 결국은 다섯 번째 루트에 해당되는 발호-바닥샨-쿠탈-와칸 계곡-쉬그난-총령진으로 올라가 마침내 카슈가르에 도착하게 되었다. 이런 상황은 혜초가 인도로 들어올 때 해로를 이용하여 왔기 때문에 파미르고원에 대한 정보가 부족했기 때문이라고 비정할 수밖에 없다.

7) 현존본이 원본을 그대로 필사한 것이 아니라 줄거리만 요약한 것이라는 〈절략본(節約本)〉이라는 가설은 1909년 중국 나진옥(羅振玉)이 「敦煌石室遺書」 제2책에서 처음 주창한 이래 국내외적으로 거의 정설로 받아드려졌으나 후에 혜초 자신의 '초본'일 가설도 많이 대두되고 있다. 옮긴이도 이 '초본설'이 일리가 있다는 판단 아래 채택하였다.

둔황 막고굴 16굴에서 펠리오(P. Pelliot)에 의해 발견된 『왕오천축국전』 현존본. 현재 파리국립박물관에 소장되어 있다.

된 『왕오천축국전』을—지금도 해인사(海印寺) 팔만대장경에서 확인할 수 있기 때문이다.

이 두루마리의 출현이 드라마틱했다는 것은 이미 널리 알려져 있다. 사실 이 여행기는 제목만 존재하던 전설상의 여행기였는데, 1908년 프랑스의 펠리오(P. Pelliot)라는 동양학자 눈에 띠어 마치 블랙홀에서 튀어나오듯 모습을 드러냈다. 제목도, 저자도, 앞뒤도 없는 필사본 두루마리 형태로[8] 말이다. 당시 능히 초서도 읽을 수 있는 실력의 펠리오는 어휘 중에서 18자가 『일체경음의(一切經音義)』에 적힌 85자와 일치하는 점에 유의하여 이름만 전해지고 있던 혜초의 여행기로 단정하였지만, 혜초가 신라인이라는 사실은 알지 못했다.

자, 그럼 좀 더 깊은 이야기 속으로 들어가 보자. 혜초의 프로필은 인도로 떠나기 전의 정보는 백지 상태이나, 후반기의 연보(年譜)

---

[8] 파리에 있는 현존본을 정밀조사 한 바에 의하면 28.5cm×42cm 되는 종이 9장을 붙였는데, 떨어져 나간 첫 장이 19cm이고 마지막 장이 35cm여서 현재 총 길이는 358.6cm이다. 이 두루마리 한지에 1행이 약 30자 남짓한 글자가 모두 227행이 적혀 있어 글자 수는 약 6천 자 남짓인데, 행초서[行書]의 글씨체로 적혀 있다.

는 비교적 잘 알려져 있다. 혜초는 순례를 마치고 728년 봄 마침내 제2의 고향인 장안으로 돌아왔다. 그의 나이 25살 때였다. 물론 704년 출생설이 유효하다면 말이다.

이후 혜초는 만년에 오대산(五臺山)으로 들어가기 전까지 무려 반백 년이란 긴 세월을 장안에 머물며 밀교승으로 눈부신 활동을 하였다. 궁중의 원찰인 내도장(內道場)에서 직책을 맡아서 황제의 명에 의해 나라를 위한 축원을 하거나 기우제를 지냈을 정도로 위상은 대단히 높았다. 또한 3권짜리『왕오천축국전』의 일부 용어들은 혜림(慧琳)의『일체경음의』란 일종의 사전에 수록되었을 정도였다.

혜초는 서역에서 돌아와 처음에는 인도의 밀교승인 금강지(金剛智/ Vajrabohd)가 주석하고 있는 천복사(薦福寺)에 머물렀다. 이는 혜초가 직접 쓴 기록 "733년부터 천복사에서 금강지를 모시고 8년 동안 불경을 번역했다"에서도 보이고 있는 사실이다. 당시 천복사와

천복사(薦福寺) 전경

불공삼장(不空三藏/ Amoghavajrag)이 머물었던 흥선사(興善寺)는 중국 밀교의 1번지였다.

한편 성의 남동쪽 교외에는 현장(玄奬)이 천축에서 가져온 불경을 보관하기 위해 세운 7층 전탑인 대안탑(大雁塔)이 있는 자은사(慈恩寺)가 있어서 기존 불교인 현교(縣敎)는 자은사를 중심으로, 신사조인 밀교(密敎)는 천복사와 대흥선사를 중심으로 역경사업을 펴나갔다.

중국 밀교의 태두인 금강지가 입적하자, 불공삼장9)이 그 뒤를 이어 역경사업을 해나갔다. 물론 혜초도 불공삼장을 새로이 스승으로 모시고 번역에 참가했지만, 오래지 않아 불공마저 입적하자 오대산에 입산하기로 결정하게 된다.

대흥선사 불공탑

불공이 774년 입적하기 전에 발표한 유서(遺書)에는 아주 중요한 구절이 보인다.

"내가 지금까지 밀교의 비법을 전수한 지 30여 년 동안에 문하에

---

9) 금강지는 인도의 밀교승(671~741)으로 나란다사에 출가하여 유식학(唯識學)을 배우고 밀교의 교의를 깨우친 뒤 제자 불공과 함께 당나라에 건너와 번역에 힘썼다. 중국 밀교의 초조로 꼽힌다. 또한 불공(705~774)은 「금강정경(金剛頂經)」을 번역하여 선무외가 주창한 '태장계만다라'에 이어, 중국 밀교의 양대 축인 '금강계만다라'를 정립하여 밀교를 완성시켰다. 열반에 즈음하여 '6대 제자'를 위촉하였는데, 그중 '新羅 慧超'라는 이름이 있어 혜초의 신분이 신라인임을 결정적으로 증언하였다.

제자가 자못 많지만, 그중 6명이 우뚝했다. (…중략…) 그러하니 후학들은 수행 중에 의혹이 들거든 서로 일깨워주어서 정법의 등불이 끊이지 않도록 해서 은혜를 갚도록 하라."

이 유촉은 2천 명에 달했다는 불공삼장의 제자들 중에서 '6대 제자'를 선정한 대목인데, 그 세 번째에 '신라 혜초(新羅慧超)'라는 이름이 선명하다. 처음이자 마지막으로 혜초가 신라인이란 것을 자료상으로 증명한 것이기 때문이니까.

옮긴이 역시 역마살이란 '끼'를 타고 났는지 오랜 세월 '혜초의 길'을 화두로 삼아, 모두 10여 차례에 걸쳐 20여 개국을 돌아다닌 적이 있었다. 마치 내 전생의 어느 한때 혜초사문에게 빚을 크게 진 것처럼….

그 길은 워낙 방대하여 한두 번의 답사로는 무려 5만 리나 되는 전 코스를 주파할 수가 없었고 또한 옛날에 님이 자유롭게 갔던 곳이라도 지금은 국경이라는 인위적인 '선' 때문에 갈 수 없는 곳이 많았다. 둔황을 비롯한 붉은 중국의 광대한 영토가 그랬고, 러시아연방이 해체되기 전의 중앙아시아 제국이 그랬고, 탈레반 정권 시절의 아프간이 그랬다.

그러나 금세기 안에는 열릴 것 같지 않았던 철벽들이 무너지면서 옮긴이의 여행기도 부피를 더해서 마침내 2005년에 2권으로 묶어 출간하였고[10] 그 뒤 혜초화상의 열반지에 대한 자료가 발견되어 책의 내용을 일부 수정하는 논문도 발표하였고 이제 그 마지막 회향으로 역주본을 내놓게 되었다.

---

10) 김규현, 『혜초따라 5만리』 상·하권, 여시아문, 2005.

우리가 국립박물관의 특별전에서 1/6 정도만 보았던 현존본은 총 227행(매행 27~30자) 총 6천여 자의 분량으로 앞뒤 부분이 떨어져 나가고, 방점도 찍혀 있지 않은 두루마리 필사본이지만, 그간 여러 선학들의 노고로 대략 일목요연하게 정리가 된 셈이다. 그래서 대개 나라별로 번호를 매기는 방법을 선택하는데, 옮긴이 또한 그런 방법으로 행로를 따라가면서 36개국으로 나누어 역주를 달기로 했다.

학술적이고 전문적인 용어에서는 정수일 소장의 역저가 출간되어 있으니까 옮긴이는 〈실크로드 고전여행기〉를 교차적으로 비교하는 작업과 현지 정보를 위주로 하는 '가이드북'으로서의 기능에 주력하기로 방향을 잡았다.

그렇기에 파미르고원을 넘나드는 루트에 대해 특히 집중을 하였다. 옛부터 실크로드의 여러 갈래길에서 가장 백미에 해당되는 이 길은 우리의 혜초사문과 현장법사를 비롯한 수많은 순례승들의 체취가 진하게 배어 있는 중요한 곳으로 어찌 보면 『왕오천축국전』에서 가장 비중이 큰 것임에도 불구하고 그 누구도 아직까지 확실한 가설을 발표하지 못한 채 지금에 이르렀기에 더욱 그러하였다.

그러면 과연 혜초사문은 대략 여섯 가지 루트 중에서 정확히 어느 길을 넘었을까?

결론적으로 말하자면 그 길은 와칸북로(#9-2번 「부록: 대실크로드의 주요 루트와 파미르고원을 넘는 갈래길」 참조)였다. 역사상 처음으로 파미르고원을 넘은 순례승인 법현율사와 뒤의 송운, 혜생 등은 이른바 '호밀국 루트'로 알려진 일명 '와칸북로(#9-3)'를 경유한 것으로 알려졌으나, 현장법사와 혜초사문은 호밀국 외에도 '식닉국'과 '파미르천'을 집어서 차별화한 것이 그 명백한 증거에 해당된다. 왜냐하면 남로는 와칸천과 와크지르천을 따라 가야 하기 때문이다.

옛 식닉국(#31)은 현재의 슈그난(Shugnan)계곡으로 타지키스탄의 고르노 바닥샨주(州) 지방의 호로그(Khrog)에서 동쪽으로 거슬러 올라가는 군트(Gunt)강 유역에 해당되니 일반적인 루트인 남로에서 본다면 북쪽의 심심산천의 산골짜기에 해당된다. 그러나 혜초는 무슨 이유인지는 확인할 수 없지만, 그 산 속으로 들어가서 동쪽으로 방향을 틀어서 총련진으로 넘어갔다.

그러나 혜초는 현장의 경우처럼 파미르천의 상류이며 아무다리야강의 발원지인 조르쿨(Zor-kul)호수, 즉 대용지(大龍池), 아호(鵝湖) 등으로 불리는 일명 빅토리아(Vitoria)호수와 마지막 어느 고개를 넘어서 총령진으로 입성하였는지에 대하여는 언급하고 있지 않고 있기에 미진함으로 남는다.

사실 이번 〈실크로드 고전여행기〉 총서에 『왕오천축국전』을 포함시킬지에 대해 옮긴이는 적지 않은 고심을 한 것이 사실이지만, 그래도 마지막으로 추가한 이유는 혜초는 이미 해동반도를 떠나서 '세계인'이라는 생각이 들었기 때문이었다. 서역을 넘어서, 중원인도 감히 꿈도 꾸지 못하던 이교도의 심장인 이슬람권의 아라비아 반도 근처까지 갔었다는 사실이 그 자격을 충분히 충족하고도 남기 때문이었다.

혜초사문이 우리 후손들에게 주는 메시지는 물론 미지의 세계에 대한 두려움 없는 도전정신이겠지만, 그러나 님의 행간 속에서 다른 뜻도 읽어낼 수 있다. 그것은 '나'와 '너'의 다름을 인정하는 시각이었다. 바로 인위적으로 구별 지어진 종교·국경·민족이라는 '선(線)'을 넘어서 따듯한 인간정신으로 회귀하라는 것일 게다. 그것은 바로 물질문명의 가속도로 인해 파국으로 치닫고 있는, 지금, 여기에서, 자신들을 한 번 돌아봄으로써 내일을 여는 '희망의 코드'를 찾아내는 일이 아니겠는가?

혜초의 열반지인 오대산에서 부딪친, 님의 육성 같은 화두가 또 짐이 되어 어깨를 누른다. 중생은 이렇게 늘 짐을 지고 있어야 하는 팔자인가보다.

밝는 날 아침,
문득 푸른 파도 건너서 온 손님이 있다면
그대에게 말해주리라.
짚신 벗고 맨발로 돌아가라고.

계사년 새해 홍천강 설역서고(雪域書庫)에서 다시 쓰다.

# 참고문헌

李錫浩 譯, 『往五天竺國傳』(外), 乙酉文庫, 1970.
高楠順次郎, 「慧超往五天竺國傳箋釋」 考訂 『大日本佛敎全書』(遊方傳叢書) 1, 佛書刊行會, 1-60, 1915.
大谷勝眞, 「慧超往五天竺國傳中の一, 二に就て」, 『小田省吾頌壽紀念 朝鮮論集』, 京城, 1934.
藤田豊八, 『慧超往五天竺國傳箋釋』, 錢稻孫校印, 北平, 1931.
桑山正進 編, 『慧超往五天竺國傳硏究』, 京都大學人文科學硏究所, 1992.
羽田 亨, 「慧超往五天竺國傳迻錄」, 『京都大學史學科紀元二千六百年記念史學論文集』(『羽田博士史學論文集』 上卷, 歷史篇, 610~629), 1941.
張毅 箋釋, 『往五天竺國傳箋釋』, 中華書局, 1994.
定方晟, 「慧超往五天竺國傳和譯」 『東海大學文學部紀要』 16, 1971.
鄭炳三, 「往五天竺國傳」, 『世界精神을 탐험한 위대한 한국인 慧超』, 伽山佛敎文化硏究院, 1999.
黃時鑒, 「慧超往五天竺國傳 識讀餘論」, 『佛敎學報』 第三十三輯, 佛敎文化硏究院, 1996.
鄭守一, 「慧超의 西域기행과 8세기 西域佛敎」, 『文明交流史 硏究』, 사계절, 2002.
鄭守一 역주, 『혜초의 왕오천축국전』, 학고재, 2004.
金奎鉉, 「新往五天竺國傳 別曲」, 월간 『佛光』 연재, 2001.4~2003.12.
金奎鉉, 『혜초따라 5만리』(상·하권), 여시아문, 2005.

 왕오천축국전 목차

실크로드 고전여행기 총 서문: 다시 나그네 꿈을 꾸면서… 7
왕오천축국전 해제: 혜초사문과의 20년 세월을 회향하며 21

왕오천축국전 역주

1. 바이샬리국(Vaishali/ 폐사리국/ 吠舍離國) ……………………… 43
2. 쿠시나가라(Kusinagara/ 구시나국/ 拘尸那國) ………………… 45
3. 바라나시(Varanasi/ 파라스국/ 波羅斯國) ……………………… 49
4. 칸나우지(Kanauji/ 중천축국/ 中天竺國/ 갈나급자/ 葛那及自) …… 58
5. 서찰루키아(西Chālukya/ 남천축국/ 南天竺國/ 서차루기/ 西遮婁其) · 68
6. 신드(Sindh/ 서천축국/ 西天竺國/ 신덕/ 信德) ………………… 75
7. 자란다르(Jalandar/ 북천축국/ 北天竺國/ 사란달라국/ 闍蘭達羅國) · 77
8. 수바르나고트라(Suvarnagotra/ 소발나구달라국/ 蘇跋那具怛羅國) … 79
9. 탁샤르(Takshar/ 탁사국/ 吒社國) ……………………………… 80
10. 신드구르자라(Sindh-Gurjjara/ 신두고라국/ 新頭故羅國) ……… 81
11. 카슈미르(Kashmir/ 가섭미라국/ 迦葉彌羅國) ………………… 84
12. 스카르두와 샹슝과 라다크 …………………………………… 90
    : 스카르두(Skardu/ 대발률국/ 大勃律國)
    : 샹슝(Zhang-zhung/ 양동국/ 楊同國/ 羊同國)
    : 라다크(Ladak/ 사파자국/ 娑播慈國)
13. 티베트(Tibet/ 토번/ 吐蕃) …………………………………… 93
14. 볼로르(Bolor/ Gilgit/ 소발률/ 小勃律國) ……………………… 96
15. 간다라국(Gandhra/ 건타라국/ 建馱羅國) …………………… 100
16. 우디야나(Uddiyana/ 오장국/ 烏長國) ………………………… 106
17. 치트랄(Chitral/ 구위국/ 拘衛國) ……………………………… 109
18. 라그만(Laghman/ 남파국/ 覽波國) …………………………… 111
19. 카피샤(Kapisa/ 계빈국/ 罽賓國) ……………………………… 112
20. 가즈니(Ghazzni/ 사률국/ 謝䫻國) …………………………… 116
21. 바미얀(Bamiyan/ 범인국/ 犯引國) …………………………… 117
22. 토카리스탄(Tokharistan/ 토화라국/ 吐火羅國) ……………… 122
23. 페르시아(Persia/ 파사국/ 波斯國) …………………………… 127

목 차 33

24. 아라비아(Arabia/ 대식국/ 大寔國) ·· 133
25. 비잔티움(Byzantium/ 대불림국/ 大拂臨國) ································ 135
26. 여러 호국(胡國)들 ··· 136
  : 부하라(Bukhara/ 안국/ 安國), 카부단(Kabudhan/ 조국/ 曹國),
  키시시(Kishsh/ 사국/ 史國), 타슈켄트(Tashkent/ 석라국/ 石騾國),
  펜지켄트(Penjikent/ 미국/ 米國), 사마르칸트(Samarqand/ 강국/ 康國)
27. 페르가나(Ferghana/ 발하나국/ 跋賀那國) ································· 142
28. 쿠탈(Khuttal/ 골돌국/ 骨咄國) ··· 144
29. 투르크(Turq/ 돌궐/ 突厥) ·· 145
30. 와칸(Wakhan/ 호밀국/ 胡蜜國) ·· 146
31. 슈그난(Shugnan/ 식닉국/ 識匿國) ··· 150
32. 타쉬쿠르간
  (Tashkurghan/ 탑십고이간/ 塔什庫爾干/ 총령진/ 蔥嶺鎭) ········ 152
33. 카슈가르(Kashgar/ 객십/ 喀什/ 소륵/ 疎勒) ··························· 156
34. 쿠차/庫車/ Kucha/ 구자/ 龜玆) ··· 158
35. 호탄(Khotan/ 우전/ 于闐) ··· 160
36. 옌치(Arki/ Karashar/ 언기/ 焉耆) ·· 164

왕오천축국전 원문 167

부 록

부록: 혜초(慧超)의 후반기 생애와 오대산(五臺山) 보리암(菩提庵)에 대하여 187
  1. 들어가는 말 ··· 187
  2. 혜초화상의 후반기 연보(年普) ··· 190
  3. 맺는 말 ·· 217

부록: 关于新罗僧人慧超的后半期生涯与涅槃地乾元菩提寺的考证 221
  1. 序言 ·· 221

  2. 慧超的世界精神 ·· 222
  3. 立于平泽港的『慧超纪念碑』 ································· 224
  4. 作为译经僧的慧超 ··· 230
  5. 五台山金阁寺的创建 ·· 236

부록: 대실크로드의 주요 루트와 파미르고원을 넘는 갈래길   248

  1. 초원로(Steppe Road) ·· 249
  2. 하서주랑로(河西走廊路) ····································· 250
  3. 천산북로(天山北路) ·· 251
  4~5. 천산남로(天山南路)=서역북로(西域北路) ············ 254
  6. 서역남로(西域南路) ·· 255
  7. 토욕혼로(吐浴渾路) ·· 256
  8. 토번로(吐蕃路/ 唐蕃古道) ··································· 256
  9. 파미르횡단로(Pamir橫斷路) ································ 257
  10. 서남아로(西南亞路/ 中東路) ······························ 261
  11. 해양로(海洋路) ··· 261

추천의 글   263

初黃 金良植/ 김연호/ 김풍기/ 김희준/ 朴允煥/ 서용/ 송순현/ 옥영경/ 유정길/ 유진규/ 윤창화/ 李光軍/ 이상기/ 이외수/ 李仁秀/ 장영기/ 전상국/ 전인평/ 桐普 鄭大錫/ 정수일/ 雪山 鐵眼/ 최돈선/ 현각/ 황병기

목차 35

왕오천축국전 역주

1. 바이샬리국
2. 쿠시나가라
3. 바라나시
4. 칸나우지
5. 서찰루키아
6. 신드
7. 자란다르
8. 수바르나고트라
9. 탁샤르
10. 신드구르자라
11. 카슈미르
12. 스카르두와 상승과 라다크
13. 티베트
14. 볼로르
15. 간다라국
16. 우디야나
17. 치트랄
18. 라그만
19. 카피샤
20. 가즈니
21. 바미얀
22. 토카리스탄
23. 페르시아
24. 아라비아
25. 비잔티움
26. 여러 호국들(부하라/ 카부단/ 키시시/ 타슈겐트/ 펜지켄트/ 사마르칸트)
27. 페르가나
28. 쿠탈
29. 투르크
30. 와칸
31. 슈그난
32. 타쉬쿠르간
33. 카슈가르
34. 쿠차
35. 호탄
36. 옌치

『왕오천축국전』 일러두기

1. 본 역주서의 대본 자료는 가산불교문화연구원 출판부에서 출간한(1999) 책의 원문을 대본으로 하였다. ⟨*Pelliot chinois 3532 Touen-houang*⟩
2. 지명·인명 등 고유명사는 우리말의 한자음대로 표기하고, 외래어나 외국어는 현지 발음에 따라 표기하는 것을 원칙으로 하되, 우리말로 굳어진 것은 관용을 존중하여 이번 ⟨실크로드 고전여행기⟩ 총서에 통일하여 (현지명 한글표기/ 영어·한문 한글표기/ 한문) 식의 표기를 원칙으로 하였다.
   예를 들면 중국지명은 옌치(焉耆/ Arki/ Karashar/ 아기니국/ 阿耆尼國), 쿠차(庫車/ Kucha/ 굴지국/ 屈支國), 아크수(阿克蘇/ Aq-su/ 발록가국/ 跋祿迦國), 카슈가르(Kashgar/ 객십/ 소륵/ 喀什/ 疎勒) 등이고, 외국지명은 타슈켄트(Tashkent/ 자시국/ 赭時國), 간다라국(Gandahar/ 건타라국/ 健馱邏國), 아무다리야(Amu Darya/ 縛芻河), 소그드(Soghd/ 窣利), 비잔티움(Byzantium/ 대불림국/ 大拂臨國) 등이다. 인명과 보통명사는 아소카왕(Asok/ 無憂王), 수보리(須菩提/ Subhuti), 카니슈카(Kaniska/ 迦膩色迦, A.D. 78~144), 강가(Ganga/ Ganges/ 殑伽河/ 염부주(閻浮州/ Jambudipa), 스투파(Stupa/ 窣堵波) 등과 같은 방법으로 표기하였다.
3. 특별한 의미가 없는 일반적인 인명·지명 등 고유명사의 원문 그대로의 한문표기는 가능한 한글화를 원칙으로 하였고, 인명에 대한 중복되는 호칭은 생략하였다. 예를 들면 혜초스님, 혜초사문, 혜초화상 등은 그냥 혜초로 줄여 표기하였다. 현장·의정·송운 등이다.
4. 원문에 자주 등장하는 결손부분은 원문은 [三]寶 赤足裸形 外道不着[衣] ⟨缺 約19字⟩ 등으로, 번역문은 "삼보(三寶)를 …(결)… 맨발에 나체이며 외도(外道)[1]라 옷을 입지 않는다. …(아래 결)…" 등으로 정리하였다.

---

1) 불교와 비슷한 시기에 생겨난 자인교(Jaina)는 교리와 수행방법 차이로 간단한 옷을 입는 '백의파(Svetambaras)'와 단지 물병과 살생을 피하기 위해 앉을 자리를 쓸 수 있는 공작깃털 솔 같은 최소한의 물건만을 소유할 수 있을 뿐인 '공의파

5. 원문에는 없지만, 옮긴이가 꼭 필요하다고 보는 대목에는 [ ]로 병기(倂記)하여 보충설명을 간략히 추가하였다.
6. 관련 사진·행선도·참고지도의 경우는, 이번 〈실크로드 고전여행기〉 총서 모두에서 본문의 제목번호와 같은 일련번호를 사용하여 독자들이 읽고 보는 데 편리하게 하였다.
7. 혜초스님이 직접 다녀온 곳에 관한 기술에서는 "從…行…日月…至", 즉 "어디에서부터, 어느 방향으로, 얼마동안 가서, 어디에 이르렀다"라는 공식적 문구를 사용하고 있다는 가설, 이른바 '시문구(始文句)' 문제를 활용하여 본 역주본에서도 번역할 때 그 구분의 의미를 살려보려 하였다.
8. 언어명은 구분이 확실한 경우에는 산스크리트어(Skt), 티베트어(Tib), 빠알리어(Pli) 등으로 표기했고, 불분명한 경우에는 그냥 범어(梵語)로 통일하였다.
9. 각주의 경우는 말미 참고서적 목록에 보이는 대부분의 문헌을 참고하였고, 특히 국내 혜초학의 수평을 높이신 정수일 소장님의 역작 『혜초의 왕오천축국전』(학고재, 2004)에서 많은 부분을 참조하였으며 부분 인용하였음을 밝히며, 많은 선학제현들의 노고에 깊은 감사를 전한다.

(Digambaras)'로 나뉘지는데 세상의 관심은 아무래도 완전 나체주의자로 몰리고 있다. 이 자이나교도들은 힌두의 '쿰부 멜라' 축제처럼 12년을 주기로 성지를 순차적으로 돌아다니며 큰 축제를 여는 볼 만한 광경을 연출한다.

이 '디감바라' 말고도 인도에는 나체의 수행자가 많은데, 힌두교의 일파인 '나가-사두(Naga Sadhu)'가 그들로 그 구별은 쉽다. 머리를 깎고 손에 깃털이나 부채나 우산을 들고 있으면 자이나이고 장발에 주장자를 들고 노란 옷을 입은 사람들에 쌓여 있으면 '나가 사두'로 보면 된다.

<남염부주도(南閻浮州圖/ Jambudikā)>

〈남염부주도(南閻浮州圖/ Jambudikā)〉

이 지도는 "만력정미(萬曆丁未, 1608년) 중추(仲秋)에 사문인호(沙門仁潮)가 천목사에서 모아서 편찬하다"라는 서문이 붙어 있는 『법계안립도(法界安立圖)』라는 3권짜리 지리책 상권에 수록되어 있는 것으로 그 내용은 인도 대륙을 중심으로 서역과 중국의 지리를 한 장의 지도로 표시한 것이다.

이 지도의 편찬자인 인호사문의 인적 사항은 알려진 것이 별로 없지만, 대략 명나라 신종(神宗) 연간에 절강성 천목산(天目山)에 주석하였던 지리학에 조예가 깊었던 승려로 옛적부터 전해 내려온 불교 쪽 고지도들을 수집하여 설명을 부쳐 책으로 편찬하였다고 자서에 스스로 기록하고 있다.

지도의 중앙에는 향산(香山/ 須彌山/ 현 Kailas)과 아나달지(阿那達池/ 현 Manasarova)가 자리 잡고 있는데, 이를 중심으로 동서남북으로 항하(恒河/ Gengis R.)와 신두하(信度河/ Indus R.)를 비롯한 4대강이 흘러내려 바다에 이르고 있는 모양새이다.

먼저 북동쪽의 중원 대륙 쪽으로 눈을 돌려보면, 동쪽 끝 바다에는 고려(高麗)를 비롯하여 만리장성과 황하와 장강(長江)이 눈에 들어온다. 이를 시계방향으로 살펴보면 북동쪽으로는 포창호(浦昌湖/ Nopnor), 열해(熱海/ Isikköl), 오손(烏孫), 돌궐(突闕), 우전(于田/ Hotan), 고창(高昌), 아기(阿耆), 소륵(疎勒/ Kashgar), 천천(千泉/ Tokmok) 등이 보이고, 북서쪽으로는 철문(鐵門)과 '설산서 34국(雪山西三十四國)'과 도화라(覩貨羅/ Tokhra)가, 서쪽으로는 '북인도 27개국'과 오장(烏杖/ Udiyāna), 건타라(健馱羅/ Gandhāra)가, 서남쪽으로는 '서인도 12국'과 신도(信度/ Sindi)가 보이고, 서남쪽에는 마랍(摩臘/ Malava)이, 남쪽에는 '남인도 15국'과 보타낙가산(補陀洛迦山/ Potalāka)이, 남동쪽으로는 '동인도 10여국'과 오다(烏茶/ Udrā)가 눈에 들어온다.

그리고 인도 대륙 중앙에는 갠지스강 위쪽으로는 비사(毗舍/ Vaishali), 구시나(拘尸那/ Kusinagār), 사위(舍衛/ Sravasti), 곡녀(曲女/ Kanauj), 파라나(波羅奈/ Varanasi) 등이 보이고, 갠지스강 아래로는 보리수로 보이는 큰 나무 아래 금강좌(金剛座/ Maha-bodhi)와 '중인도 31국' 그리고 마갈(摩竭/ Maghada)이 눈에 들어온다.

옮긴이는 이 지도를 7세기 중반의 중화권의 우주관을 엿볼 수 있는 또 하나의 이른바 인도를 중심으로 한 〈아시아전도〉라고 조심스럽게 정의하고 싶다. 그 근거는 다음과 같다.

편찬자는 이 〈남염부주도〉가 언제, 누구에 의해 설계되었는지를 밝히지는 않았지만, 인도로 가는 이정표를 자세하게 기록하고 있고 또한 지도를 보면, 인도 대륙을 5인도로 각각 나누어—예를 들면 '중인도 31국(中印度三十一國)'이라는 식으로—각기 권역별로 나라의 숫자를 표기하고 있는데, 이는 정확히 현장법사의 『대당서역기』의 그것과 일치하고 있고 또한 지도 속의 지명들도 대부분 같다는 점, 그리고 『대당서역기』의 편찬자인 변기(辯機)의 이름도 보이는 점 등을 미루어보아서는 현장법사의 『대당서역기』의 내용을 한 장의 지도의 형식으로 편찬한, 이른바 〈목판본 대당서역기 변상도(變相圖)〉에 해당된다고 볼 수 있다.

왕 오 천 축 국 전

1. 바이샬리국

(Vaishali/ 폐사리국/ 吠舍離國)[1]

삼보(三寶)를 …(결)… 맨발에 나체이며 외도(外道)[2]라 옷을 입지 않는다.[3] …(아래 결)…

---

1) 현 인도 동북부의 비하르(Bihar)주의 주도 파트나(Patna) 북쪽에 있는 작은 마을을 말한다. 붓다 재세 시에는 릿차비(Licchavi) 공화국의 수도로 번영하였고 자이나교와 인연이 깊은 곳으로 자이나교의 창시자인 마하비라(Mahāvīra, B.C. 540~468)의 고향이다. 붓다도 여러 번 이곳을 방문하여 많은 이야기를 남겼고 깊은 애정을 과시했다.
  불교사적으로는 B.C. 483년에 열린 불교경전의 제2차 결집이 열린 곳이기도 하다. 법현·현장 등도 방문하였고 특이하게도 티베트를 통과하는 토번로(吐蕃路)로 인도를 들락거렸던 당나라 사신인 왕현책(王玄策)으로 이곳을 방문하기도 하는 등 대부분의 순례기에 비중 있는 곳으로 등장한다. 비사리(毗舍離)·폐사리(薜舍離)·유야리(維耶離)라고도 한역되기도 한다.
2) 불교와 비슷한 시기에 생겨난 자인교(Jaina)는 교리와 수행방법 차이로 간단한 옷을 입는 '백의파(Svetambaras)'와 단지 물병과 살생을 피하기 위해 앉을 자리를 쓸 수 있는 공작깃털 솔 같은 최소한의 물건만을 소유할 수 있을 뿐인 '공의파(Digambaras)'로 나눠지는데, 세상의 관심은 아무래도 완전 나체주의자로 몰리고 있다. 이 자이나교도들은 힌두의 '쿰부 멜라' 축제처럼 12년을 주기로 성지를 순차적으로 돌아다니며 큰 축제를 여는 볼 만한 광경을 연출한다.
  이 '디감바라' 말고도 인도에는 나체의 수행자가 많은데, 힌두교의 일파인 '나가-사두(Naga Sadhu)'가 그들로 그 구별은 쉽다. 머리를 깎고 손에 깃털이나 부채나 우산을 들고 있으면 자이나이고 장발에 주장자를 들고 노란 옷을 입은 사람들에 쌓여 있으면 '나가 사두'로 보면 된다.
3) 혜초의 행로에서 『일체경음의』 권3 첫 번째에 나오는 '나인국'과 관련된 혼동을 주는 단어가 나오는데, 바로 현존본 첫 머리에 나오는 '적족나형(赤足裸形) 외도불착의(外道不着衣)'라는 구절로 이 대목은 인도양의 니코바르제도(Nicobar Is.)의 나인국(裸人國)으로 보는 설도 있으나, 실은 이는 '바이샬리'조에서 언급한

바이샬리 표지판

음식을 보자마자 곧 먹고 재계(齋戒)도 하지 않는다. 땅은 모두 평평하고 …(결)… 노비가 없다. 사람을 팔면 살인하는 죄와 다르지 않다. …(아래 결)…

바이샬리의 암라수 동산의 높이 15m의 초기 마우리아 왕조시대의 사자 석주. 사자가 한 마리뿐인 것을 보면 아소카의 석주보다도 먼저 제작된 것으로 보이며, 또한 유일하게 완형으로 남은 석주이다.

'노형니건(露刑尼乾)'으로 '벌거벗은 자이나교도'를 가리키는 것이다. 여기서 '니건'은 바로 자이나 교도의 호칭인 니르간타(Nirgrantha)의 음역으로 자이니즘의 두 갈래 중 하나인 '공의파(空衣派)'를 가리킴이다.

혜초는 해로를 이용하여 현 인도 동부의 콜카타(Kolkata) 인근 해안인 탐룩(Tamluk)에 상륙한 것으로 비정되고 있으나 현존본 여행기의 앞부분이 결락되었기 때문에 속단할 수는 없고 잘 이해가 되지는 않지만, 혜초는 캘커타에서 바로 불교 최대의 성지이며 마하보디 대탑이 있는 부다가야(Buddha Gaya)로 가지 않고 더 북쪽으로 올라와 바이샬리로 향한 것은 틀림없어 보인다. 그 근거는 이 부분의 내용이 당시 바이샬리와 대체로 일치한다는 데 있다. 앞뒤 문맥으로 보아서는 바이샬리의 '나형(裸形)'은 원시 상태의 부족이 아니라 종교적인 수행 차원에서의 자이나교의 공의파(空衣派) 또는 시바교의 나가사두를 말하는 것으로 보아야 한다는 설이 지배적이다.

실크로드 고전여행기
왕오천축국전

2. 쿠시나가라

(Kusinagara/ 구시나국/ 拘尸那國)[1]

한 달 만에 쿠시나가라에 이르렀다.[2] 이곳은 석가모니 붓다께서 열반에 든 곳이다. 성은 황폐하여 아무도 살지 않는다. 붓다가 열반에 든 곳에 탑[3]을 세웠는데, 한 선사(禪師)가 그곳을 깨끗이

---

[1] 쿠시나가라는 우타르프라데시(Uttar Pradesh) 데오리아(Deoria) 지방의 카시아(Kasiā)로 '불교 4대 성지'의 하나로 세계적으로 알려져 순례객이 끊이지 않는다. 인근 기차역은 데오리아(Deoria) 35km와 고락푸르(Gorakpur) 53km가 있는데, 전자는 좀 더 가까우나 파트나 방면에서만, 후자는 네팔·델리·바라나시·파트나 등 전국에서 연결되는 교통요지로 쿠시나가르까지는 두 시간 내외로 많은 교통편이 있다.
 지금도 붓다가 옆으로 누운 거대한 열반상(涅槃像)이 있는 열반당이 있다. 한역으로는 구시나국(拘尸那國)·구사나갈국(拘私那竭國)·구시나게라국(拘尸那揭羅國) 등으로 표기된다. 옛 카사바티(Kaśavati)로서 말라족의 수부였다.

[2] 혜초가 바이샬리에서 쿠시나가라까지 한 달을 걸어서 간 길은, 석존이 가죽 끈에 의해 끌려가는 수레처럼 겨우 움직이는 몸을 이끌고 걸어가셨던 마지막 행로와 같아서 우리들에게 무상함을 더한다.

[3] 붓다가 열반에 들었을 때, 본토부족이었던 말라(Malla)족이 사리를 8등분하여 그중 한 몫을 안치하기 위해 만든 탑으로 말라족의 전설에 의하면 마우리아의 아소카(Aśoka/ 阿育)대왕이 묻혀 있던 유골을 세분하기 위해 원래의 스투파를 파괴하여 여러 몫으로 나누어주어서 보관케 하였다고 한다. 말하자면 아소카에 의한 개수(改修)라고 볼 수 있다. 현장도 이 열반상과 스투파를 직접 보고는 기록하기를 "머리를 북쪽으로 향해 누워 있는 열반상을 봤는데, 그 곁에 아소카왕이 지은 스투파가 있으며, 그 높이는 200여 장(丈)이나 된다"라고 기록하였다. 1911년 발굴에서 이 스투파가 열반처의 스투파임을 시사하는 여러 점의 동판이 발견되었다. 1927년 미얀마 불교도들에 의해 스투파가 연와(煉瓦)로 개수되고, 1956년에는 길이 6m의 열반석상을 기리는 사당이 개축되기도 하였다.

쿠시나가라 열반당(涅槃堂). 관(棺) 모양의 희고 둥근 건물로 그 속에는 5세기에 조성되었다.

청소하고 있다. 해마다 8월 8일이 되면 승려들과 여승들과 도인들과 속인들이 그곳에 가서 크게 공양을 올린다. 그때 공중에는 깃발[幡]4)이 휘날리는데 그 수를 헤아릴 수 없다. 많은 사람들이 모여 함께 이를 보고 이 날에 불법을 믿으려는 사람들이 하나 둘이 아니다.

이 탑의 서쪽에 강이 있어 아이라바티수(Airavati/ 伊羅鉢底水)5)라

---

4) '번(幡)'은 깃발을 의미하는데, 지금은 티베트불교의 영향으로 온 인도의 불교유적에 티베트식의 깃발, 즉 '다르촉' 또는 '룽따'가 하늘을 거의 덮을 듯 휘날리지만, 혜초가 갔을 때는 티베트불교의 영향이 없었음으로 아마도 고대 인도불교에서도 오늘날처럼 깃발을 많이 사용하지 않았나 여겨지는데, 이 대목은 연구해볼 가치가 있는 화두 같다.

5) 이라바티스강이 어디인가에 따라 쿠시나가르의 정확한 위치가 비정되는데, 그 하나는 '히란야바티(Hiraṇyavatī/ 金河)'로 음역하여 '희연선하(凞連禪河)', '희연하(熙連河)' 또는 '금하(金河)'로 표기하였다. 또 하나는 '아지라바티(Ajiravati)'로 음역하여 '아리라발제하(阿利羅跋提河)', '아이라발제하(阿夷羅跋提河)'로 표기하고 있다. 한편 법현은 '희연선하(希連禪河)'로, 현장은 '아시다벌저하(阿恃多伐

한다. 남쪽으로 2천 리를 흘러 갠지스강(Ganges R./ 恒河)6)에 들어간다. 탑이 서 있는 사방에는 사람이 살지 않는 매우 거친 숲이 있다. 그래서 그곳에 예배하러 가는 자는 물소와 호랑이[大蟲]7)에게 해를 입는다.

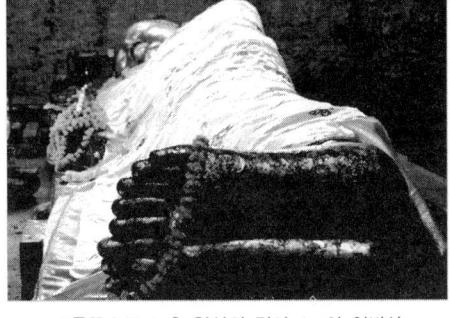

오른쪽으로 누운 형상의 길이 6m의 열반상

이 탑 동남쪽 30리에 가면 사원이 하나 있다. 이름은 사반단사(沙般檀寺)8)이다. 그 부근에는 30

底河)'로 음역하고 있다. 그러나 혜초는 "열반처의 서쪽"이라고 했고, 현장은 "동쪽에 있다"라고 하여 혼동을 주고 있다.

6) 항하(恒河)는 강가(Ganga) 음역으로, 인도의 젓줄이며 성스러운 강으로 총 길이가 약 2,500km에 달하며 히말라야산맥에서 발원하여 여러 갈래의 지류로 흘러 하류에서 브라마푸트라(Brahmaputra)강과 합류하여 큰 삼각주를 이루고 벵골(Bengal)만으로 흘러 들어간다.
그러나 현장은 본문 병주(竝註)에서 "옛날에는 항하(恒河) 또는 항가(恒伽)라고 하는데 잘못된 것이다"라고 부연설명을 달아 놓고 있지만 이는 착오로 보인다. 이하 4대강의 여러 명칭과 발원지에 대해서는 기존의 번역본에 너무 많은 오류가 보여서 옮긴이가 그 발원지를 여러 차례 답사한 경험이 있기에 자신 있게 다음과 같이 정리해둔다.
　동: 마천하(馬泉河)-땀촉카밥(Tib)-착수(Ckaksu (Skt))-얄룽짱뽀(Tib)-부라마푸트라(BramaPutra)-갠지스
　서: 상천하(象泉河)-랑첸카밥-시타(Sita)-스투레지(Sutlej)-갠지스
　남: 공작하(孔雀河)-마자카밥-아라카나다(Alakanada)-카르나리(Karnali)-갠지스
　북: 사천하(獅泉河)-셍게카밥-바드라(Bhadra, Sindhu)-인더스(Indus)

7) '대충(大蟲)'이 호랑이라는 말이 흥미롭지만, 정수일은 고전에는 그렇게 표기되고 있다고 단언하고 있다. 동진(東晉)의 간보(干寶)가 쓴 『수신기(搜神記)』 권2에는 호랑이를 '대충(大蟲)' 또는 '대영(大靈)'이라 부른다고 나오는데, '대영'은 후세에 별로 쓰이지 않았으나 '대충'은 송·원시대까지도 줄곧 사적에 나타나고 있으며 지금까지도 광동성 남부 양강(陽江) 지방에서는 방언으로 쓰이고 있다 했다.

8) 현 카시아 부근 동남쪽 약 1,500m 지점에 있는 라마브하르(Rāmabhar)로 비정되고 있다. 산스크리트 이름은 'Makuṭa-bandhana-caitya'로, 여기서 'makuṭa'는 왕관, 'bandha'는 매는 끈, 'caitya'는 절이라는 뜻이라 한다. 따라서 한역불전에는 이 절 이름을 천관사(天冠寺)·정결지이(頂結支夷)·주여파단전(周黎波檀殿) 등으

여 호가 사는 마을이 있고, 마을 사람 서너 집은 항상 청소하는 선사에게 의식을 공양한다. 지금도 탑에서 공양하고 있다. …(아래 결)…

로 의역하였다. 이 절에 관해 법현과 현장은 언급이 없으나 의정은 '수파반나(輸婆伴娜)'로 명기하고 있다.

왕 오 천 축 국 전

3. 바라나시

(Varanasi/ 파라스국/ 波羅斯國)[1]

[며칠을 가면] 바라나시에 도착한다.[2] 이 나라도 황폐하여 왕이 없다. …(아래 결)…

---

1) 옛 베나레스(Benares)로서 인도 대륙 힌두교 최고의 성지로 또한 볼거리 많고 느낄 것도 많은 관광지로 유명하다. 알라하바드(Allahabad) 아래 갠지스강 좌측 연안에 위치해 있는데, 바라나(Vārāṇa)강과 아시(Asi)강 사이에 있기 때문에 합쳐서 명명되었다.

옛날에는 고대인도 16대국의 하나인 카시(Kasī)국의 수도로서 카시성(카시나가라/ Kāsinagara)이라고도 불렸다. 음역되어 파라나(波羅奈)·파라날사(波羅捺斯)·파라나사(波羅那斯)로 표기되었다. 구법승 중에서 처음 이곳에 온 법현은 이 성을 파나날성(波羅捺城)이라 부르며, "다시 갠지스를 따라 서쪽으로 12유연을 가서 카시국의 파나날성에 이르렀다. 이 성의 10리 정도 되는 곳에 선인 녹원정사가 있다"라면서 바라나시와 사르나트를 한 곳으로 묶어 거론하고 있다.

또한 현장도 "집들이 즐비하고 주민이 번성하며 집집마다 거부로서 기화가 가득하다. 인성이 온화하고 학구심이 강하다. 외도를 많이 믿으며 불법은 별로 공경하지 않는다. (…중략…) 천사(祆祠)가 백여 소나 되고 외도가 만여 명이나 된다. 알몸에 옷을 입지 않고 몸에는 재를 바르며 근면 고행을 한다". 그러나 웬일인지 이렇게 번성하던 바라나시가 불과 백 년도 지나지 않아 혜초 당시에는 이미 황폐하여 왕마저도 없었다고 하니 이해하기 어렵다.

2) 혜초는 보드가야에서 바로 바라나시(Varanasi)로 갔지만, 실제 현실적인 루트는 바라나시보다 왕사성인 라즈기르와 나란다가 가깝기에 의문점이 남는다. 바라나시는 가야에서뿐만 아니라 인도 전역에서 기차로 연결된다. 또한 4대 불적지 중의 하나인 사르나트(Sarnath)는 바라나시에서 시내버스를 타도 될 정도로 (12km) 지척이다.

수억에 달하는 힌두교도들의 영혼의 귀의처, 바라나시 '강가'의 가트 전경

5비구(比丘)³⁾가 같이 붓다의 설법을 들었으므로 그들의 소상(塑

---

3) 혜초의 바라나시 기록은 너무 싱겁게 끝났지만, 근교의 사르나트(Sārnāth)의 녹원정사의 묘사는 자세하다. 사르나트는 불교의 4대 성지 가운데 하나로 지명의 유래에 관해서는 여러 가지 설이 있다. 붓다가 고행 끝에 깨달음을 이룬 뒤 이곳에서 5명의 수행자에게 자기가 깨달은 진리를 설하였기에 법륜의 수레바퀴가 굴러감과 더불어 불교교단이 비로소 성립되었다는 것을 의미한다. 이러한 중요성 때문에 초기 경전에서부터 이곳을 초전법륜 성지는 성지로 꼽혔다. 이후 아소카왕이 불교성지를 순례하면서 이곳에 탑과 석주(石柱)를 세운 뒤 더욱 신도들의 숭앙을 받아왔다.

현장이 순례할 당시만 해도 이곳은 약 30m 높이의 정사(精舍)가 하늘 높이 솟아 있으며, 그 주위 100여 단이나 되는 감실(龕室)에는 황금 불상과 부조가 있었고, 안쪽에도 등신대의 초전법륜상(初傳法輪像)이 줄지어 있었고 천여 명의 승려가 거주하는 등 번영을 누리고 있었다고 한다. 그러나 13세기 무렵 이슬람교도와 힌두교도에게 유린되어 폐허가 되었다. 현재는 다메크 탑과 부러진 아소카왕의 석주 등이 남아 있다. 이 가운데 아소카왕의 석주 머리에 있던, 서로 등을 맞대고 있는 네 마리의 사자상은 현재 인도의 국장(國章)으로 사용되고 있다.

이 '피오구륜(彼五俱輪)'에서 '오(五)'는 이른바 5비구이고, '구륜(俱輪)'은 그중 한 사람으로, 정수일은 "이 문구에서 '그 피(彼)'자를 사용한 점으로 보아 그 앞

사르나트의 폐허와 42m나 되는 거대한 다메크 스투파

像)을 탑 속에 두었다. …(결)…
위에 [네] 사자(獅子)4)를 새겼는데 이 당(幢)5)이 매우 커서 다섯

약 13자가 결락된 곳에서 그들에 관한 어떤 이야기가 있었을 성싶다"라고 조심스레 비정하고 있다. 바로 근교의 녹원정사가 있는 사르나트에 이르는 과정이 결손된 것으로 보인다. 구륜비구는 빠알리어로 Kondińńa, 산스크리트로 Kauṇḍinga로 바로 우리 한역경전에서 익숙한 이름인 교진여 비구이다.

4) 원문은 '사자(師子)'로 되어 있지만, 현장도 같은 용례를 보이고 있는 것으로 보아서 고전에서는 가끔 이렇게 짐승을 나타내는 '개 견(犭)'변을 붙이지 않은 '사(師)'자를 쓰기도 한다고 한다. "위에 사자가 있다. 그 당(幢, 석주)은……"이라는 사실과 문맥으로 보아, 앞에 약 15자가 결락된 부분은 그 돌기둥에 관한 내용임이 틀림없어 보인다.
  이 석주 위에 있었다는 사자상은 바로 현 인도의 국장(國章)인 '사사자상(四獅子像)'으로 정교하게 조각된 네 마리의 사자가 네 방향을 향해 몸을 서로 맞붙인 채 앉아 있는 모양이다. 현재 그 실물이 사르나트 박물관에 소장되어 있다.

5) B.C. 3세기 아소카왕이 세운 것으로 알려진 높이가 약 15.25m, 기단부의 직경이 71.1cm, 상단부의 직경이 55.9cm로서 거대한 인공 돌기둥이다. 그러나 현장은 석주의 높이가 70여 척이라 하였다.

시바신의 도시에 온몸에 재를 칠하고 삼지창을 들고 있는 시바교도들

시바교의 나체수행자인 나가사두와 일행들

아름이나 되며 새긴 무늬가 아름답다. …(결)…

탑을 세울 때 이 당도 함께 만들었다. 절 이름을 '다르마라지카(Dharmarājikā)'[6)라고 한다. …(결)…

…외도들은 옷을 입지 않고 몸에는 재를 바르고 대천(大天)[7)을

---

6) 6세기경에 세워진 다메크(Dhamekh Stupa) 스투파로 기단부의 직경이 28.5m, 높이가 33.53m나 되는 현존 탑의 상부는 연와를 쌓아 만든 것인데 절반이 무너졌고, 지상에서 11.2m의 하부는 석재로 건조하였다. 표면에는 장식문이 새겨져 있고, 같은 거리에 여덟 개의 벽감이 설치되어 있다. 부분적으로 퇴락되기는 하였지만, 단아하고 웅장한 자태로 붓다가야의 대탑과 쌍벽을 이루는 인도 불교 최대의 불교유적으로 꼽힌다.

7) 힌두교의 최고신인 비슈누, 브라마(梵天)와 함께 힌두교의 3대 주신(主神) 중의 하나인 시바(Śiva)의 별칭이다. 시바는 파괴와 창조를 담당하는 신으로 인도인들의 사랑과 두려움의 대상이지만, 또한 가장 친근한 신으로 원래 시바는 아리안민족의 신이 아니고 베다(Veda)에서 등장하는 폭풍과 빛의 신인 루드라(Rudra)였는데, 불의 신인 아그니(Agni)와 동일시되어 힌두교가 정착되면서 시바의 별칭으로 발전하게 되었다.

한역되어 '대천(大天/ Mahādeva)' 또는 '대자재천(大自在天/ Maheśvara)'으로 표기된다. 시바신은 이마에 '제3의 눈'이 있고 뿔 모양의 상투를 하고 머리 위에는 난새(鸞) 한 마리와 초승달 수식이 있으며, 몸은 푸른빛이며 목에는 뱀이 서려 있고 사람의 두개골을 꿰어 만든 목걸이가 걸려 있으며 옷은 호랑이나 사슴, 코끼리 가죽으로 지은 것을 입고 있다. 때로는 흰 소를 타고 손에는 삼지창을 든 모습으로 묘사되거나 발기된 남성의 성기모양의 '링가'로 상징되어 숭배의 대상

섬긴다. 이 절 안에는 금동으로 만든 불상 하나와 오백의 독각상이 있다. …(결)…

이 마가다국(Magadha/ 摩揭抒國)8)에 예전에 한 왕이 있어 이름을 실라디탸(Siladitya/ 尸羅栗底)9)라고 불렀는데, 그 왕이 이 불상을 만들었다. 그때 금동으로 된 법륜(法輪)도 함께 만들었는데, 둘레가 30여 보나 된다. 이 성은 항하를 굽어보는 북쪽 언덕에 있다.

이 녹야원(鹿野園)10)과 쿠시나가라와 왕사성(王舍城)11)과 마하보

이 된다. 또한 바라나시에서는 그 도시의 수호신으로 숭배를 받고 있다.
8) 인도 고대 16대국 중의 하나로서 그 영토는 오늘의 파트나(Patna)와 비하르(Bihar)주 가야(Gaya) 일원이다. B.C. 6세기경부터 강성하기 시작한 마가다국은 '왕 중의 사자'라고 불리는 건국자 빔비사라(Bimbisara, B.C. 544~493)를 비롯해 모두 8대의 군주를 배출하였다. 초대 왕인 빔비사라왕 통치 시 영내에는 팔만 개의 마을이 있었고, 왕사성(王舍城/ 라자그리하/ Rajagriha, 일명 상모궁성/ 上茅宮城/ Kuśāgarapura)에 도읍을 정하였다. 이 구도(舊都)가 불타버리자 신도(新都)로 신왕사성을 건설했는데, 규모가 웅장하여 성문이 14개(일설은 32개), 망루가 64개나 있었다. 이어 선왕을 시해하고 왕위를 찬탈한 세자 아자타샤트루(Ajataśatru/ 아사세왕/ 阿闍世王)는 정벌전쟁을 벌여 동인도 36개국의 맹주가 되어 그 영토의 너비만도 500리그(league, 1리그=3마일)나 되었다.
이 시기에 마가다국을 방문한 5세기 초의 순례승 법현(法顯, 338~423)은 수도 파련불읍(巴連弗邑, 즉 화씨성)에 3년 동안 머물면서 목격한 바를 여행기 『불국기(佛國記)』에 적으면서, 여러 나라 중에서 이 나라의 도읍이 가장 크고 사람들은 부유하며 인의(仁義)를 다투어 행하고 있다고 하였다. 이 마가다국은 5세기 말 서북방에서 인도를 내침한 백흉노(白匈奴/ Ephtalites)와의 거듭되는 전쟁에서 국력이 약해지다가 내부 분열까지 겹쳐 6세기 말에 붕괴되고 말았다.
9) 『대당서역기』에 나오는 계일왕(戒日王)으로 실라디탸(Siladitya)라 하고 본명은 하르사바르다나(Harsabardana/ 曷利沙伐彈那)이다. 『신당서』 「천축국전」에서 마가다국은 인도의 별명이라고 할 만큼 중국에 잘 알려진 중요한 국가로 현장이 인도를 방문했을 때 계일왕은 현장을 당나라의 대사급으로 환대하고 곡녀성의 갠지스 강변에서 그를 위한 성대한 법회까지 베풀었다. 당 태종 정관(貞觀) 연간에 두 왕 사이에는 수차례 사신이 교환되었는데, 왕현책(王玄策)이 3회에 걸쳐 토번을 통해 왕복하였고 동행으로 온 현조법사를 따라 혜륜 등 신라의 구법승들이 천축으로 들락거렸다고 의정(義淨)은 『서역구법고승기』에서 자세히 기록하고 있다.
10) 바라나스 인근의 사르나트(Sarnath)를 말한다. 녹야원은 산스크리트로 'Mṛgadāva', 빠알리어로 'Migadaya'이며 사슴의 주인이란 뜻의 'Sāranganātha'에서 유래되었

디사의 4영탑(靈塔)이 모두 마가다국 경계 안에 있다. 이 나라에는
소승과 대승이 함께 행해지고 있다.
  이렇게 하여 [마침내] 마하보디사(Mahābodhi/ 摩訶菩提)12)에 이

  다고 한다. 한역으로 '녹원(鹿苑)'과 '녹야(鹿野)' 그리고 '선인녹야원(仙人鹿野
  苑)'으로 표기된다. 오늘날 유피주에 있는 이곳은 붓다의 첫 설법처로 유명하다.
    녹야원의 전설은 유명하기에 생략한다. 그 사슴의 왕은 전생에 보살로 수행을
  닦을 때의 붓다이고, 그 비정한 왕은 석가를 죽이려던 악한 데바닷타(Devadatta/
  提婆達多)라고 하는 〈본생담 쟈타카〉에서 나온다.
11) 사성(舍城)은 앞에 왕(王)자가 누락된 것으로 봐야 할 것이다. 왕사성의 위치는
  오늘의 비하르주 파트나(Patna) 이북에 있는 한 산간 마을인 라지기르(Rājgir)이
  다. 왕사성이란 이름의 유래에 관해서는 두 가지 설이 있다. 일설은 집들이 모
  두 왕(raja)의 집(舍/ grha)처럼 화려하기 때문에 붙여진 이름이라는 것이고, 다
  른 설은 성주인 빔비사라왕이 바이샬리국의 내침을 막기 위해 이 성을 지으면
  서 성이 완공되기 전에 미리 살았다고 해서 얻어진 이름이라는 것이다. 왕사성
  에는 신·구 두 성이 있다. 기원전 5세기까지 마가다국의 수도였는데, 이때를 구
  왕사성이라고 한다. 향기로운 향모초(香茅草)가 많다고 하여 일명 상모궁성(上
  茅宮城/ Kuśāgarapura)이라고도 하고, 또한 군산(群山)으로 에워싸여 있다고 하
  여 군봉성(群峰城/ Girivraja)이라고도 한다. 왕사성은 5대산으로 둘러싸여 있는
  분지인데, 그 산들 중에서 영취산(靈鷲山/ 취봉산/ 鷲峰山/ Gṛdhrakūṭa, 동쪽)
  과 비포라산(毘布羅山, 일명 남산/ 南山/ Vaibharagiri)이 유명하다.
    북문 밖에는 죽림정사(竹林精舍)가 있는데, 옛날 왕사성의 성주 빔비사라왕이
  석존의 덕을 칭송하여 수행도량으로 이 땅을 보시하고 최초의 정사를 세웠다.
  석존은 생전에 1,200명의 제자를 거느리고 이곳에 와서 빔비사라왕으로 하여금
  불교에 귀의하도록 하였다. 그리고 사리불과 목건련 두 사람을 제자로 받아들였
  으며, 영취산에서 오랫동안 설법하였다. 석존의 입멸 후 얼마 안 되어 대가섭(大
  迦葉)을 비롯한 500명의 불자가 비포라산 칠엽석굴(七葉石窟/ Saptapatraguhā)에
  서 불전 편찬을 위한 '제1차 결집대회'를 거행하였다. 자이나교 창시자 마하비라
  도 왕사성에서 14회 우안거(雨安居)를 지냈기에 자이나교의 성지이기도 하다.
  신왕사성(Rajagrha)은 구왕사성이 화재로 소진되자 5대산 북쪽에 건설되었다.
  법현의 기록에 의하면 이 신왕사성은 아자타샤트루(아사세왕)가 건설하였다고
  한다.
12) 원문은 '⋯⋯ 等'으로 표기되어 있으나, '사' 또는 '탑'으로 보아야 한다. 마가보리
  등(Mahābodhi/ 摩訶菩提等)에서 '마가보리(마하보디/ Mahābodhi)'는 부다가야
  (Buddha Gaya/ 불타야/ 佛陀耶)에서 6마일 떨어진 곳에 있는 절로서 '제(提)'자
  뒤에 '사(寺)'자가 와야 하나 원문에는 '사(寺)'자 없이 '등(等)'자가 이어진다. 그
  래서 일부에서는 '등(等)'자가 '사(寺)'자의 오자가 아닌가도 한다. 그러나 널리
  알려진 절이라서 '사'자를 생략하고 '등'자를 써도 문맥상 하자가 없다고 본다.
    '마하보디'는 '대각(大覺)'이란 뜻으로서 이 절은 현 스리랑카 왕이 세웠다고

마가다국의 수도 왕사성이었던 현 라지기르 영취산 전경. 붓다께서 오래 머무르던 수행처였다.

르렀다. 내가 본래부터 원하던 바이므로 무척 기뻐서 내 어리석은 뜻이나마 대략 엮어서 오언시를 지었다.

    보리수13)가 멀다고 걱정 않는데 어찌 녹야원이 멀다 하리오.
    다만 멀고 험한 길 근심되지만 업장의 바람 휘몰아침도 두렵지 않다.

    한다. 이곳은 석존의 성도지(成道地)로서 유명한 보리수(菩提樹)와 금강좌(金剛座)가 있다. 중국 당 태종 정관(貞觀) 19년(645) 마가다국에 출사한 왕현책(王玄策)은 이 절을 참배하고 한문으로 쓴 기념비를 세웠다.
13) 보리(菩提)는 보리수나무를 말하는데, 이 나무는 붓다가 그 나무 아래의 금강좌(金剛座)에서 무상정등정각의 경계인 '야뇩다라삼먁삼보리'를 증득한 것을 상징하여 깨달음 그 자체를 의미한다. 혜초의 시구절에서도 그걸 암시하고 있다. 식물학적 이름은 보리수가 아니라 피팔라(Pippala)이다.

여덟 탑은 참으로 보기 어려우니 어지러이 오랜 세월에 다 타 버렸네.
어떻게 그 사람의 소원이 이루어질까 오늘 아침 눈으로 똑똑히 보누나.

≪본문의 다음 행로인 중천축국으로 가기 전에, 『왕오천축국전』의 풀리지 않은 최대의 의문을 풀고 넘어가야 할 것이다. 이상하게 들릴지는 모르겠으나 혜초는 왕사성에서 지척인, 당시 인도 최대의 상아탑인 나란다대학에 대해서 한 줄의 기록도 남기지 않았다. 현존본을 자세히 살펴보면 알 수 있듯이 확인된 행로상 나란다는 필수적으로 지나가야 할 길목이다. 그런데 나란다에 관한 기사가 마땅히 들어 있어야 할 차례에 한 줄의 기록도 없을뿐더러 더구나 그 부분에 분명히 예의 결손 누락된 것으로 보이는 공백 부분도 보이지 않는다는 것이다.

그래서 옮긴이는 어쩌면 혜초가 그 어렵다던 나란다의 시험낙방에 대한 상처 때문에 고의적으로 기록하지 않은 것이 아닌가 하는 가설을 제기한 바 있었다. 왜냐하면 모든 순례승들에게 나란다는 당연히 기록해야 할 만큼 비중이 있는 곳이고 나란다 출신의 스승인 금강지(金剛智)에게서 천축행의 영향을 받았을 혜초의 경우는 더욱 그러하기 때문이다. (김규현, 『혜초따라 5만리』(상·하권), 여시아문,

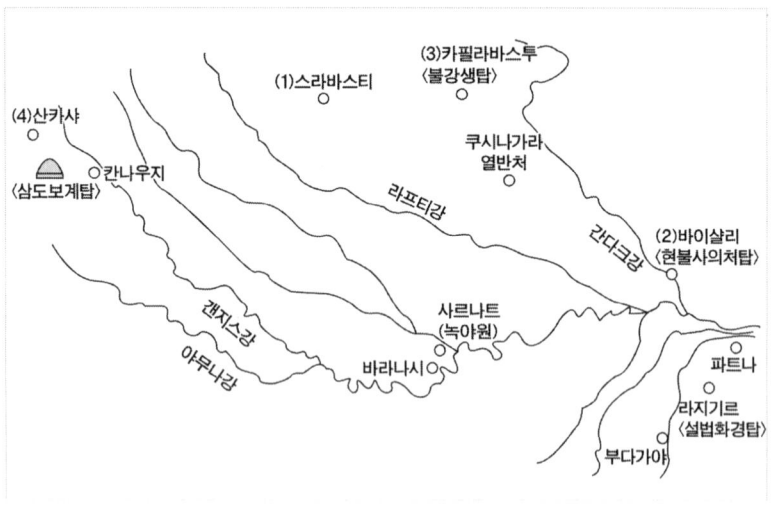

혜초의 중천축국 4대탑(불강생탑, 삼도보계탑, 현불사의처탑, 설법화경탑)

2005, 178~180쪽.)

　혜초는 나란다에 대해 한 줄도 남기지 않았지만, 그러나 다행히 다른 신라 사문들의 체취는 맡을 수 있는데, 그들은 혜초보다 반세기 먼저 천축 행을 감행하여 나란다에 왔었던 혜륜(慧輪)·혜업(慧業)·아리야발마(阿離耶跋摩)라는 구법승들이다. 아쉽게도 이들은 구체적인 기록을 남기지 않았지만 본 총서의 한 권인 의정법사의 『서역구법고승전』에는 그들의 행적이 간단하게나마 기록되어 있으니 참조하기 바란다.≫

왕 오 천 축 국 전

4. 칸나우지

(Kanauji/ 중천축국/ 中天竺國/ 갈나급자/ 葛那及自)[1]

이 바라나시국에서 두 달이 걸려 중천축의 왕이 살고 있는 성에 도착하였으니 그 이름이 칸나우지(Kanauji/ 葛那及自)[2]이다. 중천축

---

[1] 중천축국(Madhyadesa)은 현장법사와 특별한 인연이 있으며, 중원에 소개된 계일왕(戒日王/ Harsabardana)의 왕국으로 혜초 방문 직후의 통치자는 야소바르만(Yaśobarman, 725~752)으로 그 영토는 히말라야 이남에서 대륙 중부를 아우르는 광대한 지역으로, 본서에서 가장 중요한 부분에 속한다. 오천축의 가운데라는 상징적인 의미에서뿐만 아니라 분량 면에서도 가장 비중이 무겁기 때문이다. 이해하기 편하게 숫자로 따져보면, 중천축국에 해당되는 혜초의 기록은 26행, 총 7백여 자에 달한다. 그러니까 현존본—앞뒤가 잘려나간 227줄의 6천 자의 두루마리 필사본의—10%가 넘는 분량이다. 그 외에도 내용상으로도 혜초는 천축국에 관한 의복, 언어, 음식, 산물, 풍속, 주택, 법률 등의 인도의 일반적인 개설을 중천축국 편에 대부분 집어넣었다. 현장이 「서역기」 서론에 '인도총설' 부분을 집어넣은 것처럼 말이다.
또한 '천축'의 어원은 인더스강의 옛 페르시아어인 '헨뚜(Henttu)'나, 아니면 미얀마어인 '텐뚜(Tenttu)'에서 유래하였다고 한다.

[2] 칸나우지는 6세기부터 12세기까지 줄곧 북인도의 정치·경제·군사의 중심도시였다. 그러나 옮긴이가 힘들게 찾아간 칸나우지는, 완행기차만 하루 한두 번 다니는 그런 조그만 마을로 그곳을 가기 위해서는 지도에서 칸푸르(Kanpur)란 곳을 먼저 찾아내야 한다. 델리 방향의 아그라(Agra)와 유피(U.P.)주의 주도 럭나우(Lucknow)에서 사이에 있지만, 칸푸르에서는 특급열차가 서지 않기에 럭나우까지 가서 다시 버스나 기차로 바꿔 타야 한다. 칸푸르에서 칸나우지는 하루에 한두 번만 있는 완행기차로만 연결된다.
법현은 "도성 서쪽 6~7리 거리에 있는 갠지스강 북안에 붓디의 설법처가 있다"라고 하였으며, 현장은 "서쪽으로 갠지스에 임해 있다"고 하였다. 현장은 이 도성을 곡녀성(曲女城)이라고 하였는데, 그 명명 유래에 관해서 대수선인(大樹仙人)과 관련한 흥미 있는 전설을 기록하고 있다.

칸나우지 기차역과 칸나우지 중심 삼거리

국의 영토는 무척 넓고 백성들이 많이 산다. 왕은 900마리의 코끼리를 가지고 있고 그밖에 큰 수령들은 각기 300이나 200마리의 코끼리를 가지고 있다.

  왕은 언제나 자기가 스스로 병마를 거느리고 싸움을 하는데, 주변의 4천축국과 매번 싸우면 중천축의 국왕이 항상 이겼다. 이 나라의 법은 스스로 코끼리도 적고 병력도 적은 줄 알면 곧 화친을 청하여 해마다 세금을 바치고 서로 대진하여 싸우지 않으려고 한다.

  (오천축 일반) 의복과 언어와 풍속과 법률 등은 오천축국이 모두 서로 비슷하다. 다만 남천축의 시골 사람들은 말이 조금 다르나 관리들은 중천축과 다르지 않다.3) 5천축국의 법에는 목에 칼을 씌우고 몽둥이로 때리는 형벌이나 감옥 같은 곳은 없고, 죄 지은 자는 그 경중에 따라 벌금을 물릴 뿐 죽이는 법은 없다.4)

---

3) 인도의 기본적인 언어는 아리안어로 기본 어휘라든가 문법 구조는 비슷하지만, 남인도 언어는 드라비다어(Dravida/ 달라유도/ 達羅維荼)로 아리안어와는 완전히 다르다. 그러나 남천축국의 상류층은 대부분 산스크리트(Sanskrit)와 프라크리트(Prakrit, 방언)를 사용하였기에, 혜초는 '촌초백성(村草百姓)'의 말은 기타 지역의 말과는 크게 다르다고 말한 것으로 보인다.

4) 고대 인도의 형법에 관해서는, 법현은 "형벌은 쓰지 않고 죄인은 죄의 경중에

위로 국왕에서부터 아래로 서민에 이르기까지 매를 날리고 사냥개로 쫓으며 사냥하는 것을 보지 못했다.

(중천축) 길에는 도적이 많은데 물건을 빼앗고는 곧 놓아주며 해치거나 죽이지 않는다. 만약 물건을 아끼려다 다치는 수도 있다. 토지가 매우 따뜻하여 온갖 풀이 항상 푸르고 서리나 눈은 없다.[5]

먹는 것은 다만 쌀 양식과 빵[餠][6]과 보릿가루와 버터와 우유 등이 있으며 간장은 없고 소금을 쓴다. 흙으로 만든 그릇[土鍋][7]에

따라 벌금에 처한다고 하면서도 '악역(惡逆)'을 반복할 때는 오른손을 절단한다"고 하였고 현장은 "코나 귀, 손을 자르고 발꿈치를 자르는 월족(刖足) 같은 체형이 있다"고 하면서 물이나 불, 심지어 독(毒)을 이용한 형구(刑具)에 관해서도 언급하고 있다.

인도의 법제도는 일찍이 기원 전후 2세기에 성립된 『마누법전(Code of Manu)』에는 지배계급을 위한 조항이 대부분으로, 최하층인 수드라(Sudra)가 타인의 물건을 훔치면 보통 벌금의 여덟 배를 지불해야 한다고 규정하고 있고, 브라만의 부녀를 범하면 사형에 처한다고 하였다(359조). 그러나 브라만의 간부(姦夫)에 대해서는 수염을 깎아버리는 수모로 사형을 대체한다고 하였다(379조). 또한 극형에 관한 규정도 명문화하였다. 사형에 처할 남자 범인은 벌겋게 달군 무쇠침상에 올려놓고 지진 다음 화목을 덮어 씌워 완전히 타버리게 한다(372조). 수드라에 대한 극형은 더 잔인하다. 만약 수드라가 고급문벌을 비방하면 그의 혀를 자르거나 열 손가락 길이의 벌겋게 달군 쇠꼬챙이를 입속에 질러 넣으며, 브라만을 비방한 경우에는 펄펄 끓는 기름을 입이나 귀 속에 부어 넣는다고 하였다. 말하자면 지배층만을 위한 불평등 법률의 극치라 하겠다. 그러므로 혜초의 기록은 매우 단순하다고 하겠다.

5) 현장의 『대당서역기』 권2의 「세시(歲時)」조에 의하면 정월 16일부터 3월 15일까지가 점점 더워지는 점열기(漸熱期)이고, 3월 16일부터 5월 15일까지가 매우 더운 성열기(盛熱期), 5월 16일부터 7월 15일까지가 비 오는 때인 우시(雨時), 7월 16일부터 9월 15일까지가 초목이 무성한 무시(茂時), 9월 16일부터 11월 15일까지가 점점 추워지는 점한기(漸寒期), 11월 16일부터 정월 15일까지가 매우 추운 성한기(盛寒期)이다.

6) 원문의 '병(餠)'은 떡 보다는 빵이라고 번역하는 것이 인도 현실에 맞는 것 같다. 예나 지금이나 인도인의 주식은 '짜빠티'라는 빵과 '짜이'라는 차이기 때문이다. 『석명(釋名)』「석음식(釋飮食)」조에는 "'병(餠)'은 밀가루[麪]를 반죽하여[溲] 만든 것이다"라고 설명하고 있다.

7) 지금도 인도에서는 '짜이'를 마시는 잔은 흙으로 만든 1회용 잔을, 간단한 음식은 그릇이 아니라 나뭇잎에다 얹어서 먹는다. 혜림의 『일체경음의』에서는 '토과(土

밥을 지어먹고 무쇠 솥은 없다.

　백성들은 별다른 부역이나 세금이 없고 다만 토지에서 나는 곡식 5섬8)만 왕에게 바치는데, 왕이 사람을 보내서 곡식을 운반해가고 토지 주인은 수고로이 보내지는 않는다. 이 나라 백성들은 가난한 사람이 많고 부자가 적다.

　왕이나 관리 집안이나 부자는 모직 전포(氈布)9)로 만든 옷 한 벌을 입고, 가난한 사람들은 한 가지만 입으며 여자들도 그렇다. 이 나라 왕이 관청에 나와 앉아 있으면 수령과 백성들이 모두 와서 왕을 둘러싸고 앉는다. 그리고 각기 도리(道理)를 내세워서 논쟁이 일어나고 소송이 분분하여 매우 시끄러워도 왕은 듣기만 하고 꾸짖지 않다가 마지막에 천천히 "네가 옳고 네가 틀렸다"고 판결하면 백성들은 왕의 이 한 마디 말을 결정적인 것으로 알아 다시 거론하지 않는다.

　이 나라의 왕과 수령 등은 삼보를 매우 공경하고 믿는다. 만약

塢)'로 쓰면서, '토부(土釜)', 즉 '흙가마'라고 하였다. 현장도 『대당서역기』에서도 인도인들의 그릇은 대부분 흙으로 만든 것이고 구리그릇은 적다고 하였다.

8) 혜초는 '5섬'이라고 했지만, 이는 오류로 보인다. 고대 인도의 지세(地稅)는 보통 수확량의 6분의 1을 바치는 조세제도를 택하였다. 현장의 『대당서역기』 권2에도 "왕의 땅을 부치는 경우 6분의 1을 세로 바친다(假種王田 六稅其一)"고 하였고, 『마누법전』에도 조세제도에 관한 상세한 언급이 있는데, "수공업품에 대해서는 수익의 6분의 1을 징수한다"(권7의 131, 132조)라고 되어 있다.

9) 원래 '첩포(氎布)'는 펠트(felt) 같은 모직물을 가리키나 무더운 인도의 사정으로 보아서는 목면(木棉) 같은 면직물로 해석해야 한다. 현장도 『대당서역기』 권2 「의식(衣飾)」조에서, 승려들의 '3가지 옷'에 대해 기록하였고 의정도 『남해기귀내법전』 권2에서 관리 등 귀인들은 백첩(白氎, 흰 무명) 한 벌을 입지만 빈천한 사람들은 베[布]옷이나 입는다고 하였다.
　일반적으로 불교 승려가 입는 옷은 세 가지인데, 삼가티(Samghati/ 僧伽胝/ 腹衣)는 왼쪽 어깨를 덮고 양 겨드랑이를 가리며 왼쪽이 트였고 오른쪽이 합해졌으며 길게 마름질되었고 허리까지 내려오는 옷이고, 니바사나(Nivāsana/ 呢縛些那)는 옷고름과 허리띠가 없으므로 입을 때에는 옷을 모아 주름을 만들어서 띠처럼 묶어 입는 옷이고, 그리고 평상 시 입는 웃옷인 안타라바사카(Antaravāsaka/ 安呾婆娑)도 있다.

스승[師僧)10)되는 승려를 대하게 되면 땅바닥에 앉고 의자에 앉기를 즐겨하지 않는다. 왕과 수령이 다른 곳에 갔다가 올 때에는 스스로 자기 의자를 가지고 가서 그 장소에 이르면 자기의 의자11)에 앉고 다른 의자에 앉지 않는다.

절이나 왕의 궁전은 모두 3층으로 지었다. 제일 아래층은 창고로 쓰고 위에 있는 두 층은 사람이 거처하는데, 여러 큰 수령의 집도 그렇다. 지붕이 모두 평평하며 벽돌과 목재로 짓는다. 그 밖의 집들은 전부 초가집으로 중국의 집과 같은 맞배집으로 지으며 단층집이다.

이 나라의 산물은 오직 모직물과 코끼리와 말 등이 있고, 이 나라에서 나지 않는 금과 은12)은 모두 외국에서 가져온다. 또 낙타와 노새와 당나귀와 돼지 같은 가축을 기르지 않는다. 이곳의 소는 모두 흰데 1만 마리 중에 한 마리쯤 검거나 붉은 소가 있을 뿐이다. 양과 말은 대단히 적어 오직 왕만이 200~300마리의 양과 60~70필의 말을 가지고 있을 뿐이며 그 밖의 수령과 백성들은 모두 가축을

---

10) 사승(師僧)을 대체로 '승려들의 스승이 되는 대덕승려'를 말한다. 그런데 요즘은 모든 승려들을 통틀어 스님으로 부르고 있기에 우리나라 불교계에서, '스님'에 대한 호칭에 대해 고민해보아야 할 것 같다.

11) 좌구의 일종으로 앉는 평상, 즉 좌탑(坐榻)을 말한다. 의정은 『남해기귀내법전』 「식좌소상(食坐小牀)」조에는 "승려들은 식사 때 반드시 발과 손을 씻고 각자가 자그마한 상에 걸터앉는데, 상의 높이는 약 7촌이고 너비는 한 자쯤 되며 등나무 끈으로 엮고 다리는 둥글고 상은 가볍다". 현장은 『대당서역기』 권2에서 "왕이나 왕족, 귀족, 일반인들의 좌탑은 장식이나 규격에서 서로 다르다. 용상은 단연 높고 크며 각종 주옥으로 장식하는데, 사자상(獅子床)이라고 하고 관리나 서민들은 기호에 따라 여러 가지로 조각하고 장식한다"라고 하였다.

12) 혜초는 "이곳에서는 금과 은이 나지 않는다"라고 하였는데, 이 대목은 중천국에 국한된 이야기이거나 아니면, 과문 탓으로 인한 오류로 보인다. 현장은 『대당서역기』 권2의 인도 관련 종합 서술에서 "금은은 토산물로서 가득 쌓여 있다"고 하였다. 자고로 인도에서 금은 중요한 광물의 하나로 취급되어 '칠보(七寶)'의 하나로 취급되었다. 칠보란 금, 은, 폐유리(吠琉璃), 파리(玻璃), 적주(赤珠), 마노(瑪瑙), 산호(珊瑚)이다.

기르지 않는다. 다만 소를 기르기를 좋아하니 우유와 버터[酪]13)를 짜먹기 때문이다.

이 나라 사람들은 마음이 착하여 살생하는14) 것을 좋아하지 않는다. 그래서 시장 가게에서 고기를 파는 곳은 볼 수가 없다. 이 중천축국은 대승과 소승15)이 함께 행해진다.

이 중천축국 안에 네 개의 대탑16)이 있는데 항하의 북안에 세

---

13) '낙(酪)'은 치즈나 요구르트에 해당한다. 소나 양, 물소, 말의 젖으로 만드는데, 물소 젖으로 만든 것은 빛깔이 짙고 소젖으로 만든 것보다 더 맛이 있으며, 말 젖으로 만든 낙은 비교적 차다. 당나귀 젖으로 만들면 더욱 차서 낙(酪)을 만들지 않는다. 『대반열반경』에는 소에서 젖이 나오고, 젖에서 낙(酪)이 나오며, 낙에서 생소(生酥)가 나오고, 생소에서 숙소(熟酥)가 나오며, 숙소에서 제호(醍醐)가 나온다. 제호는 최상의 것으로 복용하면 만병이 제거된다고 하였다. 말하자면 우유, 버터, 치즈, 요구르트 순이 아닌가 여겨진다.

14) 법현도 "모든 국민들이 살생을 하지 않고 술도 마시지 않으며 파나 마늘을 먹지 않는다. 또 돼지와 닭은 기르지 않으며 시내에는 도살점이 없고 술 마시는 자도 없다. 다만 전도라(旃荼羅) 어랍사(漁獵師)들만은 고기를 판다"라고 하였다.

15) 인도 불교는 붓다의 열반 후 갠지스강 유역에 교단을 세우고 『아함(阿含)』 등 원시경전 등을 소의경전으로 하는 원시불교 상태로 약 2백 년 동안 유지해 오다가 아소카왕의 불교 귀의 등에 의해 교단이 급격히 팽창되면서 교단 분열이 일어나 부파(部派) 불교화되었고 기원 전후 1세기 사이에 비로소 대승불교로 변화되었다.
대승불교는 전통적 부파불교에 대항한 종교운동이었기에 마하야나(Mahāyāna/摩訶衍), 즉 대승이라 하고 기성 전통불교를 소승이라고 하였다지만, 그러나 불교사적으로 볼 때 소승이란 호칭을 대승에 의한 비칭(卑稱)으로서 사용할 때 남방불교까지 포함됨으로 대승권의 독선적인 오만이라는 비평을 면할 수 없다. 다만, 원시불교까지를 포함한 고대 전통불교와 대승에 대응하는 보수적 제(諸) 부파불교를 가리키는 개념으로 보아야 할 것이다. 그러나 밀교, 즉 요가불교가 한참이었을 8세기 초에 인도에 간 혜초가 단지 불교를 대·소승으로만 분류하고 있는 것은 의문거리가 아닐 수 없다.

16) 4대탑은 붓다의 생애와 관련된 최고의 성지로서 불교도들의 순례의 대상으로, 곧 4대 성지를 의미한다. 법현은 4대 탑을 불생처(佛生處), 득도처(得道處), 전법륜처(轉法輪處), 반니원처(般泥洹處)라고 불렀다. 혜초는 4대 탑이 모두 마가다 왕국 안에 있다고는 있지만, 사실은 그렇지 않다. 혜초가 꼽은 4대 탑은 반드시 탑 자체만을 이야기 한 것보다 '4대 성지'를 상징한다고 보인다.
그 외 8대탑을 꼽는 경우는 4대 탑 외에 카필라바스투의 불강생탑(佛降生塔), 바이샬리의 현불사의처탑(現不思議處塔), 산카시아(Sankasia)의 삼도보계탑(三

개가 있다.

첫째 탑은 스라바스티(Sravasti/ 舍衛國)[17]의 급고원(給孤園/ 祇園精舍)[18]에 있으니 거기에는 절도 있고 승려도 있음을 보았다.

둘째 탑은 바이샬리(Vaishali/ 扉倻離城)[19]의 암라원(菴羅園)[20] 안

道寶階塔), 스라바스티의 급고독원탑(給孤獨園塔) 등을 추가한다. 옮긴이의 『혜초따라 5만리』(상)에는 이 4대, 8대 성지의 모습이 자세히 그려져 있다.

17) 유피주의 스라바스티, 즉 사위국의 위치에 관해서는 여러 설이 있었는데, 가장 유력한 설은 커닝엄(A. Cunninghum)의 설로 그는 라프티(Rapti/ 拉普提)강 남안의 한 고지(故址)인 현 사헤트마헤트(Sahet-Mahet)로 비정하였다. 그 뒤 이 유적지에서 'Sravasti'란 명문이 새겨진 큰 불상이 출토됨으로써 그 비정의 신빙성이 입증되었다.

18) 많은 불경의 산실로 유명한 기원정사로 붓다께서 24년이라는 삶의 대부분을 보낸 성지 중에 성지이다. 법현의 『불국기』에는 이 정사의 초기 모습이 잘 전해지고 있다. "정사는 성 남문 밖 1,200보 거리에 있는데, 장자(長子) 수다타(Sudatta/ 須達)가 세웠다. 정사는 동쪽을 향해 문이 열려 있으며 문 양측에 석주가 서 있는데, 좌측 석주 상단은 바퀴 모양, 우측 석주 상단은 소 모양으로 되어 있다. 연못은 청정하고 숲이 우거져 있으며 경색이 이색적이어서 참으로 볼 만하다"라고 기록하고 있고, 현장도 "성 남쪽 5~6리에 서다림이 있는데, 그곳이 바로 급고독원이라고 하였다".

장자 수다타는 늘 가난한 사람들을 구제하고 고아와 늙은이들을 돌봐줘서 사람들은 그를 가리켜 '급고독(給孤獨/ Anāthapiṇḍada)'이라고 불렀다고 한다. 그는 불타를 매우 존경하여 불타를 위해 정사를 하나 세우기로 서원하고 거액을 들여 이곳을 매입하여 마침내 정사를 세웠다.

현재 정사의 터전에는 열 개의 사원과 승원, 여덟 기의 탑 유적지가 남아 있고, 근처에는 붓다가 정사를 떠났을 때 스승의 모습을 회상하기 위하여 제자인 아난(阿難)이 심었다는 보리수가 높이 솟아 있다. 이 정사의 북쪽 5리쯤에 사위성의 옛 성터가 있다.

19) 현 비하르주의 바이샬리로, 불교나 자이나교 모두 성지로 꼽는 곳이다. 자이나교 교주 마하비라가 태어난 곳이며 불교의 '제2결집(폐사리결집/ 吠舍釐結集)이 열린 곳이기 때문이다. 기원전 몇 세기 동안 이 비살라성은 『라마disk』에 '상도(上都/ Uttamapuri)'라고 칭해졌다시피 번창한 큰 도시였다. 『방광대장엄경』이나 『비나야잡사(毗那耶雜事)』 같은 불전에도 이 성에 관한 기사가 보인다. 『본생경(本生經)』에 의하면 폐사리성(吠舍離城)은 3중으로 건설되었다. 현재 바이샬리에는 이를 기념하는 사자 머리 하나인 아소카 석주가 유일하게 완전하게 남아 있다.

20) 이 정원은 바이샬리성 남쪽 가까운 곳에 있는데, 이 성내에 살고 있던 암라파티(Āmrapati/ 菴沒羅女)라는 여신도가 이 정원을 붓다에게 바쳤다고 전해 온다. 산

붓다의 탄생지인 룸비니 동산의 아소카 석주

에 있으니, 지금 탑은 볼 수 있으나 절은 허물어지고 승려도 없다.
셋째 탑은 카필라바스투(Kapilavastu/ 迦毘倻羅國)21)에 있으니, 이

스크리트로 '암몰라(菴沒羅)'는 망고라는 뜻으로서 '아말라(阿末羅)'·'아마륵(阿摩勒)'이라고도 한역하였다. 바이샬리에는 망고가 많이 생산되므로 '암몰라여(菴沒羅女)'는 곧 망고원의 주인이라는 의미이다. 그녀는 불타를 위해 이곳에 정사를 짓고 그 앞에 스투파를 하나 세웠는데, 그것이 중인도 8대 탑의 하나이다.

21) 카필라바스투국의 위치 비정에 이설이 많았으나, 1896년에 네팔 경내의 니글리바(Nigliva) 남방 13마일 지점에서 석주 하나를 발견하였는데, 거기에 새겨진 명문에 "아소카 대왕께서 즉위 12주년에 즈음해 붓다의 탄생지인 이곳에 친히 왕림하여 경례를 표하시고 위에 말 한 필이 있는 석각과 또 불생처(佛生處)임을 공시하는 석주 하나를 세우도록 명하시었다. 그리고 룸비니(Lumbini)의 부세(賦稅)를 폐하고 수확의 8분의 1만 징수토록 하시었다"라고 쓰여 있었다. 부근에는 마야부인이 불타를 출산하는 등신(等身) 석상이 발견되기도 하였다.
그러나 법현이 갔을 때는 이미 폐허화되었는지 "가유라위성(迦維羅衛城) 내에

곳은 즉 부처가 본래 태어난 성이다. 지금 무수(無憂樹)22)나무를 볼 수 있는데, 성은 다 허물어지고 없고 탑은 있으나 승려는 없고 또 백성도 살지 않는다. 이 성이 세 탑 중에 가장 북쪽에 있는데 숲이 거칠게 우거져 길에 도적이 많아 가서 예배하려는 이들이 이르기가 매우 어렵다.

넷째 탑은 산카시아(Sankasia/ 三道寶階塔)로 중천축국의 왕이 사는 성에서 서쪽으로 7일 거리에 있는데 두 항하 사이에 있다.23) 이곳은 여래께서 도리천(刀利天)24)에서 삼도보계를 밟고 염부제주

는 왕이건 백성이건 별로 없고 대단히 황막하여 승려들과 주민을 모두 합쳐도 열 가구에 불과하다". 또한 현장도 "빈 성이 수십 개나 되고 왕성은 황폐가 심하며 내성 둘레는 14리나 되지만 인적이 거의 없다. 대군주 없이 성마다 군주를 옹립하고 있으며, 궁성 한 켠에 가람 하나가 있는데, 승도는 30여 명뿐이고 소승정량부교(小乘正量部敎)를 배우고 있다. 천사가 2개소이며 서로 다른 종교들이 잡거하고 있다"라고 한 것을 보면 이미 폐허화가 오랜 세월 진행된 것으로 보인다.

22) '근심이 없는 나무'라는 뜻으로서 마야부인이 출산하기 위하여 친정으로 가는 길에 룸비니원에 이르러 한 나무 밑에서 석가를 고통 없이 순산하였다고 한다.

23) 혜초는 삼도보계탑은 두 항하 사이에 있다고 했지만, 실제로는 야무나(Yamunā) 강 유역에 있다. 우타르푸라데시주(유피주)에 있는 작은 마을인 샹카시아에는 삼도보계의 설화가 유명하다. 붓다가 도리천에 올라가 사흘간 어머니를 위해 설법하고 내려왔는데, 내려올 때 삼도보계가 생겨 붓다는 가운데 길의 7보계를 타고 내려왔고, 범천은 흰 채를 들고 오른쪽 백은계(白銀階)로, 제석천은 칠보산(七寶傘)을 들고 왼쪽 자금계(紫金階)로 붓다를 모시고 내려왔다고 한다.

혜초는 본문에서 '삼도보계탑'을 중천축국 4대 탑의 하나로 꼽고 있지만, 정작 이 탑의 실체에 관해서는 구체적 설명이 없다. 『법현전』에는 석가가 하강한 삼도계(三道階)는 땅 속에 묻혀버려 일곱 단만 지상에 남아 있다가 아소카왕 때에 이르러 이 일곱 단 계단 위에 정사를 세웠고, 그 한가운데에 여섯 장 높이의 입불상(入佛像)을 세웠다고 할 뿐, 탑에 관해서는 언급이 없다. 그런가 하면 『대당서역기』에도 여러 나라 왕들이 연와(煉瓦)나 석재로 석가가 내려온 곳에 옛날의 보계를 본떠 높이 70여 장의 보계를 만들고 그 위에 석조 불상을 앉혔으며, 좌우 계단에 제석과 범천의 하강 모습을 새겨놓았다고 할 뿐, 탑에 관해서는 별다른 기록이 없다. 그러나 현재 산카시아에는 신비로운 유적은 아무 것도 남아 있지 않고, 다만 아소카의 부러진 사자석주의 머리 부분만이 남아 있어서 세월의 무상함을 느끼게 해준다.

24) 불교의 우주관은 하늘을 삼십삼천(三十三天)으로 나누는데, 욕계가 6천, 색계(色

(閻浮提州)25)로 내려온 곳이다. 보계의 왼쪽은 금이고 오른쪽은 은이며 가운데는 유리로 만들었는데 석가세존은 가운데 길로 내려오고 대범천왕(大梵天王)이 왼편으로, 제석천(帝釋天)26)이 오른편 계단으로 부처님을 모시고 내려온 곳이라 하여 이곳에 탑을 세웠다. 절도 있고 승려도 있다.

界)가 18천, 무색계(無色界)가 9천으로 모두 33천이다. 이들 하늘의 중앙에 제석천(帝釋天)을 모시고 그 사방에 8천씩 벌려 서 있다. 이 도리천은 욕계육천(慾界六天)의 둘째 하늘로 수미산(須彌山) 꼭대기에 있다.

25) 범어 잠부디파(Jambudipa (Skt))이며 염부나무가 무성한 땅이라는 뜻으로서 수미산의 남쪽 해상에 있다는 대륙으로 오직 이 땅에서만 부처가 출현한다고 하며, 후에 인간 세계 또는 현세를 통틀어 이르는 말이 되었고 구체적으로는 아시아 대륙을 의미하는 것으로 보인다. 남염부제(南閻浮提), 남염부주(南閻浮洲), 염부(閻浮), 염부제(閻浮提), 염부주(閻浮洲)라고도 한다.

26) 범왕은 힌두철학에서의 브라만(Brahman)으로 우주 만물의 창조신으로서 붉은색에 4개의 손과 얼굴을 가지고 있으나 불교의 판테온으로 들어와서는 불법의 수호신으로 지위가 강등되었다. 제석천은 〈베다〉의 여러 신들 중의 최고의 신인 인드라(Indra)로서 '번개의 신' 또는 '전쟁의 신'으로서 황금 몸에 긴 팔뚝을 가지고 쌍마 전차를 몰며 손에는 금강저(金剛杵)와 화살을 잡고 온갖 원수를 정복한다. 또한 은혜의 신으로서 비를 내리게 하고 땅을 기름지게 하며 풍작을 이루게 한다. 폭풍우와 번개, 소나기까지 관장하였으나, 〈베다〉이후의 힌두교신화에서 제석천의 지위는 점차 약화되어 힌두교의 3대 주신인 브라흐만(梵天)와 비슈누(偏人天)와 시바(천自在天)의 아래에 놓이게 되었다.
한편 불교에서는 이 신을 받아들여서는 십이천(十二天)의 하나로 수미산 꼭대기의 도리천에 살면서 희견성(喜見城)의 주인으로서 지위를 부여하였고 불법의 수호신으로 수하에 4천 국왕과 32천을 관장하도록 하고 있다.

왕 오 천 축 국 전

5. 서찰루키아

(西Chālukya/ 남천축국/ 南天竺國/ 서차루기/ 西遮婁其)[1]

중천축국에서 남쪽으로 석 달을 가면 남천축국의 왕이 사는 곳[2]에 이른다. 이 나라 왕은 코끼리 800마리를 가지고 있다.[3]
영토가 아주 넓어서 남쪽으로는 남해에 이르고, 동쪽으로는 동해에, 서쪽으로는 서해에, 북쪽으로는 중천축·서천축·동천축국 등의 경계에 접한다.[4]

---

1) 혜초가 방문한 남천축국은 바타피(Vātāpī/ 벌타비/ 伐他毗, 일명 바다미/ Bādāmi/ 파타밀/ 波陀密)를 수도로 하고 나르마다(Narmadā)강 이남의 남부 인도를 지배하던 서찰루키아(西Chālukya/ 서차루기/ 西遮婁其) 왕국(535~757)을 말하는데, 건국자는 풀라케신 1세(Pulakeśin I/ 보라계사 1세/ 補羅稽舍 1세, 535~566)이다. 현장은 『대당서역기』에서 이곳을 '마하라스트라(Mahārastra/ 마가랄차/ 摩訶剌侘)'국이라고 하면서 견문기를 남겨 놓았다.
2) '남천축국 왕이 사는 곳'이란 서찰루키아국의 수도 나시크(Nasik/ 납석극/ 納昔克)로, 현재 인도 남부 마하라쉬트라주의 나시크로 가기 위해서는 서남부의 대도시 뭄바이(Mumbai)로 가는 기차를 타고 뭄바이 180km 못미처에 있는 '나식로드(Nasik Road)'라는 기차역에서 내려야 한다. 아니면 일단 뭄바이로 가서 올라오는 길에 들러도 된다. 시내는 역과 8km 떨어져 있고, 판두레나 석굴은 판차바티(Panchavati)행 버스를 타거나 오토릭샤를 대절하면 된다.
그리고 나시크는 힌두교의 '4대 성지'의 하나로 유명한 곳인데, 고다바리 강가의 람쿤디 가트(Ghat)에서 12년 만에 한 번씩 열리는 인류 최대의 축제 '쿰부 멜라(Kumbh Mela)'의 축제장으로 유명한 곳이다.
3) 혜초에 의하면 국력은 코끼리 숫자에 달렸던 것 같다. 중천축 9백 마리, 남천축 8백, 서천축 5백~6백, 북천축 3백, 카시미르 3백이란 숫자가 이를 말해주고 있다.
4) '남지남해 동지동해 서지서해(南至南海 東至東海 西至西海)'에서 '남해'나 '동해', '서해'는 어떤 바다의 고유명사가 아니라, 아대륙인 인도의 삼면이 바다로

나시크 로드 기차역

    의복과 음식과 풍속이 다 중천축과 비슷하나 오직 말이 조금 다르고[5] 기후는 중천축보다 뜨겁다. 이곳의 산물로는 면직물[6]과 코끼리와 물소와 황소 등이 있고 양도 조금 있으나 낙타와 노새와 당나귀는 없다. 벼논은 있으나 기장과 조는 없다. 솜과 비단 같은 것은 오천축국 어느 나라에도 없다.
    왕과 수령과 백성들은 삼보를 지극히 공경하여 절도 많고 승려도 많으며 대승과 소승[7]이 모두 행해진다. 그곳 산 속에 큰 절[8]

    에워싸여 있는 지리적 위치를 감안해 대륙 남쪽과 동쪽, 서쪽에 면한 바다라는 뜻이다.
5) 인도의 언어는 실로 다양하지만, 특히 인도 대륙의 북부와 남부 간에는 큰 차이를 보이고 있다. 남인도의 언어는 드라비다 어계에 속하고 북인도나 중인도의 언어는 아리안 어계에 속하여 문법과 어휘에서 서로 크게 다르다.
6) 원문은 전포(氎布)로 모직물을 뜻하나 남인도는 열대의 나라이기에 면직물이 어울린다.
7) 초기 인도 불교는 기원전 6~5세기 석가 재세 시의 근본 불교와 석가 입적 후

갠지스강 유역에 교단을 세우고 『아함(阿含)』 등 원시경전을 성립시킨 약 200년 동안의 원시불교, 아소카왕의 불교 귀의 등에 의해 교단이 급격히 발전 확대되고 아울러 교단의 분열이 연이어 일어난 부파(部派)불교, 기원전 2세기부터 기원후 1세기 사이에 대두한 대승불교로 나뉜다.

대승불교는 부파 중에서 진보적·혁신적인 대중부(大衆部)에 민간의 신자 등을 규합하여 그때까지 우세했던 전통적·보수적 불교에 대항한 일종의 종교운동이었다. 그들은 자신을 대승이라 하고 기성 전통 불교를 소승이라고 하였다. 따라서 역사적으로 보면 소승은 대승 숭배자들에 의한 비칭(卑稱)으로서 오늘날까지도 소승 신봉자들은 자신을 '소승'이라고 부르지 않는다. 그 결과 소승불교라고 하면 원시불교까지를 포함한 고대 전통불교와 대승에 대응하는 보수적 제(諸) 부파불교를 말하는 두 가지 경우가 있다.

대승은 일명 산스크리트의 마하야나(Mahāyāna)를 음역한 마가연(摩訶衍) 또는 상승(上乘)이라고도 한다. 대승의 '대(大)'는 광대함의, '승(乘)'은 운재(運載, 실어 나르다)의 뜻이다. 따라서 이러한 뜻이 종교적으로 승화되어 대승은 중생으로 하여금 생사의 바다를 넘어 열반의 피안에 도달하게 한다는 종교적 함의를 갖게 되었다. 현재 대승은 중국이나 한국, 일본 등지에 전파되어 수많은 종파를 낳았고, 소승은 인도나 스리랑카, 타이 등 동남아시아에 분포되어 있다.

8) 본문에서 혜초가 언급하고 있는 '용수보살의 석굴'이 현재 어디인가에 대해서는 여러 가지 설이 분분하다. 우선 본서에서 옮긴이가 직접 현장을 답사하여 용수보살의 체취를 확인하고 그곳이라고 비정하게 된 곳은 나시크(Nasik)에서 뭄바이 방향으로 8km 떨어진 트리라스미산의 중턱에 파여진 판두레나 석굴인데, 나시크에서 판차파티(Panchavati)행 버스를 타거나 오토릭샤를 대절하면 된다. 그 외에도 마니크두르그(Manikdurg/ 마니극두격/ 馬尼克杜格) 이남 250마일 거리에 있는 크리슈나(Kriṣṇa)강 남안의 준령이라는 설과 크리슈나강 우안의 용수산(龍樹山/ Nāgārjunakoṇḍa)에 비정하는 설, 그리고 안다라국(案達羅國)의 동차루기(東遮婁其)에 있는 패자와달(貝玆瓦達/ 베즈와다/ Bezwada) 부근의 옹달유리(翁達維里/ Undavilli)산의 석굴이라는 설, 또 애라랍(艾羅拉/ 엘로라/ Ellora)의 한 석굴사원 등으로 분분한 실정이다.

혜초의 '용수보살 석굴'이 판두레나라는 지지설은 우선 "그곳 산 속에", "산을 뚫어 기둥을 세우고", "3백 보"라는 기록과 B.C. 2세기라는 시기, 그리고 나갈쥬나가 남인도 출신이고 남쪽 지방 곳곳에 수많은 전설을 몰고 다녔다는 것 등을 들고 있는데, 옮긴이의 확인결과 18번 굴에는 불상 대신에 소박한 스투파와 법륜상, 보리수, 불족(佛足) 등의 무불상시기의 상징물이 새겨져 있었기에 시기적으로 부합하고 있었다. 한편 다른 설은 '3층의 석굴'과 '3천 명 대중'과 '7백 살'이라는 것을 들어 보다 규모가 더 클 것이라는 주장을 하고 있다.

또한 법현이나 현장도 이 '큰 절(大寺)'에 관해 기록하고 있는데, 우선 법현은 "구담미국(枸睒彌國)에서 남쪽으로 2백 유연(由延) 가면 달친(達嚫/ Dakṣiṇa)이라는 나라가 있는데, 여기에 가섭불(迦葉佛/ Kasyapa) 승가람(僧伽藍)이 있다. 이 가람은 큰 산바위를 뚫어 5층으로 지었다. (…중략…) '파르바타(Parvata/ 파라월

이 하나 있는데, 이 절은 용수(龍樹)⁹⁾보살이 야차신(夜叉神)¹⁰⁾을 시켜서 만든 것으로 사람이 지은 것이 아니다. 산을 뚫어서 기둥을 세우고¹¹⁾ 누각을 3층으로 세웠으며 사방에 300여 보나 된다. 용수가 살아 있을 때 절에는 승려가 3천 명이나 있었고, 혼자 공

/ 波羅越)'사원이 있는데, 파르바타는 천축 말로 비둘기란 뜻이다. 달친국은 편벽한 곳에 있어 길이 험하여 법현도 가보지는 못하였다"라고 기록하고 있다. 또한 현장은 『대당서역기』 권10에서 "남교살라(南憍薩羅/ Dakṣiṇakosala)국 서남방 300여 리로 가면 발라말라기리(跋邏末羅耆釐/ Bhrāmaragiri)산에 이르는데, 이 산은 대단히 험준하다. 인정왕(引正王/ Sātavāhana)이 용수(龍樹/ 나가르주나/ Nāgārjuna/ 龍猛菩薩)를 위해 산을 뚫어 5층짜리 가람을 건조하였다"라고 하였는데, 이 가람이 바로 그 '큰 절'로 비정된다.

9) 구마라집(鳩摩羅什)이 한역한 『용수보살전(龍樹菩薩傳)』에 의하면, 나가르주나(Nāgārjuna, 일명 龍樹, 龍猛, 龍勝)'는 대승불교 중관학파(中觀學派)의 시조로 2~3세기 남인도의 비달라국(毘達羅國) 브라만 가문에서 출생하여 어릴 적에는 브라만 경전을 배우고 청년 시절에는 천문·지리·의학·역학 등 다양한 학문을 배웠다. 그러다가 불교에 귀의하여 대승의 중관사상을 정립하였다. 그의 대표작은 『중론(中論)』과 『십이문론(十二門論)』이지만, 또한 『대지폐론(大智廢論)』으로 『마하반야바라밀경(摩訶般若波羅密經)』을, 『십위비파사론(十位毗婆沙論)』으로 『화엄경(華嚴經)』을 해석하였다. 후에는 남천축의 금강살타(金剛薩埵)로부터 밀교의 『대일경(大日經)』을 전수하여 주문(呪文)에도 정통하였다고 한다.
중국이나 티베트에서는 그를 대승불교의 조사(祖師)로 여긴다. 그의 700년 장수설은 혜초의 여행기를 비롯하여 티베트의 다라나달이 지은 『인도불교사』에도 그가 중앙 인도(Madhyadeśa)에서 200년, 남방에서 200년, 스리파르바타(길상산)에서 129년, 도합 529년(혹은 571년)을 살았다고 하며 현장의 『대당서역기』 권10 「교살라국(憍薩羅國)」조에도 사타바하나(Sātavāhana)왕 시대에 용수는 묘약(妙藥)을 써서 수백 년 장수했다는 기록이 있다.
그런데 실제로 불교사상 용수라는 이름은 최소한 두 사람 이상이었다고 보이는데, '용수의 장수설'은 이 때문에 오는 혼동이라는 것이 요즘 학계의 정설이다. 한 사람은 위에서 말한 중관학파의 시조인 용수이고, 다른 한 사람은 7~8세기 밀교(密敎) 관련 저작을 남긴 용수로 이로 인해 용수의 장수설이 전설로 생겼다는 것이다. 후자가 바로 전설 속의 남천축의 철탑(鐵塔)을 열어 『금강정경』을 얻었고 용궁에 가서 『화엄경』을 가져 왔다는 식의 무수한 전설을 남긴 인물이다.
10) 산스크리트로 야크샤(Yaksa)는 형상이 괴이하고 추하며 사람을 해치는 악귀를 말하는데, 여기서의 의미는 불교의 호법신으로 사용되었다.
11) "산을 뚫어서 기둥을 세우고 누각을 3층으로 세웠으며"라는 표현은 바위산을 파서 기둥만 남기면서 3층 건물을 만들었다는 뜻인데 바닥에서 파 올라가던지 천정에서 파 내려오던지 하였던, 당시의 석굴의 일반적인 건축공법이었다.

양하는 쌀만도 15섬이나 되어 매일 3천 명의 승려가 먹어도 쌀이 모자라는 일은 없었으며, 다 먹고 나면 또 생겨서 원래 상태에서 줄어드는 일이 없었다고 한다. 그러나 지금은 이 절도 다 황폐해 졌고 승려도 없다. 용수는 나이 700살이 되어서 비로소 입적하였다고 한다.

그때 남천축의 나그네 길에서 하고 싶은 말을 오언으로 읊어 보았다.

달 밝은 밤에 고향 길을 바라보니
뜬구름은 너울너울 그곳으로 돌아가네.
그 구름 편에 편지라도 부치려는데
바람은 거세어 돌아보지도 않네.
내 나라는 하늘 끝 북쪽에 있고
남의 나라는 땅 끝 서쪽에 있네.
따뜻한 남쪽에는12) 기러기 오지 않으니
누가 내 고향에 날아가 소식 전하리.

---

12) 본문 시구절에서의 '일남(日南)'은 오늘날의 베트남 중부를 지칭한 고대어로서 남해의 출발 항구였다. 남해를 거쳐 중국에 오는 외국 상인들도 거개가 이 항구를 통해 상륙하였다. 이런 사실은 혜초가 남해로를 거쳐 인도에 갔음을 입증하는 증거 중에 하나로 꼽는다.

쿰부멜라의 무대 고다바리강의 가트

판두레나 석굴의 무불상(無佛像) 시대의 예배 대상물들. 보리수, 법륜, 스투파 등이 부조되어 있다.

왕오천축국전

6. 신드

(Sindh/ 서천축국/ 西天竺國/ 신덕/ 信德)[1]

또 남천축에서 북쪽으로 두 달을 가면 서천축국의 왕이 사는 성에 도착한다. 서천축국의 왕도 코끼리 500~600마리를 가지고 있다. 이 나라 산물은 모직물과 은과 코끼리, 말, 양, 소 등이고, 또 밀과 보리와 여러 가지 콩이 많이 나는데 벼는 아주 적다. 음식은 대개 빵 [짜바티]와 보릿가루와 우유와 버터기름[2] 등이다. 시장에서는 매매하는데 은전과 모직물 등을 사용한다.

왕과 수령들과 백성들은 삼보를 지극히 공경하고 믿는다. 절도 많고 승려도 많으며 대승과 소승이 함께 행해진다. 땅이 아주 넓고 서쪽으로는 서해[3]에 이른다.

---

1) 현 파키스탄 동남부 신드 지방(Sindh/ 信德), 즉 신도국(信度國)을 가리킨다. 정수일소장에 의하면, "711년 이슬람 동정군의 정복을 전후한 신드의 역사에 관해서는 아랍 사적이 가장 많이, 그리고 신빙성 있게 기술하고 있다. (…중략…) 7세기 초 신드는 시하라스(Sīharas)라는 왕이 지배하였는데, 그 영토를 보면 북은 카슈미르, 동은 칸나우지, 서는 마크란(Makrān)까지 이르는 넓은 땅이었다. 수도는 알로르(Alor)이고 국토는 브라흐마나바드(Brahmanābād), 시비스탄(Sivistān), 이스칸다(Iskandah), 물탄(Multān) 등 네 개 지역으로 나누어 영주들이 통치하였다"고 한다.

2) 현재 인도 음식의 기본 식용유인 물소기름인 '기(ghee)'를 말하는 것으로 보인다. 글자 그대로는 '소(蘇)'는 버터를, '소유(蘇油)'는 '버터기름'을 말하고 '병초(餠麨)'는 인도사람들의 주식인 '짜바띠'와 발효음식인 야쿠르트를 말하는 것으로 보인다. 거기에 '짜이(茶)'만 있으면 인도여행의 기본적인 먹거리는 해결된다.

3) 여기에서의 서해는 오늘의 아라비아해를 말하는 것이다.

이 나라 사람들은 노래를 잘 부르는 사람이 많은데 다른 네 천축국은 이 나라만 하지 못하다. 또 이 나라에는 목에 칼을 씌우고 몽둥이로 때리는 형벌이나 감옥이 없고 사형도 없다.
　지금은 대식국(大寔國)4)의 침략을 받아서 나라의 절반이 파괴되었다.5) 또 오천축국의 법에는 외지에 나갈 때 양식을 가지고 가는 법이 없고 가는 곳마다 밥을 얻어먹는다. 다만 왕과 수령 등은 나갈 때 스스로 양식을 가지고 가서 먹고 백성들이 바치는 음식을 먹지 않는다.

---

4) 이른바 아랍제국을 말하는 것으로 아랍에 대한 한역명은 시대에 따라 여러 가지로 나타난다. 대체로 중국 당대(唐代) 이전에는 대익(大益), 혹은 대의(大依), 조지(條枝)로 일컫다가 당대 이후 이슬람의 대거 동진과 더불어 대식(大食)으로 개칭되었으며, 명대(明代)부터 근세에 이르기까지는 다시 아랍어의 음사인 아랄필(阿剌必) 혹은 아랍백(阿拉伯)으로 쓰이게 되었다.
　우리나라의 경우는, 혜초의 이 대목이 아랍에 관한 첫 번째 기록으로, 통일신라시대부터 한반도와 아랍-이슬람 제국 간에는 분명히 접촉이 있었으나 관련 기록이 아직 발견되지 않고 있고 다만, 고려시대에 이르러 대식 상인들의 고려 내왕에 관한 기사가 『고려사』 권5 「현종세가(顯宗世家)」와 권6의 「정종세가(靖宗世家)」에 나타난다.

5) 아랍의 인도 대륙 침공은 서부 신드 지역부터 시작되었는데, 7세기 중엽부터 아프가니스탄의 남부를 점령하고 현 발루치스탄(Baluchistan)을 몇 차례 공격했으나 인도 땅을 정복하지는 못하였다. 그러다가 711년 이라크 총독 핫즈 이븐 유수프(Hazz Ibn Yūsuf)는 조카인 무함마드 이븐 까심(Mohammad Ibn Qāsim)을 총사령관으로 하는 신드 원정군을 파견하였다. 원정군은 시라즈(Shirāz)를 출발해 우선 무크란을 장악한 다음 인더스강 하구인 현 하이데라바드 등지를 차례로 공략하고 승리를 거두고 신드왕 다하르(Dāhar)를 살해하고 계속해서 713년에는 물탄(Multān)을 공략하였다. 그러다가 우마이야(Umayya)조 아랍 제국에서 분란이 일어나 715년 칼리프 술라이만(Sulaimān)이 등극하자 이라크 총독 유수프가 배척되면서 원정군 사령관 까심은 소환되어 옥사하였다. 이에 인도에 대한 이슬람군의 진격은 잠시 중단되고 말았다.
　혜초가 서천축국인 신드를 순례할 때는 바로 이런 상황을 말해주고 있어서 "나라의 절반이 파괴되었다"고 기록하였다. 결국 이런 간헐적인 침략으로 인도 대륙에는 무굴(Mughal) 제국(1526~1857) 같은 통일왕조가 생기면서 약 650년 동안 이슬람 지배하에 놓이게 되었다.

왕 오 천 축 국 전

7. 자란다르

(Jalandar/ 북천축국/ 北天竺國/ 사란달라국/ 闍蘭達羅國)[1]

또 서천축국에서 석 달 넘어 가면 북천축국에 이르는데 이름이 자란다르이다. 왕은 300마리의 코끼리를 가지고 산에 의지하여 성을 만들어 살고 있다. 여기서부터 북쪽으로는 산이 점차로 많아져서 나라가 좁아지고 병마가 많지 않아 항상 중천축국이나 카슈미르에게 자주 침략 당하기 때문에 산에 의지하여 사는 것이다.

풍속과 의복과 언어는 중천축국과 다르지 않고 기후는 중천축국보다 조금 차지만 서리나 눈은 내리지 않고 다만 바람이 좀 많이 분다. 이 땅에서는 코끼리와 모직물과 벼와 보리가 생산되고 노새

---

[1] 현 인도 북부의 암릿차르 인근의 중요도시 자란다를 중심으로 한 나라로, 사란달라국의 한역명은 여러 가지로, 의정의『대당서역구법고승전』권2의「현조전」에는 '사란타(闍蘭陀)', 현장의『대당서역기』권4에는 '사란달라(闍爛達羅)',『자은전』권2에는 '사란달나(闍爛達那)', 동서 권5에는 '사란달(闍蘭達)',『석가방지』에는 '사란달나(闍爛達那)',『계업행정(繼業行程)』에는 '좌람타라(左藍陀羅)', 돈황사본(敦煌寫本)인『천서로경(天西路竟)』에는 '좌람달라(左藍達羅)' 등으로 음사되어 있다.

『대당서역기』권40「사란달라국(闍爛達羅國)」조에 의하면 "이 나라의 동서는 천여 리이고 남북은 팔백여 리며, 도성 둘레는 12~13리나 된다. 곡물의 적재지로 메벼가 많이 나고 숲이 우거졌으며 과실이 생산된다. 기온은 따뜻한 편이고 사람들의 성품은 강직하나 용모는 천하게 생겼다"라고 전한다.

의정의『대당서역구법고승전』에는 "7세기 중엽 현조(玄照)가 토번의 문성공주(文成公主)를 만나고 나서 이 나라에 이르러 4년 동안 체류하면서 국왕의 공양을 받고 경장(經藏)과 율장(律藏)을 연찬하며 산스크리트도 배웠다"는 기록이 있는데, 당시 우리의 신라 승려들도 함께 머물렀을 가능성이 있다.

와 당나귀도 조금 있다. 왕은 말 100필을 가지고 있고 수령은 네댓 필씩 가지고 있으며 백성은 아무도 가지고 있지 않다. 이 나라 서쪽 지방은 평탄한 하천 지방이고 동쪽은 설산에 가깝다. 나라 안에는 절도 많고 승려도 많으며 대승과 소승이 함께 행해진다.

실크로드 고대여행기
왕 오 천 축 국 전

8. 수바르나고트라

(Suvarnagotra/ 소발나구달라국/ 蘇跋那具怛羅國)[1)]

  또 한 달을 걸려 설산을 지나니 동쪽에 작은 나라가 있는데 수바르나고트라이다. 토번(吐蕃)의 통치하에 있다. 의복은 북천축국과 비슷하나 언어는 다르며 기후가 아주 춥다.

---

1) 바로 현장의 『대당서역기』 권4 「바라흡마보라국(婆羅吸摩補羅國)」조의 소벌랄나구달국(蘇伐剌拏瞿呾國)과 여러 기록에 언급되어 있는 동녀국(東女國)을 말한다. "대설산 중에 소벌랄나구달국이 있는데, 황금이 나오므로 금씨(金氏) 성을 갖고 있다. 동서가 길고 남북이 짧다. 동녀국으로서 왕이 여자이기 때문에 여국(女國)이라 칭한다. 부군도 왕이기는 하지만 정사에는 간여 하지 않는다. 남편들은 전장에 나가거나 농사만 짓는다. 동은 토번에, 북은 호탄국에, 서는 삼파가국(三波訶國/ Sumpo/ 소비/ 蘇毗/ Supi)에 접해 있다" 하였다.
  또한 『당서(唐書)』 권221에도 "동녀국(東女國)은 또한 소벌라나구달라(蘇伐剌拏瞿呾羅)라고 하는데, 강족(羌族)의 별종(別種)이다. 서해(西海)에도 또한 여인들이 스스로 왕위에 올라 있으므로 이곳을 동(東)이라 일컬어서 구분하고 있다"라고 소개하고 있는 것을 보면 전설적인 왕국이 아니라 실제 존재했던 나라로 비정된다. 그 위치를 학계 일부에서는 파키스탄 북부의 훈자-응아가르(Hunza-Nagar)와 일치한다고 보는 설도 있지만 다른 의견도 많다.

왕 오 천 축 국 전

9. 탁샤르

(Takshar/ 탁사국/ 吒社國)[1]

또 자란다르에서 서쪽으로 한 달 걸리면 탁샤르에 이른다. 언어가 조금은 다르지만 다른 것은 대체로 비슷하다. 의복과 풍속과 토지의 산물, 기후가 차고 따뜻한 정도가 모두 북천축국과 비슷하다. 여기도 절이 많고 승려도 많으며 대승과 소승이 함께 행해지는데, 왕과 수령과 백성들이 삼보를 크게 공경한다.

---

1) 타카데샤(Takkadeśa)의 변음인 '탁샤르(Takshar)'로서 현 체나브강과 라비아라바티(Ravi-Aravati/ 拉維)강 사이의 지역, 즉 북은 히말라야 산록으로부터 남은 물탄 이하의 5강 합류처의 광활한 지역을 포함하는 오늘의 파키스탄 펀자브(Punjab) 지방으로 비정된다.
  그런데 현장의 『대당서역기』 권4에는 '책가(磔迦)'라는 이름으로 표기되었다. "이 나라의 둘레는 만여 리에 이르며 동은 비아스(Bias/ 毘播奢)강, 서는 인더스강에 임해 있다. 대도성의 주위는 20여 리에 달하며 그 서남쪽 14~15리에 있는 사칼라(Sākala/ 奢羯羅) 고성은 비록 허물어지기는 했으나 기반이 여전히 든든하며 둘레가 20여 리나 된다. 이 고성에는 둘레가 6~7리 되는 작은 성채도 있다."

왕 오 천 축 국 전

10. 신드구르자라

(Sindh-Gurjjara/ 신두고라국/ 新頭故羅國)[1]

또 이 탁샤르에서 서쪽으로 한 달 걸리면 신두고라국에 이른다. 의복과 풍속과 기후가 차고 따뜻한 것이 북천축국과 비슷하고 언어가 조금 다르다. 이 나라에는 낙타가 매우 많고 사람들은 우유와 버터를 먹는다. 왕과 백성들은 삼보를 크게 공경하며 절도 많고 승려도 많다.

『순정리론(順正理論)』을 쓴 중현(衆賢)논사[2]가 이 나라 사람이다.

---

1) 신두고라국은 명칭과 위치를 이전에는 여러 학자들이 발음의 유사성을 근거로 들어, 인도 남부 뭄바이 위의 구자라트(Gujarāt)로 비정했지만, 옮긴이의 견해로는 카슈미르의 스리나가르에서 발원하는 젤룸강의 하류의 도시인 젤룸(Jhelum)으로 비정하는 설에 비중을 둔다. 혜초의 다음 행로가 북쪽으로 향한 것이니 만큼 다시 남쪽으로 내려갔다는 것은 불가능하기 때문이다. 신두고라국에서 북쪽으로 15일을(약 190마일) 가면 카슈미르에 이르는 노정을 일본의 桑山正進은『慧超往五天竺國傳硏究』(京都大學人文科學硏究所, 1992)에서 다음과 같이 추정하고 있다. 젤룸 → 코틀리(Koṭlī) → 푼치(Punch) → 사마이단(Tośamaidan) 고개 → 스리나가르로 이어진다고 하였다. 한편 현장은『대당서역기』권11에서 구르자라(Gurjjarā/ 구절라/ 瞿折羅)국이라고 기록하고 있다.

2) 중현과 저서『순정리론(順正理論)』에 관해서 현장은 자세하게 당시 상황을 기록하고 있다. "불아(佛牙) 가람 남쪽 14~15리에 작은 가람이 하나 있고, 그 동남쪽 30여 리에 오래된 가람이 또 하나 있다. 웅장한 이 가람에서 옛날 중현(衆賢)논사가『순정리론』을 지었다."(권3「가습미라국迦濕彌羅國」) 당시 세친(世親/ 바수반두/ Vasubandhu) 보살이『구사론(阿毗達摩俱舍論)』을 지었는데, 중현은 그것을 반복 독파하면서 12년 동안이나 연구하여『구사박론(俱舍雹論)』, 즉『순정리론』25,000송(頌)을 지어 세친의『구사론』을 비판하였다(권4「말저보라국秣底補羅國」조).

이 나라는 대승과 소승이 함께 행해진다. 지금은 대식국의 침략3)을 받아 나라의 절반이 피해를 입었다.

이 나라를 비롯하여 오천축국의 사람들은 술을 많이 마시지 않는다. 오천축국을 두루 돌아다니면서 술 취한 사람이 서로 싸우는 것을 볼 수가 없었다. 혹 술을 마신 사람이 있다 해도 낯빛이 조금 붉고 기운이 조금 좋을 뿐이고, 노래하고 춤추며 흥겹게 마시는 자는 보지 못하였다.

또 북천축국에 절이 하나 있는데,4) 이름이 다마사마나(多摩三磨娜/ Tamasamana)5)이다. 석존께서 살아계실 때 이곳에 와서 설법하고 사람들을 널리 제도하신 곳이다. 석존의 머리카락과 손톱이 들어 있다. 이곳에는 300여 명의 승려들이 있는 것을 보았다. 절에는 대벽지불(大壁支佛, 獨覺)6)의 치아와 뼈와 사리 등이 있다.

---

3) 대식의 침략이란, 711년 무함마드 이븐 까심 휘하의 이슬람 원정군이 신드 지방에 침입한 사건을 말한다. 비록 대대적인 군사행동이 이어지지는 않았지만, 자나이드(Janaid/ 賈奈德)가 신드 총독으로 임명된 후, 그는 서인도 일원에 점진적인 정복을 단행하여 말라바(Malava/ 摩臘婆), 우자인(Ujain/ 鄔闍衍那), 바르와스(Barwas, 跋祿羯呫婆), 소랄타(蘇剌佗), 발랍비(伐臘毘) 등지를 차례로 공략하였다. 이슬람 군의 이러한 정복활동은 혜초가 서인도를 역방하던 724~727년간에 진행되었다.

4) 원문은 '우종북천국유일사(又從北天國有一寺)'를 직역하면 "다시 북천축국으로부터 절 하나가 있다"라는 내용인데, 이에 대해 정수일은, '국(國)'자와 '유(有)'자 사이에 '~쪽으로(방향) ~동안 가면(기간) ~에 이른다(장소)'는 글이 추가되어야 자연스럽다고 이야기하고 있다.

5) 타마사바나(Tamasāvana)는 현장의 『대당서역기』에 나오는 '답말소벌나(答秣蘇伐那)'로 추정되는데, 『대당서역기』 권4 「지나복저(至那僕底)」조에 의하면 "지나복저(Cinabukti)국은 주위가 2천 리에 달하고 도읍 성곽의 둘레는 14~15리나 된다. 도읍에서 동남쪽으로 500여 리를 가면 답말소벌나의 가람에 이르는데, 이곳에는 승도 300여 명이 있으며 '설일체유부'를 배우고 있다"라고 하였다. 이 나라의 도읍은 카수르(Kasūr/ 잡소이/ 卡蘇爾)에서 27마일 떨어진 비아스강 서안 10마일 지점에 위치한 현 파티(Patti/ 帕蒂)에 비정된다.

6) 벽지불은 범어 프라티예카붓다(Pratyeka Buddha)로 독각(獨覺)이란 뜻으로서, 스승 없이 혼자 깨달음을 이룬 부처를 말한다.

또 이곳에는 또 7~8개소의 절이 있는데 절마다 500~600명의 승려가 있고 또 안주하기를 좋아하여 왕과 백성들이 대단히 공경하고 신봉한다. 또 산 중에 절이 하나 있는데 이름이 나가라다나(那揭羅馱娜/ Nagaradhana)[7]이다.

중국 승려 한 사람이 이 절에서 죽었다 한다. 대덕의 말에 따르면 그 중국 승려는 중천축국에서 왔으며 삼장의 가르침에 밝고 정통하였는데 고향으로 돌아가려 하다가 갑자기 병이 나서 곧 죽었다고 한다. 그때 그 말을 듣고서 마음이 너무 아파 곧 사운(四韻)을 엮어서 그의 저승길을 슬퍼하였다. 오언시는 이러하다.

고향 집 등불은 주인이 없고
타향에서 보물나무[8] 꺾어졌구나.
신성한 혼령은 그 어디로 갔는지
옥 같은 모습이 이미 재가 되었구나
생각하니 슬픈 마음만 간절하다
그대의 소원 못 이룸이 못내 서럽구나.
누가 고향 가는 길을 알 수 있으리.
돌아가는 흰 구름만 부질없이 바라보네.

---

7) 나가라다나(Nagaradhana)에 관해서는 『자은전』 권2의 「사란달라국(闍蘭達羅國)」조에 "사란달라국에 이른다. 이 나라에 들어가면 나가라타나사(那迦羅馱那寺)에 이른다. 이 절에는 대덕 전달라벌마(旃達羅伐摩/ Candravarman)가 있는데, 그는 삼장을 깊이 연찬하고 있다"라는 기록이 있다. 현장은 이곳에 4개월 동안 체류하였는데, 『대당서역기』 권4의 「사란달라국」에는 가람이 50여 소가 있다고 할 뿐, 이 나게라타나사에 관해서는 언급이 없다.
8) 원문은 '보수(寶樹)'인데, 이는 '칠중보수(七重寶樹)'의 준말로서, 극락에 줄지어 서 있는 금·은·유리·산호·마노(瑪瑙)·파리(玻璃)·차거(硨磲)의 일곱 가지 나무를 말한다.

왕오천축국전

11. 카슈미르

(Kashmir/ 가섭미라국/ 迦葉彌羅國)[1]

또 이곳[2]에서 북쪽으로 15일을 가서 산 속으로 가면 가라국에

---

[1] 지금의 인도 서북부 산악지대인 카슈미르주로, 주도는 고원도시인 스리나가르(Srinagar)인데, 이곳은 지세는 험준할 뿐만 아니라 주민의 대다수의 종교인 이슬람과 인도의 국교인 힌두교와의 갈등적인 내부분쟁과 중국과 파키스탄과의 국경분쟁까지 겹쳐서 조용할 날이 없는 인도의 화약고에 해당되는 곳으로 외국인들에 대한 검문검색 또한 삼엄하여 여행이 자유로운 인도에서라도 접근하기가 제일 어려운 곳이다.
　현장은 『대당서역기』 권3에서 '가습미라(迦濕彌羅)'로, 의정은 『남해기귀내법전』에서 '갈습미라(羯濕彌羅)'로, 『신당서』 「서역전」과 『책부원구(冊府元龜)』는 '개실밀(箇失密)'로 각각 음사하고 있으며, 『오공행기(悟空行紀)』에도 "이 나라는 사방이 산으로 외곽을 이루고 있어 동은 토번, 북은 발률(勃律), 서는 건타라(乾陀羅)로 통하는 세 갈래의 길과 그 밖의 길 하나가 더 있을 뿐이나, 그마저도 항시 차단되어 있다"라고 기록하였다.
　카슈미르는 불교사에서 아주 중요한 곳이다. 여기서 쿠샨왕조의 제3대 왕 카니슈카(Kanishka/ 迦膩色迦, 120~144년경)의 후원과 파르사바(Parśava/ 脇尊者)의 주도하에 불교의 '제4차 결집'을 거행하였는데, 그 유적지가 현재 남아 있다. 남쪽에 탁티 슐레이만(Takht-i-Sulaiman)이라 불리는 전망이 빼어난 산이 있는데, 그 동남쪽으로 2마일 떨어진 지점에 판드레탄(Pandrethan)이라 불리는 옛 도읍지의 유적이 있으며, 근처가 군인들의 주둔지여서 특별허가가 없으면 들어갈 수가 없다는 것이었다. 뒤에 들으니 이곳도 불교사원 위에 힌두사원이 다시 건립되었기에 불교적 유적이 대개 사라졌고 그 나마 남은 불상들을 표적으로 병사들이 사격연습을 했기 때문에 모두 부셔졌다고 한다.

[2] "또 이곳이[又從此] 어딘가?"는 학자들마다 견해를 달리하는 대목이다. 앞에서 혜초는 신두고라국에 이른 후 "다시 거기(북천축)에서 어디론가 가니 다마삼마나란 절이 하나 있다"라고 하였다. 문제는 그가 간 곳에서 다시 북쪽으로 15일 동안 갔다고 하니, 그 '간 곳'이 어디인가 하는 것이다. 정수일 소장은 '그곳'을 현장의 기록에 의해 '지나복저국(至那僕底國)'으로 추정하였지만 지나복저국으

스리나가르의 전경

이른다. 곧 카슈미르국이다.3) 이 나라 역시 북천축국에 속하는데 이 나라가 조금 더 크다. 왕4)은 300마리의 코끼리를 가지고 있고, 산 중에서 산다. 길이 험악하여 외국의 침략을 받지 않는다.

백성이 매우 많은데 가난한 자가 많고 부자는 적다. 왕과 수령과 여러 부자들은 의복이 중천축국과 다를 것이 없으나 그 밖의 백성

로부터 카슈미르까지의 거리가 15일 거리인가 하는 것은 사료가 미흡하여 확인 할 수 없다.
3) 혜초는 원문 "又從此北行十五日 入山至迦羅國 此迦彌羅"에서 보이는 것처럼 처음에는 '가라'에 도착했다고 했다가 다시 '가미라'라고 고쳐 부른 것을 보면 당시 카슈미르의 이름이 여러 가지였음을 알 수 있다.
4) 스타인(A. Stein)의 견해에 의하면, 7세기 전반부터 9세기 중엽까지 카슈미르를 지배한 것은 카르코타(Kārkota) 왕조로 그 시조는 현장이 방문했을 때의 두르라바르다나(Durlabhavardhana Prajnāditya, 627~662)이다. 혜초가 지나갔을 때에는 제5대인 무크타피다(Muktāpīḍa Lalitāditya, 724~760대)로 비정되고 있다.

스리나가르의 명물인 달(Dal)호수

달호수 수상가옥 '시카라(Shikara)'라는 보트 배

들은 모두 담요를 덮어쓰고 몸의 추한 곳을 가렸다. 토지의 산물로는 구리와 철과 모직물과 담요와 소와 양이 있으며, 또 코끼리가 있고 말과 쌀과 포도 등이 조금 난다.

　기후가 아주 추워서 앞에 말한 여러 나라와 다르다. 가을에는 서리가 내리고 겨울에는 눈이 내리며, 여름에는 장맛비가 많이 내려 온갖 풀들이 푸른 잎으로 자라다가 가을에 잎이 시들어서 겨울이 되면 모두 말라 버린다.

　시내와 골짜기가 협소하며 이 나라의 남북 길이는 겨우 5일 거리이고 동서 길이는 하루만 가면5) 이 나라 땅이 끝나고 나머지는 산 속으로 그늘진 곳이다. 집들은 나무판자6)로 지붕을 덮었고 짚이나 기와는 쓰지 않았다.

　왕과 부족장들과 백성들은 삼보를 대단히 공경한다. 나라 안에는 용지(龍池)7)가 하나 있는데, 그 못의 용왕이 매일 1천 명의 나한

---

5) 카슈미르 분지는 서북쪽에서 동남쪽으로 길쭉한 계란 모양인데, 긴 곳은 약 135km이고 짧은 곳은 약 40km이다. 따라서 본문에서 '남북오일정(南北五日程)'은 전자를, '동서일일행(東西一日行)'은 후자를 말한다.
6) 원문의 '판목(板木)은 곧 '나무판자' 또는 '너와'를 의미한다. 옮긴이가 스리나가르를 갔을 때, 우선 주위 깊게 바라본 것 중에 하나가 바로 지붕재료였는데, 정말 아직도 많은 집들이 '판목'으로 지붕을 얹어 놓고 있어서, 혜초사문의 눈설미에 놀라움을 금지 못했다.
7) 현 스리나가르 시내의 유명한 달(Dal)호수가 아니라, 서북방 35km 지점에 있는 큰 호수 불라르(Vular, Wular)호를 가리킨다. 나가(Nāga), 즉 용은 옛부터 카슈미르 지방의 수호신으로 샘이나 호수, 시내에서 산다고 믿고 있다. 사람의 머리를 한 뱀이 사람의 형상으로 나타나는데, 화를 내면 큰 비와 눈, 우박을 내려 곡물을 망쳐놓는다고 한다. 현재까지도 많은 지명은 이 용과 관련된 '-nāg(a)'자를 접미(接末)하고 있다. 『대당서역기』 권3 「가습미라국(迦濕彌羅國)」조에 마디야니카 아르하트(Madhyānika Arhat/ 末田底迦羅漢)가 이곳 용왕을 교화하여 중들에게 고양하도록 하였다는 이야기가 나온다. "이 나라의 땅은 본래 용지였다고 한다. (…중략…) 용왕이 신심을 내어 무엇이라도 주겠다고 하자 아라한은 수행할 땅을 조금 달라고 하자 용왕은 물을 줄여 땅을 내어주었다. 그러나 아라한의 몸이 점점 커져 호수 전부가 땅으로 변하게 되었다. 용왕이 살 곳이 없어지자 호수를 조금 돌려 달라고 애원하자 아라한은 용왕과 그 권속에게 호수를 여러 개로 나누

혜초가 주의 깊게 기록한 스리나가르 가옥의 판자지붕

승(羅漢僧)을 공양한다. 아무도 나한이 음식을 먹는 것을 보지는 못하였으나 그 재(齋)가 끝나면 곧 물 속에서 떡과 밥[8]이 어지럽게 물위로 올라오는 것을 볼 수 있어 이것으로 지금까지 끊임없이 공양이 계속됨을 알 수 있다.

왕과 대수령은 밖에 나갈 때 코끼리를 타고 작은 관리들은 말을 타며 백성들은 모두 걸어다닌다. 나라 안에는 절도 많고 승려도

어주었다고 한다." 한편 『아육왕전(阿育王傳)』 권3 등에는 마디야니카 아르하트가 카슈미르 용왕을 굴복시켜 불교를 믿게 했다는 이야기는 있다.

[8] 본문에서 '병반(餠飯)'은 빵과 밥을 말한다. 카슈미르 지방의 빵에는 '아푸파(apūpa)'와 '모다카(modaka)' 두 가지가 있는데, 전자는 쌀이나 보릿가루에 물과 버터나 향료나 설탕을 넣어 구운 둥근 빵이고, 후자는 같은 재료에 설탕이나 꿀을 많이 넣어서 찐 과자로서 더 달다. 밥은 '카루(caru)' 혹은 '오다나(odana)'라고 하는데, 이러한 빵이나 밥은 신에게 바치는 제사용에도 쓰인다고 한다.

많으며 대승과 소승이 모두 행해지고 있다.

오천축국의 관습에는 위로 국왕과 왕비·왕자로부터 아래로 수령과 그의 부인에 이르기까지 각기 능력에 따라서 스스로 절을 짓는데, 왕비도 별도로 짓고 모두 같이 짓지 않는다. 그들은 "각자의 공덕인데 어찌 같이 지어야 하겠느냐?"고 한다. 이들이 이미 그렇게 하니 다른 왕자들도 역시 그렇게 한다.

무릇 절을 지어서 공양하는 것은 곧 그 마을의 백성에게 베풀어주는 것이요 삼보를 공양하는 것이니 헛되게 절만 지어 놓고 백성에게 베풀어주지 않는 자는 없다.

그밖에 이 나라 법에는 왕과 왕비는 각자 마을의 백성을 별도로 가지며 왕자와 수령도 각자 백성을 가진다. 보시하는 것은 자유이니 왕에게 허락을 받지 않으며 절을 짓는 것도 또한 그렇다. 짓게 되면 곧 짓는 것이지 왕에게 묻지도 않고 왕이 또한 감히 막지도 않으니 이는 죄를 받을까 두려워하기 때문이다. 만약 부자인 백성이 마을에 보시를 하지 않았다면 또한 힘써 절을 지어서 스스로 경영하여 얻은 물건으로 삼보에게 공양하기도 한다. 천축에서는 사람을 매매하지 않고 노비도 없으며 요컨대 백성들과 마을에 보시하는 것뿐이다.

왕 오 천 축 국 전

12. 스카르두와 샹슝과 라다크

스카르두(Skardu/ 대발률국/ 大勃律國)[1]
샹슝(Zhang-zhung/ 양동국/ 楊同國/ 羊同國)[2]
라다크(Ladak/ 사파자국/ 娑播慈國)[3]

또 카슈미르에서 동북쪽으로 산을 넘어 15일을 가면[4] 곧 스카

---

1) 현 파키스탄의 산악도시 스카르두(Skardu)를 말하는 것으로 지역상으로는 인더스강 상류의 발티스탄(Baltistan/ 巴爾提斯坦)으로 불리고 있는 곳이다. '발률(勃律)'의 티베트어는 '브루자(Bru-zha)'이다. 역사상 발률은 대발률과 소발률로 나누어지는데, 소발률은 현 길깃트(Gilgit/ 吉爾吉特)이다. 스카르두는 당시 토번의 서역 전진기지여서 중요시되었던 곳으로 747년 고선지(高仙芝) 장군의 무용담이 어려 있는 파르탑(Parthab) 다리를 건너면 인더스강의 본류를 만나게 되는데 대협곡을 끼고 급류를 거슬러 반나절을 가다보면 갑자기 넓은 평야가 나타난다. 바로 스카르두로 길깃트에서 170km 거리에 있고 정기버스노선이 다니고 있고 인근의 K_2봉을 비롯한 낭가파르밧 등의 8천미터급의 고산 등반의 보급전진기지로 성황을 이루는데, 주민의 반 이상이 티베트족일 정도로 티베트의 영향력이 강하다. 당시의 상황에 대해서는 『티베트 역사산책』, 168~191쪽에 자세하다.

2) 『신·구당서(唐書)』에 '양동(羊同)'으로 나오는데, '코끼리 영웅[象雄]'이란 뜻으로 그 위치는 성산 카일라스(Kailas/ 강디세/ 강린포체/ 香山)산 주위로 한 서부 티베트인 현 응아리 지구로 보고 있다. 토번의 역사에는 양동은 티베트의 불교와 오랫동안 헤게모니 쟁탈을 벌였던 뵌포교(苯教/ Bönpo)의 본 고향으로 유명하며 6세기 말까지 뵌포교의 교주를 중심으로 한 독립왕국으로 유지하다가 토번의 외척으로 소비국(蘇毗國)과 함께 처남매부국으로 지내다가 644년경 33대 송첸감포(松贊干布) 때 토번국에 병합되었다. 샹슝국과 뵌포교에 대해서는 옮긴이의 『티베트의 신비와 명상』, 308~339쪽에 자세하다.
    중국 쪽 사료에는 다음과 같이 나타난다. 『통전(通典)』「변방전(邊防典)」에는 "대양동은 동쪽으로 토번과 접하고 서쪽으로 소양동과 접하고 북쪽은 우기(于闐)이다"라고 하였고, 『당회요(唐會要)』 권99 「대양동국」조에는 "동쪽으로 토번과 접하고 서쪽으로 소양동과 접하며 북쪽은 우기로서 동서 천 리나 된다. 강한

스카르두 마애불 토번문

르두와 샹슝과 라다크인데 이들 세 나라는 모두 토번(吐蕃)의 관할5)하에 있다. 의복과 언어와 풍속이 모두 다른데 가죽옷과 모직

병사 8~9만을 소유하고 변발(辮髮)에 모직물과 가죽옷을 입고 목축을 생업으로 한다"라고 하였다.

3) '사파자'는 『일체경음의』에서는 '파파자(婆簸慈)'로 음역되어 있는데, 그 위치 비정에 관해서는 아직 정설이 없으나, 대체로 사파자가 현 네팔(尼波羅國)이라는 견해와 인도서북부 라다크(Ladhak) 지방의 레(Leh) 서쪽, 인더스강 상류 알치(Alchi) 대안의 사포체(Sa-spo-rtse) 지방이라는 견해 두 가지가 있으나 후자가 설득력이 있다. 왜냐하면 니파라국이라면 당시 당에게는 상당히 익숙한 고장인데, 혜초가 '니파라'라는 이름을 쓰지 않고 굳이 티베트어인 '사파자'를 썼다는 것이 그 이유 중에 하나이다.

4) 옮긴이는 견해로는 양동국과 사자파와 토번국은 전문국이 확실하나 대발율은 소발율과 함께 친전국으로 분류하는 것이 마땅하다. 다음 장 '대발율'조 각주를 참조 바람.

5) 세 나라가 티베트 관할구역이 된 상황은 제일 먼저 제33대 임금인 송첸감포(643~645 재위) 때 양동, 즉 지금의 응아리 지구인 샹슝 지방으로부터 시작하여 기토번 왕국시대에 중앙아시아 일대와 당이 서북방 일원에 진출한 때부터이다. 중앙아시아로의 진출은 서북 방향으로 파미르고원으로부터 우기(호탄/ Khotan),

옷과 가죽신과 바지를 입는다. 땅이 협소하고 산천이 매우 험준하다. 역시 절이 있고 승려가 있으며 삼보를 공경하고 신봉한다. 이보다 동쪽의 토번에는 도무지 절도 없고 불법도 알지 못한다. 이곳은 오랑캐 나라로 여겨진다.

소륵(疎勒/ 카슈가르/ Kashghar)을 지나는 루트를 택해야 하는데, 이 길 위에 바로 양동과 여인국(소발나구달라국), 발률, 사파자 등의 나라들이 자리하고 있었다. 그리하여 토번은 중앙아시아 진출을 위해 이러한 나라들을 차례로 정복하지 않을 수 없었다. 사파자가 언제 토번에 복속되었는가에 대해서는 명확한 기록이 없으나, 현장의 『대당서역기』 권4에 "소벌랄나구달라(蘇伐剌拏瞿怛羅)는 동으로 토번과 접해 있다"라고 한 기사로 미루어 적어도 현장이 중앙아시아나 인도 지방을 역방하던 628~644년 기간에는 여인국이 토번에 예속되어 있지 않았음을 알 수 있다. 이로써 여인국보다 더 멀리 있는 발률이나 사파자가 그때까지는 토번의 관할하에 있지 않았다는 것은 가히 짐작할 수 있다. 대발률이나 양동, 사파자가 토번의 관할하에 있다는 사실을 처음으로 밝힌 것은 혜초사문이 처음이다. 그런데 7세기 중엽부터 발률은 대·소 두 발률로 분할되어 대발률은 토번에 예속되고 소발률은 당 세력권으로 편입되었다.

왕오천축국전

13. 티베트

(Tibet/ 토번/ 吐蕃)[1]

이보다 동쪽의 토번국은 순전히 얼어붙은 산과 눈이 쌓인 산의 강가나 계곡에서 사는데 모직물로 된 천막을 치고 산다. 성곽도 없고 집도 없어서 처소가 돌궐족과 비슷하다. 물과 초원을 따라 이동한다. 왕은 비록 한 곳에 있으나 역시 성이 없고 다만 모직 천막을[2] 치고 산다.

---

1) 옮긴이의 『티베트의 신비와 명상』(도피안사, 2000), 『티베트의 역사산책』(정신세계사, 2003), 『티베트의 문화산책』(정신세계사, 2004), 『비림의 땅 티베트』(실크로드문화센터, 2008) 등이나 기타 자료를 검색하시기 바란다.
  중국 사료에서는 서번(西番), 토번(吐蕃-[원음 '투뵈'])을 비롯하여 도백특(圖伯特), 퇴파특(退擺特)이란 표기로 부르다가 명대에는 오사장(烏斯藏)으로, 청대에는 위장(衛藏), 또는 서장(西藏)으로 불렀기에 오늘날 그렇게 고정되었지만, 그들 스스로는 '뵈(Bö)'라고 부르며 '투뵈(吐蕃)'=중세왕조이름, '뵌종'=나라이름, '뵈릭'=민족이름, '뵈익'=나라말, '뵈게'=나라글, '강쩬'=나라의 땅(눈의 고향=雪域)이라고 부른다. 현 외국에서 부르는 '티베트'라는 이름은 '토번'의 원명 '투뵈'가 오랜 세월 넓은 공간에서 음역화되는 과정에서 변음화된 것으로 이 말은, 교육을 받은 상류층만 알 뿐, 일반 서민들은 무슨 말인지 이해하기 못한다. 마치 '고려'가 '코리아' 또는 '꼬리아'로 우리에게 다시 돌아온 상황 같은 것으로 이해하면 될 것이다.

2) 이 구절은 사실과 다르다. 웅장한 포탈라궁전을 보라! 그리고 멋지고 튼튼한 2~3층 집이 즐비하다. 다만 혜초가 본 것은 아마도 티베트의 변방의 유목민들의 여름용 천막촌만을 보았기에 그렇게 묘사한 것으로 여겨진다. 다만, 『신당서』「토번전」에 기록된 구절 "첸포(王/ 贊普)는 라싸 강가에서 산다. 성곽도 있고 여사(廬舍)도 있지만 거기에는 거처하려 하지 않고, 짐승 솜털로 만든 텐트(취장/ 毳帳)를 이어 놓은, 수백 명을 수용할 수 있는 대불려라고 하는 데 거처한다"는 여름 축제 때의 광경을 묘사한 것으로 혜초의 오기는 이런 정보에서부터 잘못되

인더스 강가의 마을들. 길깃트에서 인더스강 상류 쪽으로 170km 거리에 있는 산악도시로, 그 중간에 고선지(高仙芝)의 무용담이 어려 있는 파르탑(Parthab) 다리를 건너면 인더스강의 본류를 만나게 되며, 다시 그 대협곡을 끼고 올라간다.

땅에서는 양과 말과 야크소(Yak/ 犛牛)[3]와 담요와 베 등이 생산된다. 옷은 털옷과 베옷과 가죽옷을 입는데 여자들도 마찬가지다. 기후는 아주 추워서 다른 나라와 같지 않다. 집에서는 항상 보릿가루[짬빠][4]를 먹고 빵[5]은 적다. 국왕과 백성들은 모두 불법을 알지

지 않았나 생각된다.
3) 고산에서만 자라는 소로, '모우(牦牛)' 또는 '니우(犛牛)'라고도 한다. 털이 아주 길어서 마치 외투를 입은 것처럼 보이는데, 그들에게는 의식주 모두에서 없어서는 안 되는 생명과 같은 존재이다. 유목민들에게는 야크의 분뇨가 유일한 땔거리이고 입을거리며 덮을거리며 먹을거리이기 때문이다.
4) 그들의 주식인 '짬빠[麨]'는 찐 보리쌀가루인데, 보리의 일종인 청과맥(靑稞麥)이라 부르는 곡식으로 수염이 짧고 껍질이 쉽게 벗겨지며 탈곡하면 청녹색을 띤다고 해서 붙여진 이름이다. 그러나 이 곡식은 저장이 안 됨으로 바로 탈곡하자마자 가루상태로 보관하기에 이 가루를 차(茶)에 개어 경단처럼 만들어 차와 육포 등과 함께 마신다. 이 짬빠·육포·모모 등은 우리나라의 미수가루와 육포와 만두의 원조로 몽골군을 통해 고려 때 우리 고려 황실에 전해져서 일반되어 우리 것들로 토착화된 것들이다.
마실거리로서의 '뵈차=티베트 차'는 근래 옮긴이가 특별고문으로 참가한 바

못하고 절도 없다.6) 사람들은 모두 땅을 파서 구덩이를 만들어 누워 자며 자리나 침상은 없다. 사람들은 매우 까맣고 흰 사람은 아주 드물다. 언어는7) 다른 여러 나라와 다르다.

이를 잡아먹기를 좋아하는데 털옷을 입으므로 이가 아주 많다. 이만 보면 잡아서 입 안에 넣고 끝까지 버리지 않는다.

있는 KBS의 〈차마고도 6부작〉으로 잘 알려진 바 있지만, 당나라 때부터 티베트와 사천, 운남 사이에 차마교역(茶馬交易)이 발생하면서부터 티베트에 전해졌으며 송대에는 많이 유행하여 현재에 이르고 있는데, 차는 그들에게 Vitamin C의 부족에서 오는 괴혈병을 방지하기 위한 유일한 방법이었기에 생존을 위한 음료에 해당된다.

5) 원문은 병반(餠飯)이어서 떡과 밥으로 번역해야 하나, 티베트에서의 '병'을 만드는 방법은 주재료가 보릿가루로 세계적으로 비슷한 빵 만드는 방법과 같아서 우리의 떡과는 거리가 많아 기존 번역에서의 '떡'을 '빵'으로 고쳐 번역하였다.

6) 이 구절 또한 잘못된 오류로 보인다. 토번제국에 불교가 전래된 시기와 계기는 여러 차례인데, 공인된 기록으로는 토번제국의 중흥조인 제33대 송첸감포 때(649년까지 재위) 당의 문성공주(文成公主)와 네팔의 왕비 적존공주(赤尊公主)에 의해 전해졌다. 혜초와 동시대의 치데죽첸(712~754 재위)왕이 독실한 불교도였다는 것은 잘 알려진 역사적 사실이다. 따라서 혜초가 방문했을 때인 8세기 중엽에 토번에 불사나 불교가 있었음은 확실하다. 다만 불교가 국교로 공인된 것은 다음 왕인 제38대 치송데첸(755~796 재위) 때 일이다. 이때 첸포는 인도의 밀교승을 초청하여 쌈예대사원(桑耶寺)을 짓고 귀족과 총명한 서민 출신 자녀 7명, 즉 소위 '칠각사(七覺士)'의 출가를 허용하여 교단을 만들게 하였다. 이 시기에 건조된 불상이 현재도 길깃트 외곽에 카르가(Karga)와 스카르두의 사트파라(Satpara) 토번명문 마애불이 현존해 있어서 당시의 불교현황을 말해주고 있다. 두 마애불에 대해서는 옮긴이의 『혜초따라 오만리』(하), 44~60쪽 참조 바란다.

7) 티베트어는 〈시나-티베트어족〉에 속하여 인도-아리안 어족과는 근본적으로 다르다. 티베트어는 오히려 한글이나 일본어와 같이 주어 동사의 배열순이 같아서 친근감이 있어서 우리가 배우기가 쉽다. 서수의 경우는 우리와 닮은 것이 아주 많다. 다만, 형용사가 명사의 다음에 온다는 점 등이 다를 뿐이다.

왕 오 천 축 국 전

14. 볼로르
(Bolor/ Gilgit/ 소발률/ 小勃律國)[1]

또 카슈미르에서 서북쪽으로 산을 넘어 7일을[2] 가면 소발률국에

---

1) 현 파키스탄 북부 산악도시인 길깃트를 가리킨다.『신당서』권221하「서역전」하 '대소발률'조에는 "소발률은 장안에서 9천 리 거리에 있는데, 약간 동남쪽 삼천 리 떨어져 토번 임금[贊普]의 장막이 있다. 서쪽 8백 리에는 오장국(烏萇國)이, 동남쪽 3백 리에 대발률이, 남쪽 5백 리에는 카슈미르가, 북쪽 5백 리에는 호밀(護密)의 사륵성(娑勒城)이 있다".
길깃트는 옛부터 실크로드의 목줄기에 해당되어 다양한 이름으로 불려왔다. 6세기 송운(宋雲)의『낙양가람기(洛陽伽藍記)』권5에는 '발화(鉢和)'로,『위서』「북사(北史)」「서역전」에는 '발려특(鉢廬勒)'·'파로(波路)'로,『대당서역기』권3에는 '발로라(鉢露羅)'로,『구당서』「서융전(西戎傳)」에는 '발률(勃律)'·'발로(鉢露)'로, 그리고 마르코 폴로(Marco Polo)는 '베로르(Belor)'로 불려왔고, 근대에 들어서는 커닝엄은 'Pálor', 'Balor', 'Balti'로, 그리고 현대에는 '발티스탄(Baltistan)' 등으로 부르고 있다. 이상의 여러 가지 명칭들을 대별하면 ① 볼로르(Bolor), ② 브루자(Bru-zha), ③ 불타이(Bultai)의 3대 유형으로 분류할 수 있는데, 그중 어느 것이 원어에 가까운지는 학자들 간에 이견이 분분하다.
법현의『불국기』에는 명확한 지칭은 없지만 "총령을 넘어 북천축 입구에 타력(陀歷/ Darel)이라는 자그마한 나라가 있는데, 중들이 있으며 소승을 배우고 있다"라고 했으며『송운행기』에는 "한 줄기 곧은 길이 발여특국(鉢廬勒國)에서 오장국으로 향해 있고 쇠사슬로 만든 다리를 허공에 매달아 지나다니게 하였다. 아래로는 바닥도 보이지 않고 옆에는 붙들 만한 것도 없었다" 하였고, 또한 현장은 "발로라(鉢露羅)국은 주위가 4천여 리나 되고 대설산 속에 있으며 동서는 길고 남북은 좁다. 맥류와 콩이 많고 금은이 나오며 나라가 넉넉하다"라고 하였다.
역사적으로 소발률은 토번의 서역경영에 꼭 필요한 전략적 요충지여서 공주를 길깃트로 시집보내 혈연을 공고히 할 정도로 중요시 하였다 티베트어로 쓰여진『돈황편년기(敦煌編年記)』를 보면, 소발률은 737년에 토번의 지배하에 들어갔다가 747년 고선지(高仙芝)의 서정(西征)에 의해 당의 영역으로 되돌아왔다. 또한 길깃트는 불교의 전파에도 간과할 수 없는 기여를 하여 지금도 도로변에 당시의

길깃트의 거리 풍경

이른다. 이 나라는 당나라의 관리하에3) 있다. 의복과 풍속이나 음식과 언어가 대발률국(大勃律國/ Skardu)과 서로 비슷하다. 모직옷과 가죽신을 착용하며 수염과 머리털을 깎고 머리에는 면포를 한 장씩 쓰고4) 여인들은 머리를 기른다. 가난한 자가 많고 부자는 적다.

마애불이 즐비하게 늘어서 있는데, 그 불상이 서구형의 간다라형에서 벗어나 몽골리안화하는 과정을 보여주고 있어서 불교의 동점사에서 주목을 받고 있다. 옮긴이의 『혜초따라 오만리』(하), 44~59쪽과 『티베트 역사산책』, 176~179쪽에 길깃트와 스카르두에 대한 상황이 자세하다.

2) 대소발율이 '전문국(傳聞國)'이냐는 아직 이설이 많지만, 옮긴이는 '친전국'으로 분류하고 있다. 그 이유는 혜초가 걸어 넘어간 것으로 여겨지는 부질 고개(Burzil, 4,199m)를 누구보다도 잘 알고 있기 때문에 "서북쪽으로 7일 걸어서…"는 정확한 기록이라는 확신이 있기 때문이다. 이 옛 대상로(隊商路)는 현재는 중국, 인도 파키스탄 3개국의 국경분쟁 지역이 되어 버렸지만, 그래도 현 주민들은 지금도 그 길을 통해 밀무역을 하고 있다는 사실을 확인하였다. 그렇게 스카르두는 지금도 정서상으로는 티베트 영토인 것이다.

3) 그러니까 토번의 길깃트 점령이 737년이니, 혜초가 지나갔을 727(?)에는 아직 중국 하에 있었다는 것은 역사적 사실이다.

길깃트 교외의 카르가(Kargah)마애불. 간다라형에서 상당히 몽골리안화가 진행된 불상이다.

산천이 협소하여 농토가 많지 않고 산천은 메말라 원래부터 나무나 여러 가지 풀이 별로 없다. 대발률국은 본래 소발률국의 왕이 살던 곳인데 토번이 침략해 오므로 소발률국으로 쫓겨 와서 그대로 정착한 것이다. 수령과 백성들은 대발률국에 그냥 남아서 따라오지 않았다.5)

---

4) 지금 이슬람의 여인들이 쓰고 다니는 '브로커'를 말하는 것으로 보인다.
5) 당시 정황은 옮긴이의 『티베트 역사산책』, 176쪽에서 "당시 토번은 37대왕 티데 줍첸 때였는데 당이 이 조약을 어기고 운남(云南)의 토번의 영토를 침공하자, 이에 토번은 부재상 게쌍돈줍의 제안으로 공주 중마뢰를 발로르의 왕 수뤼에게 시집보내 동맹을 맺어 당을 견제하면서 서역으로의 대상로를 되찾을 계획을 세우게 된다. 다음 해인 735년 동맹국 돌궐이 당의 영토였던 안서(安西)와 북정(北庭)을 공격하자, 이에 토번도 행동을 같이하고자 게쌍돈줍이 출정하여 실크로드의 최대의 요충지인 소발률로 향했다. 토번군이 토번의 영토였던 대발률(현 Scardo)을 거쳐 인더스 계곡을 따라 소발율(현 Gilgit)에 도착하자 수실리디왕은 투항하고, 이에 주위 20여 서역제국도 연이어 항복하여 토번은 실크로드의 요충지를 거의 장악하는 개가를 올렸다"라고 하였다.

마인요르 마을 인근의 마애 불교 관련 석각

왕 오 천 축 국 전

15. 간다라국

(Gandhra/ 건타라국/ 建馱羅國)[1]

또 카슈미르에서 서북쪽으로 산을 넘어 [대소발율을 경유하여…[2]] 한 달쯤 가면 간다라에 이른다.[3] 왕과 군사들은 모두 돌궐인이고 토착인은 호족(胡族)이며 바라문(婆羅門)도 있다. 이 나라는 전에 계빈(罽賓)왕의 통치를 받았으나 돌궐왕 아야(阿耶)가 한 부락의 병마를 거느리고 계빈왕에게 투항하였다가 후에 돌궐의 군대가 강해지자 곧 계빈왕을 죽이고 스스로 그 나라의 왕이 되었다. 이로 인하여 이 나라 영토에서는 돌궐왕이 패왕이 되었고, 이보다 북쪽에 있는 나라도 그 지배를 받았다.[4]

---

1) 간다라국은 현재의 파키스탄 북부와 아프가니스탄 동부에 자리하였던 고대 왕국의 이름으로 주로 페샤와르 계곡과 포토하르 고원과 카불강 유역에 위치하였다. 그 주요 도시로는 '인간의 도시'란 뜻의 현 페샤와르(Peshwar)와 현 탁시라(Taxila) 등이 있다. 탁시라는 핀디 서쪽의 교외에 해당되는 위성도시로 페샤와르 행 기차나 버스를 타거나 택시를 대절해도 좋을 거리로 의미 있는 고대유적이 길에 깔려 있는 마을이다.

2) 물론 이 구절은 본문에는 없는 옮긴이의 가설이지만, 만약 대소발율이 기존의 학설대로 '전문국(傳聞國)'이라면 혜초는 카슈미르에서 길깃트를 넘어갔다가 다시 카슈미르로 돌아와서 간다라국으로 향한 것으로 보아야 하는 어불성설에 빠지게 되는 것이다.

3) 페샤와르는 파키스탄 서북부의 요충도시이기 때문에 파키스탄 전역에서 비행기와 기차 그리고 각종 버스로 연결된다. 페샤와르의 구시가지의 사다르(Saddar Bazaar)는 배낭족의 쉼터로 편한 잠자리와 필요한 정보가 가득하다. 특히 이곳은 아프간 영사관이 있기에 서쪽, 실크로드 쪽으로 계속 가고자 한다면 필히 며칠을 머물러야 할 곳이다.

산이 메말라서 풀이나 나무가 없다. 의복과 풍속과 언어와 기후는 모두 다르다. 옷은 가죽과 털과 모직물로 만든 옷과 가죽신과 바지를 입는다. 토지는 보리와 밀이 잘 되고 기장이나 조와 벼는 전혀 없다. 주민들은 대개 보릿가루와 떡을 많이 먹는

간다라국의 입구인 인더스강과 카불강의 합류점에 있는 아토크(Atock) 나루터

다. 다만 카슈미르국과 대발률국과 소발률국과 양동국 등을 제외하고 이 간다라국을 비롯하여 오천축국과 곤륜국(崑崙國)5) 등에는 모두 포도는 없고 [2자 결자] 고구마가 있다.

이 돌궐왕은 코끼리 다섯 마리가 있고 양과 말은 헤아릴 수 없이 많으며 낙타와 노새와 당나귀 등도 매우 많다.

중국(땅)과 오랑캐… [6자 결자] 돌아서 지나가지 못하고6) 남쪽으로 가려 하면 도로가 험악하고 겁탈하는 도적이 많다. 이 북쪽으로 가면 악업(惡業)하는 자가 많아 시장과 가게에는 도살하는 곳이 매우 많다.

---

4) 이슬람세력의 동점을 보여주는 부분으로 혜초가 현 파키스탄을 순례할 당시인 8세기에 이미 이슬람화가 빠르게 진행되었음을 알 수 있다.

5) '곤륜'은 다분히 전설적 지명이나 크게 서역의 곤륜과 남양(南洋)의 곤륜으로 대별할 수 있다. 혜초는 남해로를 본문에서의 곤륜은 후자를 말한다고 봐야 할 것이다.

6) 앞에 6자가 빠졌으나, 문맥상으로는 기존의 루트가 통행금지되어 있는 상황을 이야기하고 있는 것은 확실하다. 그렇다면 그 빠진 글자는 [총령을 지나 중국으로 돌아가려고 하나…]에 해당되는 내용으로 추정된다. 혜초는 이런 저런 상황으로 파미르고원을 넘기 위해 여기저기 그 방법을 모색하려고 와칸 계곡의 턱밑인 치트랄까지 갔다가 길이 막혀 도로 할 수 없이 차선책으로 서쪽으로 방향을 잡은 것으로 보인다.

이 나라의 왕은 비록 돌궐족이지만 삼보를 매우 공경하고 신봉하며, 왕과 왕비와 왕자와 수령 등은 각각 절을 지어 삼보를 공양한다. 이 나라의 왕은 해마다 무차대재(無遮大齋)7)를 두 번씩 열고 자기 몸에 지니고 애용하던 물건과 처와 코끼리와 말까지도 모두 시주한다. 그러나 처(妻)8)와 코끼리는 승려에게 값을 매기게 하여 왕이 스스로 돈을 내놓는다. 그밖에 낙타와 말과 금은이나 옷과 가구 같은 것은 승려들이 팔아서 스스로 나누어 이롭게 공양하게 한다. 이것이 이 나라 왕이 북쪽 돌궐족과 같지 않은 점이다. 아녀자들도 역시 그러하여 각각 절을 짓고 재를 올리며 시주를 한다.

이 성(Hund)9)은 인더스를 굽어보는 북쪽 기슭에 위치하고 있다. 이 성에서 서쪽으로 3일 거리에 큰 절이 하나 있는데, 천친(天親)과 무착(無着)10)보살이 살던 절로 이름은 카니슈카(Kaniska/ 葛諾歌)11)

---

7) 보통 무차대회(無遮大會/ Panchavarsika Prasad), 혹은 반차대회(般遮大會/ Pancha Parisad)라고 한다. 합성어인 '판차바르시카(panchavarska)'는 '5년에 한 번'이란 의미를 지닌다. 따라서 무차대회는 5년에 한 번씩 승속이나 귀천, 남녀를 가리지 않고 일체 평등하게 재시(財施)와 법시(法施)를 행하는 불교의 대법회를 말한다.

8) 본문에는 분명히 '처'로 되어 있으나 아무래도 여자 하인쯤으로 해석해야 할 것이다.

9) 인더스강을 굽어보는 북안에 위치하고 있으니 우답한다푸라(Udabhāṇḍapura/ 烏鐸迦漢茶城), 즉 지금의 훈드(Hund)성이다. 7세기 초엽 간다라 지방에는 이 도성 외에 푸루사푸라(Puruṣapura, 현 페샤와르), 푸스카라바티(Puṣkalāvati, 현 차르사다Chārsada), 바르사푸라(Varṣapura, 현 Shāhbāz Garhi) 등 네 개 도성이 있었는데, 그중 주성은 우답한다푸라였다고 한다.

이 도성은 둘레가 20여 리나 되고 남쪽은 신도하에 면해 있으며 주민은 부유하고 보화가 넘쳐나며 여러 나라 진품들의 집합지였다. 현장은 옛적의 간다라를 의식해서 페샤와르를 수도로 기술하고 있지만, 실제로는 인더스강을 끼고 카슈미르나 펀자브 지방에로의 교통 요충지에 있는 우답한다푸라가 수도 역할을 하였다.

10) 세친(世親/ Vasubhandu)과 무착(無着/ Asanga) 형제는 인도 대승불교 유식철학(唯識哲學) 체계를 확립한 사람들로 두 사람의 생몰 년대에 관해서는 부처 열반 후 900년이니 1000년이니, 심지어 1100년이니 하는 등 설이 구구하나 대체로 기원후 4~5세기로 추정하고 있다. 그들은 간다라국의 수도 페샤와르 출생으로 알려져 있다.

이다. 절에는 하나의 큰 탑이 있는데 항상 큰 빛을 발한다. 이 절과 탑은 옛날에 카니슈카왕이 만든 것이다. 그래서 왕의 이름을 따라 절 이름을 지은 것이다.

또 성 동남쪽으로 [일자 결자]리에 붓다가 과거에 시비(尸毘/ Sivika)왕 시절에 비둘기를 살렸던 곳[救鴿處]12)이다. 절이 있고 승려도 있는 것을 볼 수 있다. 또 붓다가 과거에 머리

카니슈카대왕 사리함

---

11) 현 파키스탄 페샤와르에 그 탑의 유적지가 발굴되었는데, 바로 이 탑이 일명 서역 최고의 탑이라는 유명한 '작리부도(雀離浮圖)'를 말한다. 그 상륜부는 현 페샤와르박물관에 전시되고 있다. 혜초가 말한 갈락가사(葛諾歌寺)는 쿠샨 왕조의 제3대 왕 카니슈카(Kanishka) 간다라국 수도 페샤와르에 세운 절로 그의 이름을 따 명명하였다. 카니슈카 왕은 불자로서 불교와 학문을 적극 장려하고 제4차 결집을 주도하는 등 '제2 아소카'로 불렸다. 『낙양가람기』를 보면 금색 찬란하여 "서역에서 제일가는 부도"라고 극찬하고 있다. 『대당서역기』 권2 「건타라국」조에는 카니슈카왕이 석가 입적 400년 후에 출현한 사람으로서 스투파를 세웠는데, 석가의 골육사리(骨肉舍利)가 거기에 모일 것이라는 예언을 했다고 전하고 있다.

또 하나의 가설은 천친과 무착보살이 이 절에 주석했지만, 『대당서역기』에는 협존자(脅尊者), 세친보살, 여의논사(如意論師)가 주석했다고만 하고, 무착의 주석에 관해서는 언급이 없는 점과 『대당서역기』에는 페샤와르 동남쪽 8~9리 지점에 있다고 했으나, 혜초는 성에서 서쪽으로 3일 거리에 있다고 하는 점이 의문점이 남아서 혜초가 말한 그 성은 페샤와르가 아니라 또 다른 도읍지였던, 푸스카라바티(布色羯邏伐底)가 아닌가 하는 비정이 새로 대두되고 있다. 이곳은 페샤와르 동북방 약 17마일에 있는 차르사다(Chārsada/ 査爾沙達)로 비정되는데, 근처 샤바하즈가리(Shabhaz Garhi)에 아소카왕의 비문이 아직도 남아 있어서 위의 가설에 무게를 실어주고 있다.

12) 전생의 붓다가 시험 당한 전설에 나오는 장소로, 제석천이 매가 되고 브라만이 비둘기가 되었는데, 붓다가 매에게 쫓겨 날아온 비둘기를 죽이지 않고 놓아주었기 때문에 부처가 될 자격이 있다고 인정을 받게 되었다고 한다.
이 '구합처'의 위치에 관해서 법현은 스와트 계곡에 있다고 하였지만, 현장은 몽게리성(瞢揭釐城) 남방 200여 리의 마가벌나(摩訶伐那)가람 서북쪽 100여 리에 아소카의 스투파가 나타나는데 이곳을 바로 구합처라고 하였다. 현 부네르(Buner)로 비정된다. 그런데 부네르는 혜초가 말한 것처럼 우답한다푸라의 동남쪽에 있는 것이 아니라, 그 서북쪽에 있으며, 동남쪽에는 탁시라(Taxila)국이 자리하고 있어서 장소에 오차범위가 너무 크다.

[捨頭處]13)와 눈을 던져[捨眼處]14) 야차(夜叉)에게 먹였다는 곳[餧五夜叉處]15) 등도 모두 이 나라 안16)에 있으니 성의 동남쪽 산 속에 있다. 각기 절과 승려가 있어서 지금도 공양하는 것을 볼 수 있다. 이 나라에는 대승과 소승이 함께 행해진다.

---

13) 다섯 야차(夜叉)가 붓다의 머리를 베고 눈을 뺐으나 머리와 눈이 다시 나타나 다섯 야차가 그 위력에 감복했다는 전설에 나오는 머리 벤 곳을 말한다. 이곳의 위치에 관해 법현은 '탁시라(Taxila='머리를 베다'는 뜻)'에 '이두시인처(以頭施人處)'가, 『낙양가람기』에는 인더스강 동쪽 3일 거리에 '사두처(捨頭施)'가 있다고 하고 『대당서역기』 권3 「탁시라」조에 "달차시라국 큰 성에서 12~13리 떨어진 곳에 아소카왕이 세운 스투파가 있는데 이곳이 바로 '사두처'다"라고 한다. '달차시라'는 간다라국의 고도로서 상업과 학술의 중심지였다. 이곳을 현재의 파키스탄 샤흐델리(Shahdheri) 부근 칼라카 세라이(Kalaka Serai) 동쪽 1마일 지점으로 비정하고 있다. 이곳에서는 방대한 유적지가 발굴되었는데, 그중에는 55기의 스투파와 28소의 사원, 9소의 대전(大殿)이 포함되어 있다.
14) 붓다의 눈을 뽑았다는 곳인데, 그 위치에 관해 법현은 푸스칼라바티(Puṣkalāvati)에 '이안시인처(以眼施人處)'가 있다고 하였고, 『낙양가람기』 권5에는 인더스강에서 서쪽으로 3일 거리에 있는 페샤와르에서 다시 서쪽으로 하루 가면 '도안처'가 있다고 하였으며, 『대당서역기』 권2에는 간다라국 내의 푸스칼라바티의 북쪽 4~5리에 아소카왕이 세운 스투파가 있는데 그곳에 '사안(捨眼)'을 기념하기 위한 탑이 있다고 하였다.
15) 『대당서역기』 권3 「오장나국(烏仗那國)」조에 의하면 오장나국의 수도 몽게리성(瞢揭釐城, 현 Mingora)에서 서쪽으로 5일 가면 스와트(Swat)강 서쪽에 아소카왕이 세운 높이 50척의 노혜달가(盧醯呾迦) 스투파가 나타나는데 그곳이 바로 이 '위오야차처(餧五夜叉處)'이다.
16) 혜초는 〈자타카〉 고사의 현장인 〈사본생처(四本生處)〉, 즉 '시비왕구합처(尸毗王救鴿處)', '사두처(捨頭處)', '사안처(捨眼處)', '위오야차처(餧五夜叉處)'를 모두 간다라국 경내 동남쪽 산 중에 있다고 했는데, 앞에서 살펴본 바와 같이 구합처는 부네르에, 사두처는 탁시라에, 사안처는 현 차르사다 북쪽의 푸스칼라바티(PuṣkalĀvati)에, 위오야차처는 현 스와트에 있는 것이 확인되고 있다. 이렇게 보면 혜초가 지적한 이들 〈사본생처〉가 사실과 일치하는 것은 탁시라 한 곳뿐이라는 의문이 남는다. 혜초는 현장법사처럼 이 네 가지 고사의 현장을 확인하지 않고 다만 들은 것을 대충 기록한 것으로 보이는 대목이다.

탁티바히 사원 유적지

탁티바히 유적지의 석불 입상

왕 오 천 축 국 전

16. 우디야나

(Uddiyana/ 오장국/ 烏長國)[1]

또 이곳 간다라국에서 정북쪽으로 산으로 들어가 3일을 가면 우디야나국에 도착한다.[2] 그곳 사람들은 스스로 자기들은 우디야나[鬱地引那]라고 한다. 이 나라의 왕은 삼보를 크게 공경하고 백성들

---

1) 현재의 파키스탄 스와트 계곡 속의 자리한 작은 마을 밍고라(Mingora)를 중심으로 하는 산악 지방을 말한다. 우디야나, 즉 오장국은 현지인들이 부르는 울지인나(鬱地引那/ Uddiyana)의 음역이다. 중국 측 자료에는 오장(烏萇,『불국기』·『위서』「서역전」·『구당서』「서역전」), 오장(烏仗,『增壹阿含』), 오장(烏場,『낙양가람기』「宋雲行歷記事」·『속고승전』, 오장나(烏仗那,『대당서역기』), 오장나(烏長那,『자은전』·『대당서역구법고승전』, 우기낭(優塡囊,『佛祖統記』), 오이야낭(烏儞也曩,『梵語雜名』), 월저연(越底延,『신당서』) 등 여러 가지가 있다. 원래 수도는 다렐(Darel/ 達麗羅川)이었는데, 후에 만갈리(Mangali/ 瞢揭釐) 즉 현재의 밍고라(Mingora)로 옮겼다. 혜초는 간다라국에서 정북향으로 사흘을 가서 오장국에 이르렀다가 다시 치트랄로 넘어 갔다. 여러 명의 순례승들이 이곳을 방문했는데 법현·송운·현장·혜초 순이다.
현재 이곳에는 '천불천탑의 계곡'이란 이름이 어울리게 붓다의 본생담〈자타카〉의 고사가 생생하게 살아 있는 간다라식의 스투파와 사원유적지와 마애불이 즐비하다. 현장은 자세하게 이를 기록하였다.
2) 우디야나의 스와트로 가는 관문은 두 곳으로 그 하나는 핀디(Rawalpindi)에서 넘어 중국령 신강 지방으로 가는 길인 카라코람 하이웨이(KKH)를 따라가다 중간 지점인 베샴(Besham)에서 차를 바꿔 타고 좌회전하여 2,134m의 샹라 고개(Shang-la)를 넘어 스와트 계곡으로 들어가도 된다. 현 밍고라(Mingora)와 이웃한 사이두 사리프(Saidu Sharif)를 기점으로 간다라의 보고인 스와트박물관을 비롯해서 도처에서 수준 높은 간다라 유적지를 발견할 수 있다. 다른 루트로는 핀디에서 우선 고도(古都) 탁시라(Taxila)를 보고 페샤와르(Peshawar)로 가서 북상하며 탁티바히 사원, 싱게다르 스투파, 갈리가이마애불 등을 차례로 보며 밍고라로 올라가는 방법도 있다.

이 사는 마을에서는 많은 몫을 절에 시주하여 공양하고 작은 몫을 자기 집에 남겨 두어 의식으로 사용한다. 재를 올리고 공양하는 것은 매일 하는 것을 원칙으로 한다. 절도 많고 승려도 많아서 속인보다 조금 많다.3) 오로지 대승만이 행해진다.

의복과 음식과 풍속은 간다라국과 비슷하나 언어는 다르다. 이 땅에는 낙타와 노새와 양과 말과 모직물 등이 풍족하다. 기후는 매우 차다.4)

---

3) 승려들이 일반인들보다 숫자가 많다는 사실만큼 불교가 홍성했다는 증거는 더 없을 것 같다.
4) 스와트 계곡에서의 혜초의 행로는 옮긴이의 『혜초따라 오만리』(하), 여시아문, 2005, 61~79쪽에 자세하다.

우디야나의 중심지 밍고라(Minggora) 시가지의 요란한 자동차들

간다라 유물이 즐비한 스와트(Swat)박물관

왕 오 천 축 국 전

17. 치트랄

(Chitral/ 구위국/ 拘衛國)[1]

또 우디야나국으로부터 동북쪽으로 산으로 들어가 15일을 가면 구위국에 이른다.[2] 그들은 스스로를 사마라갈자국(摩褐羅闍國)이라고 부른다. 이 나라 왕도 역시 삼보를 공경하여 신봉하고, 절도

---

1) 현재의 파키스탄 서북쪽 산악 지대인 치트랄 계곡을 말한다. 지형적으로는 페샤와르(Peshawar)에서 스와트(Swat)로 올라가는 도중에 바트케라(Bat khela)라는 분기점에서 북향하여 디르(Dir)를 지나는 루트로 아프칸의 와칸(Wakhan) 계곡으로 넘어가는 고개가 여러 개 있다.
 말하자면 와칸과 파키스탄의 스와트 계곡 사이에 위치하고 있는 산악지대인데, 혜초가 왜 이 험난한 심심산골 오지까지 들어왔다가 와칸으로 넘어가서 바로 총령진을 통해 귀국하지 않고 다시 돌아나갔는지 이해하기 어렵다.
 아마도 바로 귀국하려다가 루트가 막혀 있는 이유 등으로 인해 행로를 갑자기 서쪽으로 바꾼 것으로 추측될 뿐이다.
 이 구위국(拘衛國)의 한역명에는 구위(拘緯, 悟空의 『十力經』), 쌍미(雙靡, 『한서』), 상미(商彌, 『대당서역기』 권2·『신당서』 권221), 나미(㖿彌, 『위서』), 구위(俱位, 『신당서』 권221) 등이 있다. 이 나라는 오장국의 서북방에 위치하는데, 혜초는 동북쪽이라고 기록하고 있다. 착오인 듯싶다.
 순례승 중에서 제일 먼저 이 나라를 방문한 사람은 송운인데 "이 나라는 파지(波知)의 남쪽 산 속에 자리하고 있으며 불법 믿지 않고 여러 신을 섬기고 있다. 염달에 부속되어 있는데, 동편에는 발로륵국(鉢盧勒國)이 있다고 하였다". 그러나 현장이 이곳을 찾았을 때는 "상미(商彌/ 구위국/ 拘衛國)의 왕 석종(釋種)은 불법을 숭상하고 백성은 그를 따라 불법에 귀의하여 성실히 믿지 아니 하는 자가 없으며 가람이 두 곳 있다"라는 기사가 보인다.
2) 혜초의 발길이 닿은 것이 확실한 치트랄(Chitral)은 밍고라에 못 미쳐 차카다라(Cakadara)에서 좌회전하여 3,118m 로와리(Rowari) 고개를 넘어 365km를 더 가야 하는 험준한 곳으로 현재 파키스탄의 국립공원이다.

있고 승려도 있다. 의복과 언어는 우디야나국과 비슷하고 모직 웃옷과 바지를 입으며 또 양과 말 등도 있다.

18. 라그만

(Laghman/ 남파국/ 覽波國)[1]

또 간다라국에서 서쪽으로 산으로 들어가 7일을 가면 남파국 이른다. 이 나라에는 왕이 없고 대수령이 있는데 역시 간다라국의 관할하에 있다. 의복과 언어가 간다라국과 비슷하다. 절도 있고 승려도 있으며 삼보를 공경하고 신봉하며 대승이 행해진다.

---

1) 현재의 아프가니스탄 동부 카불강 중류 라그만(Lahgmān) 지방의 자랄라바드(Jalālābād)이다.『대당서역기』권2에는 '람파국(濫波國)'으로 표기되어 있는데, 현장은 북인도로 들어갈 때 이곳에 사흘간 묵으면서 목격한 사실을 다음과 같은 내용으로 기술하고 있다. 주위는 천여 리나 되고 북은 설산을 배경으로 하고 삼면은 눈 없는 산으로 에워싸여 있으며 수도는 둘레가 10여 리나 된다. 수백 년 동안 왕족이 후사가 없어서 호걸들이 경합을 벌이다보니 대군주는 없다. 근자에는 가필시국(迦畢試國)에게 복속되어 있다고 하였다.

또한『대당서역구법고승전』「현조전(玄照傳)」에 의하면 현조는 665~670년 사이에 토화라에서 가필시국과 나가라하라로 통하는 길을 따라 서인도의 라타(Laṭa)국에 갔는데, 가필시국에서 여래정골(如來頂骨)을 참배하였다고 하였다.

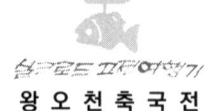
왕오천축국전

19. 카피샤

(Kapisa/ 계빈국/ 罽賓國)[1]

또 이 남파국으로부터 서쪽으로 산으로 들어가 8일을 가면 계빈국에 이른다. 이 나라도 간다라국왕의 관할 안에 있다.[2] 이 왕은 여름에는 계빈국에 있으면서 서늘한 곳을 따라서 지내고, 겨울에

---

1) 가필시는 현 카불 외곽의 베그람(Begram)으로 미국의 아프간사령부가 주둔하고 있어서 접근조차 할 수 없는 곳이 되어 버렸지만, 많은 자료에 의하면 불교유적이 즐비한 곳이다. 카필시는 일찍이 서방에도 알려졌는데, 페르시아 아케메네스 왕조 다리우스 1세의 마애 비문 중에 '카피사(Kāpisa)'란 이름이 나오며, 플리니우스(S. Plinius, 23~79)의 『박물지』에도 '카피싸(Capissa)'란 이름이 보인다. 프톨레마이오스(Ptolemaeos, 90~168)의 『지리학 입문』에는 이 나라가 카불 동북부 150마일 지점(현 아프가니스탄의 판즈쉬르(Panjshir)와 타고아(Tagoa)강 계곡 지역)에 있다고 하였다. 중세 아랍문헌 중 카불에 관해 기록한 내용을 종합하면, 물산으로는 알로에·대추야자·샤프란·시트론 등이 있고, 인도와 인접한 물산집산지이며 견고한 성채가 하나 있다. 통하는 길은 하나뿐이며, 시내에는 무슬림들과 인도인 그리고 유대인들이 살고 있으며, 우상을 숭배하는 신전이 몇 곳 있다.

2) 본문에서 혜초는 돌궐 왕이 여름에는 계빈에서 지내다가 겨울이면 간다라에 가서 보낸다고 하면서 이곳은 간다라 왕의 관할하에 있다고 하였으니, 이는 계빈과 간다라의 왕이 같은 왕임을 전해준다. 오공의 『오공입축기(悟空入竺記)』에도, 753. 3. 17.에 건타라국(乾陀羅國)에 도착했는데, 그는 이곳을 계빈의 동도성(東都城)이라고 칭하였다. 이것은 계빈과 간다라가 한 통치자의 지배하에 있음을 시사한다.

혜초는 카불을 거론하지는 않았지만, 카불 시내 외국인 묘지에는 둔황석굴을 발굴하여 외국에 알린 스타인(Mark Aurel Stain)의 무덤이 있다. 그 묘비명에는 "인도고고학조사국원·학자·탐험가·작가, 인도·중국령 투르키스탄, 페르시아, 중앙아시아, 이라크의 험난한 곳을 여행하여 지식의 경계를 열었다. 1862년 부다페스트에서 태어나 1904년 영국시민이 되었고 1943년 10월 26일 카불에서 잠들다"라고 쓰여 있다.

파키스탄과 아프가니스탄의 국경이자 동서양의 분수령 카이버(Khyber) 고개 전경(아프가니스탄쪽 방향)

폐허에 가까운 아프간의 수도 카불의 전경

지붕이 날아간 간다라미술의 보고인 국립 카불박물관

는 간다라국에 가서 따뜻한 곳을 옮겨다니며 산다.

간다라는 눈이 없으므로 따뜻해서 춥지 않고 계빈국은 겨울이 되면 눈이 쌓여서 추워진다. 이 나라의 토착인은 호족이고 왕과 군사는 돌궐인이다. 의복과 언어와 음식은 토화라국과 대동소이하다.

남자건 여자건 간에 모두 모직 웃옷과 바지와 가죽신을 신는데 남녀의 의복에 차별이 없다. 남자는 수염과 머리를 다 깎고 여자는 머리를 기른다. 이 나라에서는 낙타와 노새와 양과 말과 당나귀와 모직물과 포도·밀·보리와 울금향(鬱金香)3) 등이 난다.

사람들이 삼보를 크게 공경하여 신봉하고 절도 많고 승려도 많다. 백성들 집에 각각 절을 만들어 삼보를 공양한다. 큰 성 안에

---

3) 울금향은 일명 울초(鬱草)라고 하는 나리과에 속하는 다년생 풀로 붉은 색 뿌리가 카레의 원료로 쓰이기에 붉은 꽃이 피는 석류와 대비되어 흰 꽃이 피는 울금이 서역을 대표하는 이미지로 굳어졌다.

절이 하나 있는데 이름이 사사사(沙絲寺/ Sahis)[4]이다. 절 안에 부처의 머리카락과 뼈와 사리가 보관되어 있다. 왕과 관리와 백성들이 매일 공양한다. 이 나라에는 소승이 행해진다. 또한 산 속에 살고 있으나 산마루에는 초목이 없어 마치 불난 산[5]과 같다.

현재는 파괴되어 버린 카이버 고개 위의 마스지드 스투파

---

4) 이 사원은 나가라하라의 혜라성(醯羅城)으로, 현 국도변의 자랄라바드(Jalalabad) 동남쪽 4리에 있는 하다(Hadda)성 유적지로 아프간에서 가장 풍부한 불교 유적이 산재해 있는 것으로 알려져 있다. 혜초가 언급한 '사사사(沙糸寺)'는 계빈을 통치한 돌궐계 왕 샤히야스가 지은 절로서 그의 이름을 따서 명명한 것이라 추측되는데, 『대당서역기』 권2 「가필시국」조에 이 나라에 여래(如來)의 정골(頂骨) 한 조각을 간직한 고왕(故王)의 가람이 있다고 했는데, 그곳이 곧 이 사사사일 가능성이 높다. 왜냐하면 혜초가 이 사사사에 나계(螺髻)와 골사리가 있다고 했기 때문이다.
  1930년 카불강에 면한 성벽 유적인 코쉬르다르와자의 돌출부에서 테프마란잔이란 불교 사원유적이 발견되었는데, 거기서 50점이나 되는 소조두부(塑造頭部)가 스투파, 승방(僧房)과 함께 발굴되었다. 가장 늦게 순례에 오른 오공(悟空)은 카불강 유역에 11개의 불사가 있다고 하면서 석가여래의 정골사리가 계니타왕(罽膩吒王) 연제새사((演提灑寺)에 안치되었다고 하였는데, 이 사원이 사사사인지는 확인할 길은 없다. 5세기 초에 법현은 석가의 석장(錫杖)과 가사(袈裟)를 나가라하라성 동북의 한 계곡에 있는 정사와 이 계곡에서 서행해 이른 다른 한 정사에서 봤다고 하였으며, 현장은 역시 나가라하라의 혜라성(醯羅城)에서 그런 것들을 봤다고 하였다.
5) 옮긴이가 파키스탄과 아프간의 경계인 카이버 고개를 넘어 카불 근처로 들어가는데, "산들이 거의 불에 탄[火燒山]" 것처럼 검은 색이어서 혜초의 관찰력에 감동을 한 적이 있었다.

왕오천축국전

20. 가즈니

(Ghazzni/ 사률국/ 謝䫻國)[1]

또 계빈국에서 서쪽으로 7일을 가면 사률국에 이른다. 그 나라 사람들은 스스로 자불리스탄(Zabulistan/ 社護羅薩他那)이라고 부른다. 토착인은 호족이고 왕과 군대는 돌궐족이다. 그곳 왕은 계빈왕의 조카인데 스스로 부락의 군사를 이끌고 이 나라에 와서 살면서 다른 나라에 속하지 않고 숙부에게도 속하지 않았다.

이 나라의 왕과 수령은 비록 돌궐족이나 삼보를 지극히 공경하여 절도 많고 승려도 많다. 대승이 행해진다. 한 위대한 돌궐인 수령 한 사람이 있어 이름을 사탁간(娑鐸幹)이라 하는데 매년 한 번씩 많은 금과 은으로 재를 올리는데 왕보다도 더 많이 한다고 한다. 의복과 풍속과 토지의 산물은 계빈국과 비슷하나 언어는 각기 다르다.

---

[1] 현 아프간 동남부의 가즈니 지방을 말한다. 수도 카불에서는 서남쪽의 칸다하르(Kandahar)로 가는 국도변의 중간지점으로 옛부터 불교가 성행했던 곳이다. 『신당서』 권221 하 「서역전」에는 사률에 관해 다음과 같은 기사가 있다. "사률은 토화라의 서남쪽에 자리하고 있는데, 본래는 조구타(漕矩吒) 혹은 조구(漕矩)라고 하였으며 측천무후(武后) 때 지금의 이름으로 고쳤다. 동쪽에는 계빈이, 동북쪽에는 범연(帆延)이 각각 400리 떨어져 있고, 남쪽에는 파라문(婆羅門)이, 서쪽에는 파사(波斯)가, 북쪽에는 호시건(護時健/ Zujdjin)이 있다." 혜초는 본문에서 현지인들은 사호라살타나(社護羅薩他那/ Zawulistan)라고 한다고 했다.

왕 오 천 축 국 전

21. 바미얀

(Bamiyan/ 범인국/ 犯引國)[1]

또 사률국에서 북쪽으로 7일을 가면 바미얀국에 이른다. 이 나라 왕은 호족인데 다른 나라에 속하지 않는다. 병마가 강대하여 다른 여러 나라가 감히 침공하지 못한다. 의복은 모직 웃옷과 가죽과 담요로 만든 웃옷을 입는다. 이 땅에서는 양과 말과 모직 등이 나며 포도가 아주 많이 난다. 이 지방은 눈이 많고 매우 추워서 사람들은 대개 산에 의지해서 산다.[2]

---

1) 현 아프가니스탄 수도 카불 서북부 230km 지점 힌두쿠시산맥 서쪽 기슭에 있는 바미얀(Bāmiān)은 2001년 탈레반 정권에 의해 폭파된 대석불로 유명한 곳이다. 기원후 1세기부터 사적에 등장하는데, 7세기 이슬람 동정군에게 정복될 때까지 줄곧 불교 중심지 중의 하나로 두 기의 대불(大佛)을 모신 석굴사원을 비롯해 많은 불적이 남아 있다.
  옮긴이가 2002년 바미얀을 찾았을 때는 그 몇 달 전에 대석불 2좌가 이미 폭파되었던 것이다. 각기 53m와 35m에 달하는 2대 불상은, 미술평론가들의 의하면 헬레니즘 문화의 영향을 받은 간다라 미술과 이란계 미술이 전통적인 인도 미술과 융합하여 성취된 독특한 불교유적의 백미로 꼽는 것이라고 한다. 석굴 속은 텅 비어 있어서 찬란했던 석불의 자태는 오직 현장의 붓끝에서만 생생히 살아 있을 뿐이다.
  현장은 "왕성 동북쪽 산의 후미진 곳에 돌로 만들어진 입불상(立佛像)*이 있는데, 높이는 140~150척이며 금색이 찬란하게 빛나고 온갖 보배로 장식되어 눈을 어지럽힌다"고 하였다.
  *동쪽의 큰 불상(53m)은 현지에서는 '파파불(Papa 夫佛)'이라고 하고 400m 떨어져 있는 또 하나의 서쪽의 석불상(35m)은 마마불(Mama 母佛)이라고 불렀다.
2) "다분히 산에 의지해 살아간다"고 한 사정은 현장의 『대당서역기』의 기술에 의해서도 입증된다. "범연나국(梵衍那國)의 사람들이 산과 계곡을 의지해서 읍을

석굴에서 발견되어 다행히 보존된 바미얀의 벽화

왕과 수령과 백성들은 삼보를 지극히 공경하여 절도 많고 승려도 많다.[3] 대승과 소승이 다 같이 행해진다. 이 나라와 사률국 등의 사람들은 모두 수염과 머리를 깎으며 풍속은 대체로 계빈국과 비슷하지만 면도 있다. 토착민의 언어는 다른 나라와 같지 않다.

이루어 살고 있다[人依山谷 逐勢邑居]"고 하였으며, 한 큰 도성은 "낭떠러지에서 계곡을 가로질러 6~7리나 늘어섰는데, 북쪽은 높은 바위를 배경으로 하고 있다[據崖跨谷 長六七里 北背高巖]"고 하였다.
3) 그런데 『왕오천축국전』에는 대석불 이야기가 없다. 분명히 혜초가 바미얀까지 왔었다면 대석불을 보았을 터인데, 왜 기록하지 않은 것일까?

바미얀 계곡의 전경

파괴되기 전의 대석불

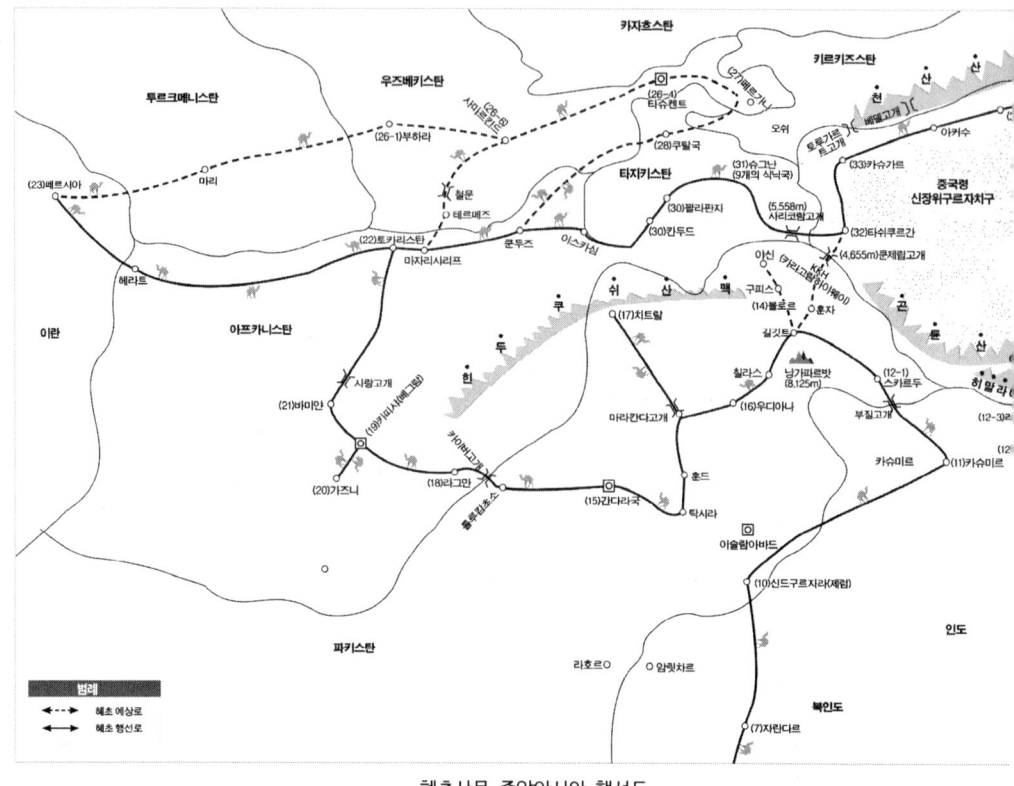

혜초사문 중앙아시아 행선도

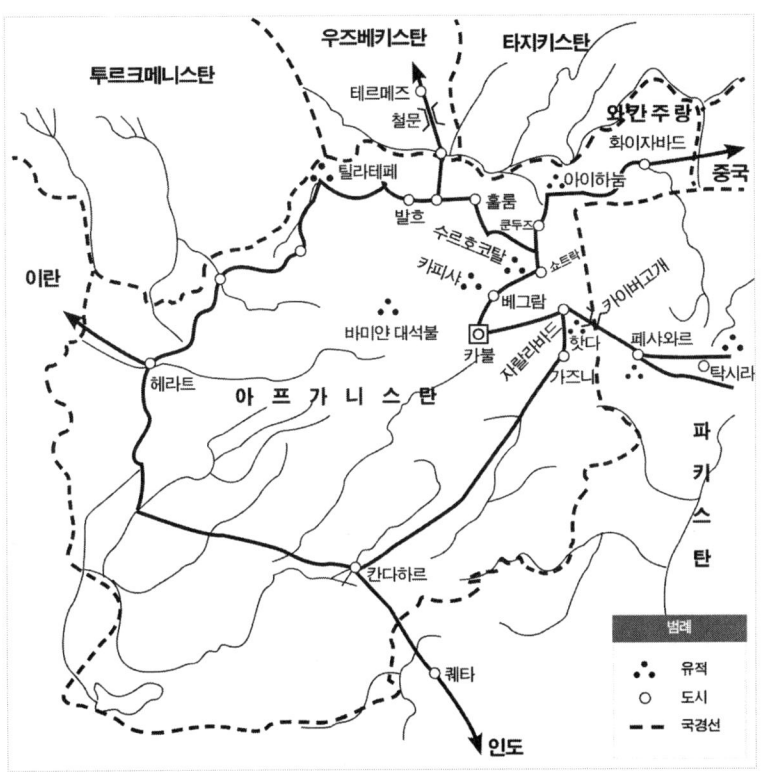

아프가니스탄 인근 지도

왕 오 천 축 국 전

22. 토카리스탄

(Tokharistan/ 토화라국/ 吐火羅國)[1]

또 이 바미얀국으로부터 북쪽으로 20일을 가면 토화라국에 이른다. 왕이 사는 성의 이름은 발흐(Balkh/ Bactra/ 縛底耶)[2]이다. 지

---

[1] 토화라에 대해서는 중국 쪽 자료들과 서양 쪽 자료들로 대별된다. 중국 쪽은 『신당서』 권221에 "토화라는 토활라(土豁羅) 혹은 도화라(覩貨邏)라고 하며, 원위(元魏) 때는 토호라(吐呼羅)라고 하였다. 총령 이서와 오호하(烏滸河/ Oxus江) 이남의 대하(大夏) 고지에 자리하고 있으며 읍달인(悒怛人)들과 혼거하고 있다. 강병 10만을 가지고 있으며…… 왕은 엽호(葉護)라고 부른다. 무덕(武德, 618~626)과 정관(貞觀, 627~649) 연간에 다시 사신을 보냈으며 영휘(永徽) 원년(650)에는 대조(大鳥)를 헌상했는데…… 속칭 타조(駝鳥)라고 한다".

한편 알렉산드로스 대왕의 동정 이후 식민지에 건설된 여러 개의 식민도시 알렉산드리아들은 현재의 투르크메니스탄의 마리[마르기아나], 아프간의 북부의 발흐[박트라], 서부의 헤라트 남부에 칸다하르[이라코소름], 우즈베크의 사마르칸트[마라간타], 키르기스스탄의 호젠트[에스카테] 등이 확인되고 있다.

그중 특히 '박트리아(Bctria)-알렉산드리아'는 기원전 255년에 그리스인의 셀류쿠스(Seleucus) 왕조에서 독립하여 현 아프간 동북부의 발흐(Balkh)에 근거지를 두고 동서양 융합된 왕조를 탄생시켰다. [그 찬란했던 헬레니즘의 진수를 엿볼 수 있는 유적지가 아프간 동북부 끝인 아무다리야 남안 하이하늄(Khnoum)에서 발굴되어 세상을 놀라게 한 바 있다.] 그러다가 기원전 2세기 전반에 대월지(大月氏)가 흉노에게 격파되어 서쪽으로 이동하면서 대원(大宛/ Fergana)을 지나 박트리아를 무너뜨리고 쿠샨왕조를 건국하였다. 이에 관해 『후한서』 「서역전」은 다음과 같이 전하고 있다. "대월지국은 람씨성(藍氏城), 바로 발흐에 도읍을 정하였다. 백 년이 지나서 귀상(貴霜), 즉 쿠샨왕조(Kushan)라고 자칭하고 안식(安息/ Persia)을 침공하였으며…" 말하자면 『구당서』에서 이야기하는 토화라가 대하, 즉 고대 그리스식민지였던 박트리아의 옛 땅에 자리했다는 기록은 동서양의 역사적 사실과 일치한다. 그러니까 대월지와 토화라는 원래 두 개의 다른 민족이었으나 후일 이동하여 대하를 정복한 후에는 하나의 민족으로 융합되었다

금은 대식국에게 진압되어 왕이 핍박을 받아 동쪽으로 한 달 걸리는 바닥샨(Badakhshan/ 蒲特山)3)에 달아나 산다. 그래서 이 땅은 대식국의 관할하에 있는 것을 볼 수 있다.

언어는 다른 나라와 다르나, 계빈국과는 조금 비슷하면서도 대

는 것으로 비정된다.
　이런 역사적 기록은 현재 고고학적 발굴로도 확인되고 있다. 옮긴이가 카불의 아프간박물관에 갔을 때 현관에 쿠샨왕조의 중흥조이며 불교를 적극 전파하여 제4차 결집을 주도했던, 카니슈카(Kanishka/ 迦膩色迦, A.D. 78~144) 대왕의 하반신 소상이 놓여 있었는데, 바로 발흐 지방에서 출토된 것이라고 한다.
　그러나 이렇게 황금기를 맞았던 쿠샨왕조가 2세기 중엽부터 사산조 페르시아와 인도 굽타 왕조의 동서 협공을 받아 사양길에 접어들었다가 5세기 후반에 에프탈(白匈奴)에 의해 철저히 파괴당하였고 다시 6세기 중엽에 돌궐이 흥기하여 새로운 주인이 되면서 이 그리스풍의 문화를 계승한, 박트리아는 역사의 뒤안길로 들어가 버렸다. 혜초가 이곳을 지나갈 때 돌궐의 치하에 있었다는 것은 이러한 역사적 배경을 갖고 있다.

2) 그 찬란한 헬레니즘의 꽃을 피웠던 고대 박트리아(Bactria)의 고도 발흐는 현재 너무나 작은 마을로 변했기에 아프간 지도에서조차 찾기 어렵다. 우선 인근의 도시인 마자리샤리프(Mazar-i-sharif)를 찾아서 다시 서쪽 근교로 가는 마이크로 버스를 타고 가면 된다. 혹 그곳을 가보고 싶은 나그네는 대신 아무 것도 기대 안 하는 것이 좋을 것이다. 옮긴이의 『혜초따라 오만리』(하), 여시아문, 2005에 발흐 방문기가 자세하다.
　발흐는 한의 무제(B.C. 104~101) 사마천(司馬遷)이 지은 『사기』 「서역전」에도 자세히 기술되어 있다. 그 대하(大夏/ Bactria)條에 의하면 "대원(현 페르가나)에서 서남으로 2천여 리로서 위수(僞水/ 아무다리야) 남쪽에 있다. 그 풍속은 토착생활을 하고 성벽과 가옥이 있는 것이 대원과 같다. 대수장은 없고 곳곳에 작은 족장이 있다. 그 군대는 약하여 전쟁을 두려워하나 장사는 상당히 잘한다. 대월지가 서쪽으로 진출하자 속국이 되었다. 대하의 인구는 많아서 100만여 명이며 그 도읍은 남시성(藍市城/ Balkh)으로 바자르가 있어 각종 물건을 판매한다. 그 동남에 신두국(身毒國/ India)이 있다."

3) 아프간 동북부 바닥샨 지방은 발흐에서 와칸 계곡을 통해 총령으로 넘어가는 실크로드의 중요한 루트지만, 2011년 미국 무역센터 폭파범으로 공개수배를 받아온 빈라덴이 오랫동안 토굴에서 숨어 재낼 정도로 심심협곡 지형으로 사실상 외부인들이 출입하기에는 불가능한 곳이다. 옮긴이도 이곳이 혜초가 2수를 남긴 명작의 무대이기에 비중을 두고 2002년 단신으로 발흐에서 쿤두즈(Kunduz)까지는 접근해 보았지만 화이쟈바드(Faizabad)까지는 가보지도 못하고 돌아선 통한의 지명이다.

발흐 인근 그나마도 남아 있는 유일한 유적인 발리히사르성 성벽. 몽골군의 파괴로 폐허가 되었다고 한다.

토화라국의 도읍지였던 현 발흐의 청모스크

아프간과 우즈베키스탄의 국경선인 아무다리야강

체로 같지 않다. 의복은 가죽과 모직 모직물을 입는다. 위로는 국왕에서 아래로는 서민에 이르기까지 가죽으로 만든 옷을 좋은 옷으로 여긴다. 이 땅에서는 낙타와 노새와 양과 말과 모직물과 포도 등이 많이 나고 음식은 오직 떡을 좋아한다. 기후는 매우 추워 겨울에는 서리와 눈이 내린다. 국왕과 수령과 백성들은 삼보를 지극히 공경하여 절도 많고 승려도 많다. 소승이 행해진다. 고기와 파와 부추 등을 먹으며 다른 종교를 믿지 않는다. 남자는 수염과 머리를 깎고 여자는 머리를 기른다. 그 땅에는 산이 많다.

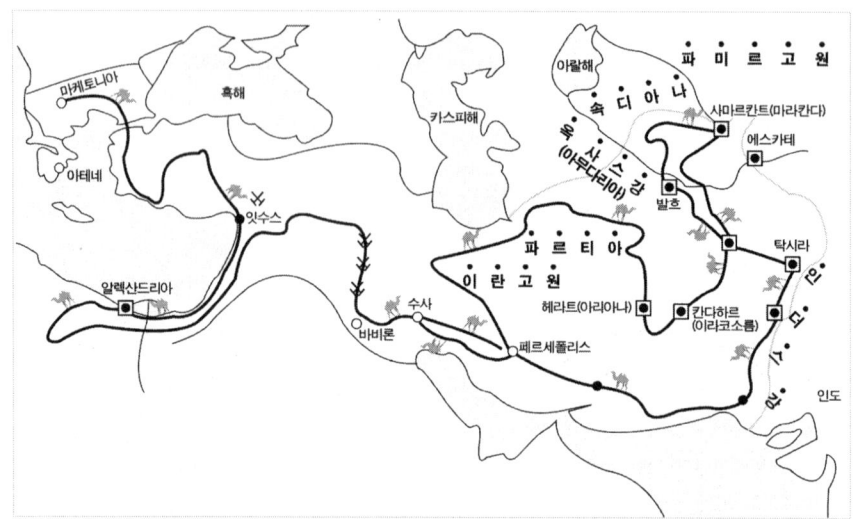

알렉산드로스 대왕의 동방 원정도

실크로드 고승 여행기
왕 오 천 축 국 전

23. 페르시아

(Persia/ 파사국/ 波斯國)[1]

이 토화라국에서 서쪽으로 한 달을 가면 페르시아국에 이른다.[2]

---

[1] '파사(波斯)'는 현 이란의 파르스(Fārs) 지방 이름에서 연유된 것으로서, 한적 중에서는 『위서』에 처음으로 나타난다. 혜초가 방문했을 때는 대식(아랍)의 치하에서 이미 이슬람화한 곳으로 독립국의 지위는 상실했으나 그 이름만은 여전히 쓰이고 있었다. 혜초는 본문에서 토화라에서 서쪽으로 한 달 가면 파사국에 이른다고 하였다. 중국 자료 중에서 '파사'라는 용어가 최초로 등장한 것은 『위서』 「서역전」 중에서 파사전(波斯傳)이 가장 상세하다. 수(隋) 양제(煬帝, 605~618) 때도 사신 이욱(李昱)을 보냈으며, 파사도 사신을 보내왔다. 당대에 와서는 두 나라 간의 관계가 더욱 가까워졌다. 당 태종 정관(貞觀) 21년(647)부터 대종(代宗) 보응(寶應) 원년(762)까지 115년 동안에 사산조 페르시아는 당에 28차례나 사절을 파견하였다. 동서양의 교섭사에서 큰 의미를 지닌다고 볼 수 있다.

[2] 사실 현존본 『왕오천축국전』대로 혜초가 실제로 페르시아나 아라비아까지 갔겠느냐하는 문제는 학계에서도 이론이 많았다. 그러다가 근래에 이채로운 탁견(卓見)이 하나 발표되어 눈길을 끌었는데, 그것은 혜초가 아라비아 반도까지는 아니더라도 이란의 마샤드(Mashad)*까지 갔다는 것이다.
이 가설은 세 가지 근거를 제시하고 있다.
첫째가 문면상의 문제로, 이 책 서두에 이미 이야기한 바 있는, 이른바 '始文句'를 제시하고 있다. 혜초는 그가 직접 다녀온 곳에 관한 기술에서는 반드시 '從…行…日月…至'라는 형식을 사용하고 있는데, 이는 '어디에서부터, 어느 방향으로, 얼마동안 가서, 어디에 이르렀다'라는 글귀를 사용하고 있다는 말이다. 따라서 이러한 일종의 공식(?)을 다음 문장에 대입해보면, "…又從'吐火羅' 西行一月 至 '波斯國' 又從'波斯國' 北行十日入山 至'大寔國'…, 즉 혜초가 토화라국으로부터 서쪽으로 한 달 만에 페르시아에 이르렀고, 그곳에서 북쪽으로 10일 동안 가서 산 중에 위치한 대식에 도착했다. …"라는 해석이 된다. 그러니까 혜초는 페르시아나 아라비아까지는 직접 갔으나 소불림국(터키)과 대불림국(동로마인 비잔틴제국)까지는 가지 않고 다만 아라비아에서 주위들은 것을 기록한 것으로 비정된다는 것이다.

통관차량이 늘어서 있는 아프간과 이란의 국경선

이 나라 왕은 전에 대식국을 지배하였다. 그래서 대식국은 페르시아 왕을 위하여 낙타를 길렀다. 그런데 뒤에 반란을 일으켜 페르시아 왕을 죽이고 자립하여 왕이 되었다. 그래서 지금은 대식국에게 지배를 당하고 있다.3)

의복은 예로부터 통이 넓은 모직 상의를 입었고 수염과 머리를 깎는다. 음식은 오직 떡과 고기뿐이며 비록 쌀은 있으나 갈아서

---

*이란 국경에서 제2의 신흥 대도시 마샤드는 한 잠 자고 나면 도착한다. 마샤드에서 네이샤브르(Neyshabur)와 배화교 성지 야즈드(Yazd)는 120km 정도이다. 현인과 학자들의 고향이라고까지 불리는 이곳은 제3대 칼리프(644~656)에게 정복되어 아프간과 속디아나의 통로 역할을 수행한 곳으로 당시 칼리프는 중앙아시아의 통치를 네이샤부르에 있는 후라싼 총독에게 위임하였기에 모든 점령지와의 통행이 빈번했다.

3) 인구 400만 명이나 되는 이란 제2의 도시 마샤드에는 매년 1,500만 명의 순례자가 모여든다. 그들은 단지 9세기에 독이 든 포도를 먹고 독살된 '시아파'의 8번째 이맘(Emams)인 레쟈(Reza)의 묘지-이맘 레쟈 모스크에 참배를 하기 위해서 모여든다. 발호의 하즈랏 알리의 무덤과 쌍벽을 이루는 성지인 것이다. 그만큼 그 모스크는 마샤드의 상징적이다.

혜초의 서쪽 순례 끝자락인 이란 야즈드의 전경

야즈드의 침묵의 탑

고대 페르시아의 국교였던 불을 숭배하던 야즈드의 조로아스터교 사원

떡을 만들어 먹는다.

그 땅에서는 낙타와 노새와 양과 말 등이 나며 높고 큰 당나귀와 모직물과 보물들이 난다. 언어는 각기 달라서 다른 나라와 같지 않다. 그 나라 사람의 성질이 무역을 좋아해서 항상 서해로 배를 띄워 남해로 들어가서 사자국(獅子國/ Sriranka)4)까지 가서 여러 가지 보물을 가져온다. 그래서 그 나라에서 보물이 많이 난다고 하는 것이다. 그리고 곤륜국(崑崙國)5)에 가서 금을 무역해 오고 또 중국

---

4) 현 인도 대륙 아래의 스리랑카섬(세일론)을 말한다. 중국 쪽 자료에는 '사자국(師子國)'(『불국기』『宋書』『양서』『신·구당서』), '승가라(僧伽羅)', '집사자국(執師子國)'(『대당서역기』), '서람산(西藍山)'(『宋史』), '석란(錫蘭)'(『明史』『星槎勝覽』『瀛涯勝覽』), '신합납첩(信合納帖)'(『元史』) 등 여러 가지 표기가 있다. 중세 아랍 문헌에는 '씰란(Sīlān/ 실론/ Ceylon)'으로 음사되었으며, 이곳에 일명 '아담의 발산'이란 싸란디브(Sarandīb)산이 있다고 하면서 그 산을 소개하고 있다. '싸란디브'란 산스크리트의 '씬할라드비파'는 '사자(獅子)의 섬'이란 뜻이다.

인도양상의 '진주'라 불린 사자국은 동서 해로의 요로에 위치하고 있어 자고로 해운업과 해상무역이 발달하였다. 서진(西晉)시대의 도축구법승 법현(399~410 천축 체류)이 귀국할 때, 갠지스강 하구에서 곧바로 동진하지 않고 남행으로 사자국에 간 것은 그곳에서 귀로선을 구하기 위한 것으로 보인다. 그는 희망한 대로 그곳에서 200여 명이 승선할 수 있는 중국 상선에 승선하였다. 이 대선은 뒤에 소선을 달고 다니는데, 구명용 소선을 본선 뒤에 달고 다니는 것은 대해를 항행(航行)하는 중국 선박의 전통이다. 그리고 법현은 그곳 불당에서 중국 상인들이 항행의 안전을 기원하여 백견선(白絹扇)을 공양하는 것을 보았다고 한다.

5) 곤륜(崑崙)은 전설적 지명으로 중국 쪽 자료에 나오는데, 그 내용을 종합하면 크게 서역의 곤륜과 남쪽 바다의 곤륜으로 대별할 수 있다. 혜초는 남해로를 통해 인도 대륙으로 갔었기 때문에 본문에서의 곤륜은 후자를 말한다고 봐야 할 것이다. 서역의 곤륜에 관해서는 중국 춘추전국시대부터 진한(秦漢)시대에 이르기까지는 중국 서부에 있는 큰 산으로 여러 가지 전설과 더불어 전해오고 있다.

다음으로 남쪽 바다의 곤륜에 관해서는 『구당서』「임읍전(林邑傳)」에는 "임읍 이남의 머리가 곱슬이고 피부가 검은 사람들을 일괄해 곤륜이라 칭한다"라고 하였으며, 혜림의 『일체경음의』권82「곤륜어(崑崙語)」조에는 "상음(上音)은 곤(昆)이고 하음(下音)은 논(論)이며, 세간에서는 골론(骨論)이라고 한다. 남해 해중에 있는 사람들로서 대단히 검고 나체이며 맹수나 서우(犀牛), 코끼리 등을 조련시키기까지 한다. 인종이 수백 종인데, 그중에는 승기(僧祇)·돌미(突彌)·골당(骨堂)·길멸(吉蔑) 등 종족이 있다"고 기록한 것을 보면 혜초가 말한 곤륜은 인도지나반도의 육지나 바다를 가리키는 것으로 비정된다. 또한 혜초 본인이 그곳을 배를 타고 지나왔기에 누구보다도 확실한 정보라고 비정된다.

땅에도 배를 타고6) 가는데 곧 바로 광저우[廣州]에 가서 비단과 명주실과 면 등을 사 가지고 온다. 이 나라에서는 품질이 좋고 가는 모직물을 생산한다. 그 나라 사람들은 살생을 좋아하고, 또 하늘을 섬겨 불법을 알지 못한다.7)

---

6) 페르시아와 중국(광주) 간 직항로의 개통은 7세기 당 제국이 출현한 때부터이다. 그 이전까지는 대체로 페르시아만 → 인도 서해안 → 실론 → 인도 동해안 → 미얀마 서해안 → 말라카해협 → 수마트라 → 부남(扶南) → 일남(日南) → 교지(交址)로 이어지는 해로였다. 그러다가 당대에 들어와서야 두 지역 간의 직항로가 열리기 시작하였다. 그 항로를 가장 상세하고도 정확하게 밝힌 문헌은 『신당서』「지리지(地理志)」에 수록된 가탐(賈耽, 730~805)의 「광주통해이도(廣州通海夷道)」이다. 가탐은 이 글에서 당시 광주로부터 페르시아만 서안의 오볼라(오랄국 烏剌國)까지 이어지는 해로의 노정과 구간간의 항행 일정 등을 소상히 기술하고 있다.

7) 페르시아나 아라비아에서는 하느님, 즉 알라(Allah)를 믿고 불법을 모른다는 이야기는 정확하다고 볼 수 있다. 왜냐하면 이슬람화된 지 70~80년이나 되는 곳에 당연히 불법이 있을 리가 없을 것이다. 또한 고대에는 페르시아가 아라비아를 지배하였지만 7세기 후반부터는 역할이 뒤집혀 도리어 대식국에게 지배를 당하고 있다는 것도 정확한 역사적 사실이다. 또한 대식 왕이 이웃나라를 공격하러 항상 나라를 비우고 있다는 지적도 정확하다. 당시는 이슬람 세력의 최대의 팽창기였기 때문에 정복전쟁이 그칠 날이 없었을 것이다. 그리고 통 넓은 옷을 입었다는 것도 바로 '감발'을 말하는 것이고, 또 손으로 살생을 해서 먹어야 무량한 복을 받는다는 것도 무슬림의 율법에 틀림없다.
또한 아라비아에 대한 정확한 역사적 인식에서 찾을 수 있다. 혜초가 중앙아시아 일대를 순방할 때는 그 지역은 이미 아랍제국의 반월도(半月刀) 아래 들어가기 시작한 때였다. 아랍세력은 642년 페르시아의 사산왕조의 마지막 왕 야즈다게르드의 기병을 나하반드 평원에서 격파하고 계속하여 아랄해(Aral) 동쪽 속디아나 지방을 공략하였다. 그리고는 681년에는 이 지방에 총독을 파견하였는데, 특히 705년에 총독에 임명된 명장 쿠타이브(kutaib Ibn Muslim)는 대군을 이끌고 7세기 중반부터 당나라의 경영권 내에 들어 있던 발호와 사마르칸트를 비롯한 파미르고원 서쪽의 투르키스탄제국을 차례로 정복하고 강력한 행정체제를 수립하였다. 이리하여 이슬람은 계속 동진하여 717년에는 파미르고원을 넘어 카슈가르에까지 진출했다. 이때가 바로 혜초가 이곳을 여행하던 시기인 725년경이었다. 이와 같이 혜초가 이 지방을 순례할 때 아랍제국의 동쪽 국경은 인도접경까지, 북으로는 카스피해와 아랄해에 이르는 광대한 지역에 뻗쳐 있었다.

24. 아라비아

(Arabia/ 대식국/ 大寔國)[1]

또 페르시아국에서 북쪽으로 10일 동안 산 속으로 가면 대식국(Arabia)에 이른다. 왕은 본국에서 살지 않고 소불림국(小拂臨國)[2]에 가서 살고 있으니 이것은 그 나라를 쳐서 빼앗기 위해서이다. 그 나라에서 다시 산으로 된 섬에 가서 사는데 살 만한 곳이 아주 드물다. 그러기에 그런 곳을 찾기 위하여 거기에 간 것이다.

이 땅에서는 낙타와 노새와 양과 말과 면포와 담요가 나고 또 보물도 난다. 의복은 가는 면포로 통이 넓게 만든 상의를 입고 그 위에 하나의 면포를 덧입어 이것을 좋은 옷으로 여긴다. 왕과 백성의 의복은 한 가지로 다르지 않다. 여자의 옷도 역시 통 넓은 웃옷을 입는다.

남자는 머리는 깎고 수염은 그대로 두며 여자는 머리를 기른다.

---

1) 아랍은 중동 또는 북아프리카의 사람을 말할 때 쓰인다. 그들의 모국어는 아랍어로 이 의미에서 아랍세계 아랍동맹과 같은 용어에 사용된다. 아랍 지역이 역사적으로 항상 같은 곳을 뜻하지는 않았다. 예컨대 7세기 이전의 아랍 지역은 아라비아 반도 지역을 가리켰으나 이슬람 세계 또는 이슬람 문화권이 확장되면서 중동과 그 인근의 이슬람 문화권을 통틀어 가리키는 말로 바뀌었다. 또한 아랍 지역은 역사적인 세력으로 볼 때 아랍 제국을 뜻하게 되기도 했고, 오늘날에는 아랍 연맹이나 아랍 세계를 뜻하기도 한다.

2) 현 시리아의 다마스쿠스를 중심으로 한 나라를 지칭한다. 이슬람화가 되기 전 이곳은 동로마(비잔틴)제국의 속지였다. 대불림과 같이 '불림(拂臨)' 혹은 '불름(拂菻)'은 『수서』・『신당서』・『구당서』・『통전』 등 사적에 나타난다.

음식을 먹을 때는 신분의 귀천을 가리지 않고 같이 한 그릇에서 먹는데 손에 숟가락과 젓가락을 들었으나 매우 보기 싫다. 그들이 손으로 살생을 해서 먹어야 무량한 복을 받는다고 한다. 이 나라 사람은 살생을 좋아하고 하늘을 섬기며 불법은 알지 못한다. 이 나라 법에는 무릎을 꿇고 절하는 법이3) 없다.

---

3) 이슬람교에서는 절대유일신 알라만을 신봉한다. 그래서 여기서의 '사천(事天)'은 알라만을 신봉한다는 뜻이다. 그러다 보니 불법을 알고 믿을 리 만무하다. 그리고 '무릎을 꿇고 절하는 법이 없다[無有跪拜法]'고 한 것은 알라 외의, 사람을 포함한 일체사상에 대해 무릎을 꿇고 절하는 법이 금지된 이슬람교의 교의를 말한다.

왕오천축국전

25. 비잔티움

(Byzantium/ 대불림국/ 大拂臨國)[1]

또 소불림국의 서북쪽 바닷가에 곧 대불림국이 있다. 이 나라 왕은 병마가 강하고 많아 다른 나라에 예속되어 있지 않다. 대식국이 몇 차례나 침략하려 했으나 뜻을 이루지 못했고 돌궐도 침략했으나 이기지 못했다. 이 땅에는 보물이 많고 낙타와 노새와 양과 말과 면직물이 매우 많다. 의복은 페르시아나 대식과 사람과 서로 비슷하나 언어는 서로 달라 같지 않다.

---

1) 현 터키의 콘스탄티노플을 수도로 하여 자리했던 동로마 제국, 즉 비잔틴 제국을 지칭한다. 본문에서 "소불림국(시리아)에서 바다를 끼고 서북쪽으로 가면 바로 대불림국이 있다"라고 한 기술은 지리적으로 정확하다. 『신·구당서』를 비롯한 한적에는 대·소불림을 가리지 않고 '불림(拂菻)' 혹은 '불름(拂菻)'으로 나오는데, 이것은 대체로 대불림, 즉 동로마를 가리킨다.
『구당서』 「불름전(拂菻傳)」에 따르면 "수 양제가 불름(拂菻)과의 통교를 시도했으나 성공하지 못하다가 당 태종 정관 17년(643)에 이르러 불름왕 파다림(波多林)이 사신을 파견해 적유리(赤琉璃)와 녹금정(綠金精) 등 방물을 헌상하였다. 그 후 건봉(乾封) 2년(667)에는 사신을 보내 저야가(底也伽)를 보내왔고, 개원 7년(719)에는 토화라 대수령을 파견해 사자(獅子)와 영양(羚羊) 각각 두 마리씩을 헌상하였다"고 기록되어 있다.

왕오천축국전

26. 여러 호국(胡國)들

부하라(Bukhara/ 안국/ 安國),[1] 카부단(Kabudhan/ 조국/ 曹國),[2] 키시시(Kishsh/ 사국/ 史國),[3] 타슈켄트(Tashkent/ 석라국/ 石騾國),[4] 펜지켄트(Penjikent/ 미국/ 米國),[5] 사마르칸트(Samarqand/ 강국/ 康國)[6]

대식국의 동쪽은 모두 호국(胡國)[7]이니, 곧 안국·조국·사국·석라국·미국·강국 등이다. 각 나라에는 비록 왕이 있으나 모두 대식국의 통치하[8]에 있다. 나라들이 협소하여 병마가 많지 않아 스스로 지킬 수 없다. 이 지방에서는 낙타와 노새와 양과 말과 면직물이 난다. 의복은 면직물의 상의와 하의 등과 가죽옷과 모직물을 입는다.

---

1) 현 우즈베키스탄의 고도인 부하라(Bukhara/ 布哈拉)로, 중국 사서에는 『수서』 「서역전」에 한대에는 안식국(安息國)이라고 하였다는 기록이 나온다. "왕의 성은 소무씨(昭武氏)로서 강국(康國) 왕과 동족이다. 도읍은 나밀수(那密水) 남쪽에 있는데, 5중으로 강물로 에워싸여 있다."

2) 카부단은 원위(元魏) 때 처음으로 색지현국(色知顯國)이란 이름으로 중국에 알려졌다. 수대(隋代) 때에 조국이라 칭하였는데, 『수서』 「서역전」에는 "조국의 도읍은 나밀수(那密水) 남방 몇 리 떨어진 곳에 있는데, 옛날에는 강국의 땅이었다. 주인이 없어 강국 왕이 아들 오건(烏建)더러 관리토록 하였다. 도성은 너비가 3리이며 군사 천여 명이 있다. 동남방으로 강국까지는 400리이고, 서쪽으로 하국(何國)까지는 50리이며, 동쪽으로 과주(瓜州)까지는 6600리이다.

3) 『신당서』 「서역전」에는 "일명 구사(佉沙/ Kish 혹은 갈상나(羯霜那/ Kushana)라고 하며 독막수 남쪽 강국의 소해성(蘇薤城) 고지에 자리하고 있다. 서북 50리에 나색파(那色波)가, 북쪽 200리에 미국이, 남쪽 400리에 토화라국이 있다. 철문산(鐵門山)이란 산이 있는데, 좌우가 가파르고 돌 색깔이 철색이며 두 나라를 갈라놓는 관문이며 성채는 굳게 닫혀 있다. 『대당서역기』에서도 역시 사국을 갈상나

로 칭하면서 철문에 대한 언급을 하고 있다. 이 나라의 동쪽 경계에 있는 철문은 중앙아시아로부터 인도로 가는 필수 경유지이면서 천연요새이다. 그러나 혜초는 철문관에 대하여 언급이 없다. 현재도 사마르칸트와 테르메스 간의 국도변에 그 유적지가 보인다.

4) 현재로서는 '석국'인 우즈베크의 수도인 타슈켄트(Tashkent)로 비정되고 있으나, 석라국(石騾國)은 『위서』·『수서』·『당서』 등 중국 쪽 자료 어디에도 나오지 않는 이름으로 그 비정에 관해 학계에서 의견이 분분하다. 아직까지 신빙성 있는 정설은 없지만, 대체로 석국으로 무게가 기운다. 바로 고선지가 750년에 점령한 바로 그곳으로 고선지의 서역정벌은 『신당서』 권135 「열전」 60 「고선지」조와 『구당서』 권104 「열전」 54에 자세히 기록되어 있다.

『신당서』「서역전」은 좀 더 상세하게 "일명 자시(赭時)라고 하는 석국이 한대에 대원의 북변에 있었다. 운운" 또한 『대당서역기』에도 자시국이라 칭하면서 국토는 천여 리나 되고 동남이 좁고 남북이 길며, 땅이 비옥하고 기후가 좋으며, 성읍이 수십 개이고 개별 우두머리만 있고 국왕은 없으며, 돌궐에 예속되어 있다고 하였다.

5) 타지키스탄의 펜지켄트는 『신당서』「서역전」에는 "일명 미말(彌末) 혹은 미막하(弭莫賀)라고 하는데, 북쪽으로 강거(康居)까지는 100리이며 치소는 발식덕성(鉢息德城)이다. 현종 개원 18년(730)에는 대수령 말야문(末野門)이 내조하였으며, 천보 초에는 군주를 공순왕(恭順王)에 봉하였다. 미말(彌末), 미막하(彌莫賀), 미말하(彌秣賀)(『대당서역기』)는 모두 '마이마르그(Maimargh)의 음역으로 미국은 그 약칭으로 비정된다.

6) 사마르칸트는 속디아나의 중남부 제라프샨(Zerafshan)강 유역에 위치하고 있는데, B.C. 329년 알렉산드로스대왕에 의해 점령되었으며, 그리스 로마의 『지지(地誌)』에서는 소그드의 수도 마라칸트(Maracanda)라는 이름으로 전해지는 유서 깊은 곳이다. 한(漢)에서는 실만근(悉萬斤)으로, 『수서(隋書)』·『신당서』에는 강국(康國)으로도 표기되었다. 당시 이 나라는 배화교(拜火敎)가 성행하고 있어서 불교사원에도 승려가 살고 있지 않다고 하였다. 강국의 옛터는 현 사마르칸트 근교의 아프라시압(Afrasiab/ 阿弗拉西雅甫) 언덕으로 현재 고지(故址)를 박물관으로 만들어 전시하고 있는데, 벽화 속에 2명의 조우관을 쓴 고구려 사신도가 발견되어 관심이 쏠린 바 있다.

구 러시아 고고학자들은 이곳에서 일찍이 알렉산드로스 동정 시 있었던 도시형 거주지 유적을 발굴하고 길이 10km에 달하는 성벽을 발견하였다. 10세기까지는 내성이 잘 보존되고 있었는데 13세기 몽골군에 의해 철저히 파괴되었다고 한다. 그 후 이 고지 이남 3km쯤 되는 곳에 지금의 사마르칸트를 새로 건설하였다. 당대에 이르러 교역이 빈번하여 무덕 7년(624)부터 영휘(永徽) 연간(650~655)까지 35차례나 중국에 사신을 파견하였다. 이 나라 수도의 동쪽 문은 '중국문(中國門)'이라고 하여 중국 왕래자들의 전용 문이었다. 당 고종(高宗) 영휘 때 이곳에 강거도독부(康居都督府)를 설치하고 왕 와후만(Wahuman/ 拂呼縵)을 도 언어는 여러 나라가 각기 다르다. 또 이 여섯 나라는 모두 화천교(拜祆敎)⁹⁾를 섬기며 불법은 알지 못한다. 다만 강국에 절 하나와

독으로 임명하였다.
사마르칸트의 볼거리로는 거대한 모스크 비비하늄(Bibikhanym)과 그 아래에 있는 바자르는 옛 실크로드의 풍물을 그대로 느낄 수 있다. 그 외 1420년 울르그 벡에 의해 세워진 것을 비롯한 3개의 마드라사가 앙상블을 이룬 레기스탄 광장과 울루그벡 천문대와 샤키진다 공동묘지 등도 볼 만하다.

7) '호(胡)'는 중국인들이 주변의 이민족에 대한 비칭으로 써 왔다. 처음에는 그 용법의 한계가 불명확하여 춘추시대부터 몽골의 동방에 있는 민족을 동호(東胡)라고 하고, 조(趙)나라 무령왕(武靈王) 때에는 북방의 흉노(匈奴)로 호(胡)라고 불렀다. 그러나 진시황의 천하통일로 국토 사계(四界)가 그어지기 시작하고 한대의 서역 개통과 남해 진출로 인해 주변 국가들과의 관계가 복잡해짐에 따라 '동이'·'북적(北狄)'·'남만(南蠻)'·'서호(西胡, 혹은 西戎)'의 사이(四夷)사상이 공식화되었다. 그 결과 서호는 거의 같은 시기에 출현한 '서역'의 별칭이 되어 버렸다.
혜초가 호국이라 부른 이 지금의 중앙아시아 5개국은 독립국가연합의 일원으로 C. I. S.란 약자로 통용된다. 현재 12개국으로 구성되어 러시아의 종속에서 벗어나 각자 자본주의 시장경제를 배우는 실습 중에 있다. 우즈베키스탄에는 대우자동차 공장이 설립되어 있고 또한 연해주에서 강제 이주 당한 2~3세 해외교포들이 많이 산다. 바자르에서 김치를 발견하고 옮기이는 묘한 감정에 젖어든 적도 했다.

8) 앞에 나온 여섯 개의 호국이 모두 우마이야 왕조 아랍제국 통치하에 있다는 뜻으로 제5대 칼리프 압둘 말리크('Abu'd Malik, 685~705) 시대에 소그디아 지방이 모두 이슬람으로 편입되었다.

9) 혜초가 마지막으로 조우하며 낯선 종교로 여겼던 이 종교는 육조(六朝) 말에 중원 땅에 들어와 천교(祆敎)라 불렸던 종교로 혜초는 '화(火)'를 강조하여 화천교라 불렀다. 일반적으로 배화교(拜火敎)로 부르는데 조로아스터교(Zoroastrianism), 또는 자라투스트라(Zarathustra)를 말한다. 기원전 7세기경에 발호 출신의 예언자 조로아스터(Zōroatrēs)에 의해 창시된 페르시아적인 종교로 선악의 대립, 천당과 지옥이라는 응보적인 내세관, 최후의 불의 심판이란 종말론과 구세주의 등장 같은 것은 후대에 유대교·기독교·이슬람교·마니교 등에도 많은 영향을 끼쳤다고 한다.
혜초가 이 종교를 어떻게 보았느냐 하는 것은 유감스럽게도 더 이상의 언급이 없기에 알 수는 없지만, 다만, 혜초가 후에 와칸 계곡에서 읊은 시구절 중에 "불을 가지고 노래한다[伴火上肢歌]"라는 구절과 연결시켜보면 혜초가 배화교의 성지인 이란 야즈드까지 갔다가 왔고 당시 그가 직전에 지나온 지역인 소그드(트란스옥시아나) 일원에도 배화교가 성행하고 있으니, 이 종교에서 유래한 의식행위가 아닌가? 하는 정도로 비정될 뿐이다. 중국에서는 오래 전부터 회교(回敎: 이슬람) 이외에 따로 '오랑캐의 3종교[三夷敎]', 즉 천교(祆敎: 조로아스터교), 경교

승려 한 사람이 있기는 하나 그도 또한 불법을 잘 알아 공경할 줄 모른다.

이들 호국 사람들은 모두 수염과 머리를 깎고 흰 털모자 쓰기를 좋아한다. 풍속이 지극히 나빠서 혼인을 서로 뒤섞어 하여 어머니나 자매를 아내로 맞아들인다. 페르시아국도 역시 어머니를 처로 맞아들인다.10) 그리고 토화라국·계빈국·바미얀국·사률국 등에서도 형제가 열 사람이거나 다섯 사람이거나 세 명이거나 두 명이거나 함께 하나의 아내를 맞이하며 살고 각기 한 사람씩 아내를 맞이하는 것을 허락하지 않는다.11) 그것은 집안의 살림이 무너질까 염려해서이다.

(景敎: 그리스도교의 네스토리우스파), 마니교(摩尼敎)의 하나로 꼽아서 한때는 장안성에 많은 사원들과 신도들까지 생겨났다.

10) 근친혼(近親婚)의 풍속은 페르시아의 조로아스터교 신봉자들을 비롯해 일부 민족들 속에서도 유행하던 일종의 혼인제도로 혈통이나 종교의 순수성을 유지하고 재산 유출을 방지하기 위한 목적 등으로 나타났다고 한다. 혜초가 이런 이상한 풍속을 어떻게 보았는지는 본문에 잘 나타나고 있다.

11) 이른바 일처다부(一妻多夫)제도로서 특히 중앙아시아에서 성행하였다.『수서』「서역전」에 의하면 토화라국에서는 형제가 한 명의 아내를 거느리는데, 방사(房事)가 있을 때면 방 밖에 옷을 걸어 표지하며, 자식은 형에게 속한다. 그런가 하면 대월지 종족에 속하는 에프탈은 그 풍속이 돌궐과 비슷하여 형제가 아내 한 명을 취한다. 만일 형제가 없으면 처는 각이 하나의 모자를 쓰고 형제가 여럿이면 그 숫자만큼 각이 달린 모자를 쓴다.

타슈켄트 국립박물관

소그드의 수호여신 아무다리야
수호여신 아나히타 황금상

고풍스런 성벽으로 둘러싸인 우즈베키스탄의 부하라성

사마르칸트의 레기스탄 그림

키르기스스탄의 설날 풍경

우즈베키스탄 남부 테르무즈박물관

카라테페 불교 유적지

왕오천축국전

27. 페르가나

(Ferghana/ 발하나국/ 跋賀那國)[1]

또 강국으로부터 조금 동쪽은 곧 페르가나국이다. 이 나라에는

---

1) 현 우즈베키스탄의 페르가나 계곡을 말하는데, 지형적으로는 천산산맥과 기사르산맥 사이의 거대한 삼각형 분지로 천산에서 발원하는 시르다리아(Syr Darya)강의 상류 지역으로 온난한 기후와 풍부한 수량과 비옥한 토지로 인해 옛부터 목화를 비롯한 농산물이 많이 생산되는 곡창지대로 이름이 높았다. 현재는 우즈베크, 타지키스탄, 키르기스스탄 등 세 나라의 접경지대가 되어 한 마디로 복잡한 지형으로 변했다. 그래서 타슈켄트에서 기차를 타면 키르기스스탄의 호젠트(Khojent)란 도시를 거쳐서 가야 한다.

페르가나에서 『왕오천축국전』의 의문점이 하나 더 제기된다. 현재도 페르가나에서 인접국인 키르기스스탄의 오쉬(Osh)를 경유하여 토루가르트(Torugart) 고개 또는 현장이 넘어온 고개인 베델(Bedel) 고개를 넘어가면, 혜초의 목적지인 천산남로의 기점인 중국령 신장의 카슈가르가 바로 나온다. 그런데 혜초는 이 천산루트를 넘지 않고 다시 남쪽으로 내려갔다가 아프간의 와칸 계곡을 통해 파미르고원을 넘어 결국은 카슈가르에 도착하였다. 이런 경우는 여러 번 있었다. 그 이유가 무엇일까? 옮긴이는 「간다라국」조의 다음 구절 "중국 영토와 오랑캐 땅…… 돌아서 지나가지 못하여 남쪽으로 가려고 하여도 도로가 험악하고 강도들이 많다" 구절에서 찾을 수 있었다. 이처럼 파미르고원을 넘는 일은 시기와 장소에 따라 외부적인 변동이 심하기 때문에 대부분의 개별 여행자들은 위험한 곳을 통과할 때에는 정보에 밝은 대규모의 대상무리에 합류하는 것이 안전했을 것이다. 그럼으로 혜초도 마땅한 루트와 일행을 만날 때까지 여기저기 기웃대며 그 방법을 모색한 것으로 추정된다.

혜초는 첫 번째 카슈미르에서 카라코람 고개를 넘어 '서역남로'의 호탄으로, 두 번째 길깃트에서 쿤자랍 고개를 넘어 파미르고원을 넘어 총령진-타쉬쿠르간으로, 세 번째 우디야나-치트랄에서 고선지 원정로를 따라 힌두쿠시산 고개를 넘어 와칸 계곡을 경유해 역시 총령진으로, 네 번째 페르가나에서 바로 천산산맥을 넘어 바로 이른바 '현장로'를 통해 카슈가르로 넘어가려고 시도를 한 것으로 보인다. 그러나 그는 결국은 다섯 번째 길인 발호-바닥샨-와칸 계곡-쿠탈-쉬그

왕이 두 사람이 있다. 시르다르야(Syr Darya/ 錫爾河)2)강이 나라의 중앙을 지나 서쪽으로 흐르는데, 강 남쪽에 한 왕이 있어 대식국에 속해 있고, 강 북쪽에 한 왕이 있어 돌궐에 속해 통제를 받고 있다. 이 지방에서도 역시 낙타와 노새와 양과 말과 면직물 등이 난다. 의복은 가죽 옷과 면직물 옷을 입는다. 음식은 떡과 보릿가루를 많이 먹는다. 언어는 각기 달라 다른 나라와 같지 않다. 불법을 알지 못하여 절도 없고 승려도 없다.3)

난-총령진-카슈가르에 도착하였다. 이런 상황은 혜초가 인도로 들어올 때 해로를 이용하여 왔기 때문에 '파마르고원에 대한 정보가 부족했기 때문이 아닐까?' 하고 추측한다.

2) 페르가나의 한복판을 관통하여 서쪽으로 흐르는 강은 시르다리야지만, 혜초는 이를 박추대하(縛叉大河)라고 적었다.
 그러나 박추하는 현 아무다리야(Amu Darya/ 阿姆河)강을 말하기에 혜초가 이 두 강을 혼동하였거나, 아니면 지리적 착각에서 그렇게 오인한 것으로 보인다. 시르다리야강의 옛 이름은 락사르테스(Laxartes)인데, 음역하여 '약살수(藥殺水)'(『수서』·『신당서』)라 하고, 의역하여 '진주하(眞珠河)'(『신당서』)라 하였으며, 별칭으로 '질하(質河)'(『신당서』)가 있다. '락사르테스'는 소그드어 약사아르타(yaxša-arta)의 음역으로서 약사(yaxša)는 '진주'란 뜻이고, 아르타(arta)는 '참된'이란 뜻이다. 그래서 '진주하'란 이름이 생겨났다. 한편 또 하나의 소그드지방의 젓줄인 아무다리야는 『대당서역기』에는 '박추하'로 여러 차례 언급되고 있으며, 기타 한역으로는 '박차(博叉)'·'박차(薄叉)' 등으로 표기되어 있다.
3) 사마르칸트에서 284km 거리에 있는 페르가나는 옛부터 중국에 잘 알려진 명마의 산지였다. 한대(漢代)에는 페르가나를 대원(大宛) 또는 발한나(拔汗那)라고 불렀는데, 장건(張騫)의 견문에 의해 대원국의 천마가 한나라에 소개되었는데, 한 무제는 『史記』「樂書傳」漢 武帝 太初 3년(B.C. 102), 이광리(李廣利) 장군으로 하여금 대원국을 정벌하고 한혈마(汗血馬)를 가져오게 하였다. 3천 필의 명마를 데리고 귀환하자, 이에 한 무제는 기쁨에 겨워 〈서극천마가(西極天馬歌)〉를 지어 불렀다고 한다. 그 이후 페르가나와 장안 사이에는 사신이 끊이지 않았던지 『史記』「대원」조를 보면 사신들의 왕래가 빈번했는지를 알 수 있게 한다.
 페르가나에서 키르기스스탄의 오쉬(Osh)시를 통해 천산산맥의 베델 고개, 또는 토르가트 고개를 넘으면 바로 카슈가르가 나온다. 이 길이 옛 실크로드의 천산북로의 갈래길로서 옮긴이가 분류한 '현장로(玄奘路)'에 해당되며 옮긴이도 직접 넘나든 루트이다.

왕오천축국전

28. 쿠탈

(Khuttal/ 골돌국/ 骨咄國)[1]

또 이 페르가나국의 동쪽에 한 나라가 있으니 이름이 쿠탈국이다. 이 나라 왕은 본래 돌궐의 종족이고 백성의 반은 호족이고 반은 돌궐족이다. 이 지방에서는 낙타와 노새와 양과 말과 당나귀와 면직물과 담요 등이 난다. 의복은 면직물과 가죽옷을 입는다. 언어는 주민의 절반은 토화라 말을 하고 절반은 돌궐 말을 하고 절반은 본토의 말을 한다. 왕과 수령과 백성들은 삼보를 공경하고 신봉하여 절도 있고 승려도 있다. 소승이 행해진다. 이 나라는 대식국의 속국으로 통제를 받고 있다. 외국에서는 비록 이 나라를 한나라라고 하나, 실은 중국의 한 개의 큰 주(州)와 비슷하다. 이 나라의 남자는 수염과 머리를 깎고 여자는 머리를 기른다.

---

[1] 현 타지키스탄의 수도 두샨베(Dushanbe)의 동남부에 있는 쿨랴프(Kulyab/ 箇羅勃)로 비정되고 있으며, 중국 쪽 자료에는 '골토(骨吐)'(『책부원구』), '골탈(骨咄)'과 '가탈라(珂咄羅)'(『신당서』), '가탈라(珂咄羅)'(『대당서역기』) 등으로 나타난다.

왕오천축국전

29. 투르크

(Turq/ 돌궐/ 突厥)[1]

또 이 호국들로부터 북쪽으로는 북으로 북해에 이르고 서쪽으로는 서해에 이르며[2] 동쪽으로는 중국에 이른다. 북쪽은 모두 돌궐족이 사는 영역이다. 이들 돌궐족은 불법을 알지 못하여 절도 없고 승려도 없다. 의복은 가죽과 모직 상의를 입고 고기를 먹는다. 성곽도 없고 일정한 주거가 없으며 천막을 쳐서 집으로 사용하여 가고 머무는 대로 가지고 다니면서 물가와 초원을 따라 산다. 남자는 수염과 머리를 모두 깎고 여자는 머리를 기른다. 언어는 여러 나라와 같지 않다. 그 나라 사람은 살생을 좋아하고 선악을 잘 모른다. 그 땅에서는 낙타와 노새와 양과 말 등이 많이 난다.

---

1) 돌궐은 흉노에 이어 두 번째로 통일 유목제국을 세워 약 200년 동안 중앙아시아를 중심으로 한 광활한 지역에서 유라시아의 주요 세력으로 활동하던 민족으로 이에 대하여는 많은 자료를 검색할 수 있고 정수일의 역주에도 자세하기에 생략한다.
2) 북해(北海)는 아랄해를, 서해(西海)는 지중해를 지칭한다.

왕 오 천 축 국 전

30. 와칸

(Wakhan/ 호밀국/ 胡蜜國)[1]

또 토화라국으로부터 동쪽으로 7일을 가면 호밀국의 왕이 사는 성에 이른다. 마침 토화라국에서 왔을 때 서번(西蕃)[2]에 가는 중국

---

1) 현 아프간 동북부의 와칸 계곡 속의 나라들을 가리킨다. 2011년 미국 무역센터 폭파범으로 공개수배를 받아온 빈라덴이 오랫동안 토굴에서 숨어 지낼 정도로 심심협곡 지형이지만, 파미르고원과 서역을 잇는 직행로이기에 역사적으로 많은 유래가 얽혀 있는 유명한 구법로이자 대상로이다. 그리고 옮긴이는 이곳이 혜초가 2수를 남긴 명작의 무대이기에 2002년 단신으로 근처 쿤두즈(Kunduz)까지는 접근했지만 총칼 앞에서는 어쩔 수 없어서 돌아서고 말아 유일하게 돌파해 보지 못한 곳이기도 하다.
   5~6세기 많은 순례승들이 이 길을 따라 오갔으며, 747년 고선지(高仙芝)가 소발률(小勃律)을 정토할 때 이 호밀을 지나갔다. 13세기 후반 마르코 폴로도 토화라로부터 이곳을 지나 파미르고원을 넘어 동진을 계속했으며, 1913년 스타인의 제3차 중앙아시아 탐험도 예외 없이 이곳을 지나 파미르고원을 넘어서야 신강지방에 이르렀다. 이와 같이 지리상 전략상 요충지에 있는 호밀은 일찍부터 여러 세력의 각축장이기도 하였다.
   이 나라의 명칭은 호밀을 비롯하여 '휴밀(休密)'(『후한서』), '발화(鉢和)'(『위서』·『북사』), '호밀단(胡密丹)'(『양서』), '호밀(護密)'(『당서』·『오공행기』), '달마실철제(達摩悉鐵帝)'(『대당서역기』), '호멸(胡䧉)'(혜림의 『일체경음의』) 등 여러 가지로 음사되고 있다. 이러한 음사는 모두 현지인들이 쓰는 산스크리트 '와카나(Wakhana)'에서 유래한 것이라 한다. 다만 '달마실철제'는 이란어 '다리마스티(Dar-i-masti)'에서 전사된 것이라고 한다. 중국 측 자료『위서』「서역전」에는 "발화국(鉢和國)은 갈반타 서쪽에 있는데, 대단히 춥고 사람과 가축이 함께 땅굴 속에서 산다. 큰 설산이 멀리서 보면 눈 덮인 봉우리처럼 보인다. 사람들은 빵과 보릿가루만 먹고 보리술을 마시며 모직외투를 입는다. 이곳에는 두 길이 있는데 한 길은 서쪽의 에프탈로 향하고, 다른 한 길은 서남쪽의 에프탈이 통치하는 우디야나(烏萇)에 이른다." 또한 『신당서』「서역전」에는 호밀국의 위치와 물산 등 사신을 만났다. 그래서 간략하게 넉 자의 운자(韻字)를 써서 오언시를 지었다.

> 그대는 서번 길이 멀다고 한탄하나
> 나는 동쪽 길이 먼 것을 슬퍼하노라.
> 길은 거칠고 산마루에는 눈도 많이 쌓였는데
> 험한 골짜기에는 도적 떼도 많구나.
> 새도 날아오르다 깎아지른 산에 놀라고
> 사람은 좁은 다리 지나가기 어렵구나.
> 한 평생 살아가며 눈물 흘리지 않았는데
> 오늘 따라 천 줄기나 뿌리는구나.

겨울날 토화라에 있을 때 눈을 만나서 그 감회를 오언시로 읊었다.

> 차가운 눈 더미는 얼음과 합쳐 얼었고
> 찬바람은 땅이 갈라지도록 매섭구나.
> 큰 바다는 얼어붙어 평평한 제단이 되고
> 강물이 낭떠러지를 자꾸만 깎아 먹네.
> 용문(龍門)3)에는 폭포까지 얼어붙어 끊기고

에 관해 다음과 같은 내용으로 비교적 소상히 밝히고 있다. 또한 송운과 혜생(惠生)도 신구(神龜) 2년(519) 9월 중순경에 이곳을 지났다. 그들도 앞 『위서』의 내용과 비슷하게 기술하였는데, "이 나라 남쪽 국경에 있는 큰 설산은 마치 구슬로 덮인 봉우리처럼 보인다"고 하였다.

2) 고유지명이라기보다는 '서쪽의 이역'이란 뜻으로 '번(蕃)'은 '외국'·'이역'·'이민족'이란 뜻이다. 호밀국으로 가는 도중 만난 사신이 '입번(入蕃)'한다는 것은 다분히 호밀국 이서로 간다는 것으로 이해된다.

3) '용문(龍門)'은 중국 산서성(山西省)과 섬서성(陝西省)에 걸쳐 있는 지명으로 전설에 의하면 하(夏)나라 우(禹)가 황하 물을 여기로 끌어왔는데, 황하의 물고기들

정구(井口)에는 얼음이 뱀처럼 서렸구나.
불을⁴⁾ 가지고 땅 끝에 올라 노래하니
파미르⁵⁾고원을 어찌 넘을 것인가?

이 호밀국왕은 병마가 미약하여 스스로 나라를 지킬 수 없기 때문에 대식국⁶⁾의 통치를 받고 있어 해마다 비단 3천 필을 바친다. 산골짜기에 살고 있어 주거가 협소하고 백성들은 가난한 사람이 많다.⁷⁾ 의복은 가죽옷과 모직 상의를 입으며 왕은 비단과 면직 옷을 입는다.

이 여기를 넘어 올라가면 용이 되고, 올라가지 못하면 이마에 점이 찍히고 뺨이 햇볕에 쪼여 죽는다고 하여서 '등용문'의 어원이 되었다.

4) 이 대목에 '伴火上胲歌'에 대한 해석은 겨우 글자풀이는 할 수 있지만, '불을 가지고 노래한다'의 의미는 오리무중으로 옮긴이에게 풀리지 않는 화두로 남아 있는 구절이다. 다만, 혜초가 배화교의 성지인 이란 야즈드까지 갔다가 왔고 당시 그가 직전에 지나온 소그드(트란스옥시아나)에도 성행하고 있으니, '이 종교에서 유래한 의식행위가 아닌가?' 하는 정도로 비정될 뿐이다.

5) 범어에서의 파미르(pamir)는 '거친 황야'를 뜻하고, 페르시아어로는 '평평한 지붕'이라는 의미라고 하는데, 그렇다면 현재 일반적으로 쓰이는 '세계의 지붕' 뜻과 어원은, 범어의 '음'에 페르시아어의 '뜻'이 혼용되어 고착화된 것으로 보인다. 파미르고원은 힌두쿠시, 카라콜룬, 히말라야, 쿤룬, 천산산맥 등 아시아의 거대 산맥들을 거느리고 있는 곳으로 동서 문명교류의 대동맥인 실크로드 오아시스 육로의 필수 경유지로써 오아시스 남·북 양도가 이곳을 지난다. 그리고 구법승들과 탐험가들을 비롯한 많은 왕래자들이 이곳을 목격하고 쓴 귀중한 기록들이 적지 않게 남아 있어 그 실태를 전해주고 있다.

6) 대식국이란 이슬람세력을 의미하기에 당시 혜초가 이곳을 지날 때 이슬람이 깊숙이 동점했음을 알 수 있게 해준다. 호밀(胡蜜)이 대식에게 해마다 비단 삼천 필을 세금으로 공납한다고 하는데, 당대에 한 마리가 비단 40필 값어치이니 삼천 필이면 말 75마리에 해당된다.

7) 협곡 중의 호밀국의 상황을 말하는 것으로 현장도 귀로에 『대당서역기』 권12에 달마실철제국(達摩悉鐵帝國)이라 부르며 역시 "두 산 사이에 있으며 동서가 1,500~1,600여 리이고 남북은 4~5리, 좁은 곳은 1리도 채 안 된다고 한다. 이 나라의 북측에는 와칸산맥이 있고, 남측은 힌두쿠시산맥의 동단과 접해 있으며, 6천 미터 이상의 고산준령이 동서를 가로지른다. 두 고산 사이로 옥서스(烏滸河), 즉 아비판즈(Ab-i Pānj)강이 흐르며 강안은 가파른 절벽이다"라고 기술하고 있다.

힌두쿠시산맥의 계곡

　음식은 오직 떡과 보릿가루를 먹는다. 이 지방은 매우 추워 다른 나라보다 심하다. 언어도 다른 여러 나라와 같지 않다. 양과 소가 나는데 아주 작고 크지 않으며 말과 노새도 있다.
　승려도 있고 절도 있어서 소승이 행해진다. 왕과 수령과 백성들이 함께 불법을 섬겨서 다른 종교에는 가지 않으므로 이 나라에는 다른 종교는 없다. 남자는 수염과 머리를 깎고 여자는 머리를 기른다. 산 속에서 사는데 산에는 나무와 물도 없고 여러 가지 풀도 없다.

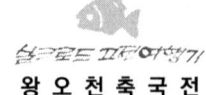

왕오천축국전

31. 슈그난

(Shugnan/ 식닉국/ 識匿國)[1]

또 호밀국 북쪽 산 속에는 아홉 개의[2] 식닉국이 있다. 아홉 왕이 각기 군대를 거느리고 사는데, 그중에 한 왕은 호밀국왕에게 예속되어 있고, 나머지는 다 독립해 있어 다른 나라에 속해 있지 않다.

그 근처에 두 명의 석굴 속에서 사는 왕이 있는데 중국에 투항하여 안서(安西)도호부까지 사신을 보내어 왕래가 끊어지지 않는다.

---

1) 현재의 와칸계곡 건너편의 파미르고원 서남쪽의 경사면 일대인 슈그난(Shugnan)을 가리킨다. 현재 타지키스탄의 고르노 바닥샨주(GBAO)에 속해 있는데, 그 중심지인 현 호르그(Khorg)에서 동쪽에서 흘러내려오는 군트(Gunt)강을 따라 형성되어 있다. 혜초는 귀국길에 이곳을 직접 방문한 것으로 보기보다 주위들을 정보를 기록한 것임으로 혜초의 귀국로는 이른바 「부록: 대실크로드의 주요 루트와 파미르고원을 넘는 갈래길」(#9-3번의 와칸남로)을 지나갔음을 의미한다. 그러나 현장은 와칸북로를 지나갔기에 직접 이곳을 통과한 것으로 비정되는 곳과 비교된다.

이곳의 사료는 비교적 풍부하다. 『신당서』 권221하 「식닉전」에는, "식닉국은 동남쪽에서 곧 바로 경사(京師)까지는 9천 리이고 동북방 5백 리에는 수착소(守捉所)가, 남방 3백 리에는 호밀이, 서북방 5백 리에는 구밀(俱密)이 있다. 최초의 치소는 고한성(苦汗城)이었으나 후에는 산골짜기 이곳저곳으로 옮겼다. 큰 골짜기 다섯 개가 있는데, 각자 수장이 다스리고 있어서 오식닉(五識匿)이라고 한다. 운운"을 보면 골짜기에 흩어져 사는 산악국가로 현재도 같은 상황이다.

이곳의 위치는 티베트어로 된 『돈황연대기(敦煌年代記)』에, 시그닉(Shignig)·쉬키난(Shikinān)·쉬끼난(Shiqinān) 등에 근거를 두고 있었는데, 그 음과 위치와 지형이 현 슈그난 지방과 정확하게 일치하고 있기 때문이다.

2) 혜초가 말한 9개 왕국은, 아마도 『신당서』 권221하 「식닉전」에 언급된 '오식닉', 즉 5개의 식닉국과 파밀천의 4개 골짜기에 있었을 법한 4개 식닉국을 합쳐 이른 말이라고 생각된다.

왕과 수령만 면직 옷과 가죽옷을 입고 나머지 백성들은 가죽옷에 모직 상의를 입는다.

  날씨가 매우 춥다. 눈으로 덮인 산 속에 사는데 다른 나라와 같지 않다. 산물로는 양과 말과 소와 노새가 있다. 언어는 각기 달라 다른 나라와 같지 않다. 그 나라 왕은 항상 200~300명의 백성을 파밀천에 보내어 무역하는 호족을 덮쳐서 물건을 **빼앗**는데 거기서 **빼앗**은 비단을 창고에 쌓아 두고 못쓰게 되도록 내버려두고 옷을 지어 입을 줄을 모른다. 이 식닉국에는 불법이 없다.

왕오천축국전

32. 타쉬쿠르간

(Tashkurghan/ 탑십고이간/ 塔什庫爾干/ 총령진/ 葱嶺鎭)[1]

또 호밀국에서 동쪽으로 15일을 가서 파밀천(播蜜川)[2]을 넘으면

---

[1] 현 중국령 신장(新疆)위구르와 파키스탄의 접경도시인 타쉬쿠르간으로, 파키스탄과의 연결도로인 카라코람 하이웨이(KKH)의 국제버스가 다니는 출발 지점이기도 하다. 와칸(Wakhkhān) 계곡으로 연결되는 사리콜(Sar-i Kol) 계곡에 위치한 국경요새로 당 현종 개원 연간에 설치한 총령수착소(葱嶺守捉所)가 설치된 곳으로 옛부터 서역과 중국 간의 필수 경유지로 국경을 지키던 군사들이 주둔하던 이 산성은 시내에서 2km 거리에 석두성(石頭城)이란 이름으로 불리며 현재까지 성벽이 남아 있다.
총령의 유래는 "총령은 돈황 서쪽 8천 리 거리에 있는 높은 산인데, 산상에서 파(葱)가 나므로 옛날에 총령이라고 하였다고 한다"라고 한 것을 보면 파(葱)에 관련된 지명으로 현재까지도 파미르고원의 설선(雪線) 이상의 암석 틈에서 야생 파가 자라고 있다고 하니 이 유래가 신빙성이 있다고 하겠다. 현장도 이 지명에 대하여 "땅에서는 파가 많이 나므로 총령이라 부른다"고 하였다.

[2] 범어에서 파미르(pamir)는 '거친 황야'를, 페르시아어인 바미둔야(Bam-i-dunya)는 '평평한 지붕'이라는 의미라고 한다. 그렇다면 현재 일반적으로 쓰이는 '세계의 지붕' 뜻과 어원은, 범어의 '음'에 페르시아어의 '뜻'이 혼용되어 고착화된 것으로 보인다. 파미르고원은 힌두쿠시, 카라코룸, 히말라야, 쿤룬, 천산산맥 등 아시아의 거대 산맥들을 거느리고 있는 곳으로, 동서 문명 교류의 대동맥인 실크로드 오아시스 육로의 필수 경유지로써 오아시스 남·북 양도가 이곳을 지난다. 그리고 구법승들과 탐험가들을 비롯한 많은 왕래자들이 이곳을 목격하고 쓴 귀중한 기록들이 적지 않게 남아 있어 그 실태를 전해주고 있다.
옛부터 파미르고원을 횡단하는 길은 여러 가지가 있다. 우선 와칸 계곡에서 총령에 이르는 길은 아비판자(Ab-i Panja)강 남안을 따라 동행하는 길인데, 칼라판자(Kala Panja) 부근에 이르면 동북쪽에서 흘러오는 파미르강과 마주친다. 여기서 길이 물길을 따라 두 갈래로 나뉘는데, 남도는 아비판자강을 따라 동행하여 와크지르(Wakhjir) 골짜기와 소파미르를 지난 후 계속 와크지르강 남안을 따라 전진하면 패이극에 이른다. 여기서 다시 북쪽으로 타쉬쿠르간강을 따라 동행하면 드

시가지 인근의 옛 총령수착소였던, 폐허가 되었지만 현재까지도 성벽이 남아 있는 석두성

바로 [중국 관할인] 총령진에 도착한다.[3] 이곳은 중국에 속한 지역으로 지금 중국 병력이 지키고 있다. 이곳은 옛날의 왕이었던 배성

> 디어 총령에 도착한다. 일반 여행자들은 대게 이 남로를 택하는데, 송운(宋雲) 일행이 택한 길이다. 이에 비해 북도는 파미르강을 따라 북동쪽으로 가서 대용지(大龍池/ 鵝湖), 즉 빅토리아 호수와 대파미르를 지난 후 의사적극락를 따라 직진하면 타크테미스벡(Takhtemisbeg)에 도착한다. 여기서 다시 동남쪽으로 신디(Sindy)에 이른 후 동북쪽으로 방향을 바꾸어 가면 총령에 도착하는데, 바로 현장과 혜초가 이 북로를 택하였다. 한편 현장은 파미라천(波謎羅川)으로 기록하고 있다. 역으로 총령에서 파미르를 넘자면 와칸(Wakhkhān) 계곡으로 연결되는 사리콜(Sar-i-Kol) 계곡으로 가서 위의 두 가지 루트 중의 하나를 고르면 된다.

3) 파키스탄의 길깃트에서 쿤제랍(Khunjerab, 4,730m) 고개를 넘어 카슈가르에 이르는 총 700km의 도로를 '카라코람 하이웨이(KKH)'라 부르는데, 이 도로는 1986년부터 외국인에게도 열렸다. 이 '국제버스'를 타면 타쉬쿠르간(竭盤陀; 石城; 蔥嶺鎭)에서—카슈가르는 290km, 쑤스트 215km, 길깃트 410km—입·출국 수속을 하고 다음 날 상대국 쪽 버스를 바꿔 타면 된다.

중국령 신장(新疆)위구르와 파키스탄과의 연결도로인 카라코람 하이웨이(KKH)

(裴星)4)의 나라 땅이었으나 그 왕이 배반하고 토번으로 달아나 투항하였음으로 지금 이곳에는 백성들이 없다. 외국인들은 갈판단국(渴飯檀國/ Garpand)5)이라고 부르나 중국에서는 총령진이라고

---

4) 배성이란 인물은 소륵 왕족 출신으로서 갈반단국을 통치하다가 토번으로 도주하였다고 사료에 나타난다. 『신당서』「서역전」에는 "소륵은 일명 구사(佉沙)라고 하는데, 왕의 성은 배씨(裴氏)로 가사성(迦師城)에 살고 있으며, 일명 한타(漢陀) 또는 갈관단(渴館檀)이라고 하는 갈반타(喝盤陀)의 왕은 소륵인으로서 대를 이어 계위하였다고 한다." 그가 토번으로 도망친 것은 토번이 파미르 경유 루트를 개척하여 서역으로 진출할 때의 상황을 말한다.
옮긴이의 『티베트의 역사산책』에는 다음과 같이 기록되어 있는데, 당 고종과 토번 34대 임금인 망룬망첸과의 패권다툼 당시에 "토번군은 드디어 서역 공략에 나선다. 다음 해인 670년, 토번의 명장 가르친링은 당의 속주인 창[羌] 12주를 점령하고 다시 기련(祁連)산맥을 넘어 돈황을 제외한 '서역사진(西域四鎭)'인 옌치[焉耆], 쿠차[龜玆], 호탄[于田], 카슈카르[疎勒] 등을 비롯하여 18주를 공격, 점령하여 실크로드의 대부분을 장악하게 된다."

부르고 있다.

5) 갈반단국의 최초의 기록은 『위서』 「서역전」에서 찾아볼 수 있는데, 거기에 갈반타국(渴槃陁國)은 총령 동쪽, 주구파(朱駒波) 서쪽에 있는데, 강이 이 나라를 지나 북동쪽으로 흘러가고 높은 산이 있으며 여름에도 서리와 눈이 내리고 불도를 섬기며 에프탈에 복속되어 있다고 하였다.
또한 『양서』 「서북제융전(西北諸戎傳)」에는, "우전(于闐)의 서쪽에 있는 작은 나라로서 서쪽은 활국(滑國)에, 남쪽은 계빈에, 북쪽은 사륵(沙勒)과 접경해 있으며, 산 중에 있는 치소는 성 둘레가 10여 리나 된다. 이 나라에는 열두 개의 성이 있으며 풍속은 우전과 비슷하다.
『신당서』 「갈반타국전(喝盤陀國傳)」에도 다음과 같은 내용의 기사가 있다. "소륵(疎勒) 서남쪽에서 검말곡(劍末谷)과 불인령(不忍嶺)에 들어선 후 600리를 가면 갈반타국에 이르는데, 과주(瓜州)에서 4,500리 거리에 있는 이곳은 주구파(朱俱波)의 서쪽에 위치하여 그 남은 현도산(懸度山), 북은 소륵, 서는 호밀(護密), 서북은 판한국(判汗國)에 면해 있다. 군사는 천 명이고, 왕은 본래 소륵인이다. 총령은 속칭 극억산(極嶷山)이라고 하는데 이 나라를 에워싸고 있다. 사람들은 근기가 있고 외형이나 말은 우기와 같다. 후위(後魏) 태연(太延) 연간(435~439)에 중국과 통교하기 시작하였으며, 정관 9년(635)에 사신을 보내 조공하였다. 개원 연간에 당은 이 나라를 정토하여 안서의 가장 서변 초소인 총령수착(葱嶺守捉)을 이곳에 설치하였다."
현장도 역시 '갈반단국(渴飯檀國)'이라 부르며 "둘레는 2천여 리인데 나라의 큰 도성은 거대한 암석으로 이루어진 산봉우리에 자리 잡고 있고 사다하(徙多河)를 등에 지고 있으며 둘레는 20여 리에 달한다. 산봉우리가 서로 이어져 있고 강과 초원은 좁다"라고 그 지형을 묘사하고 있다.

왕오천축국전

33. 카슈가르

(Kashgar/ 객십/ 喀什/ 소륵/ 疎勒)[1]

또 총령에서 걸어서 한 달을 가면 소륵에 이른다. 외국인들은 카슈가르국[伽師祇離國][2]이라고 부른다. 이곳도 중국 군대가 지키고 있다. 절도 있고 승려도 있으며 소승이 행해진다.[3]

---

1) 현 신장위구르의 끝자락의 국경도시인 카슈가르로 동서교통의 요충지로서 서로는 파미르고원을 넘어 서역과 천축에 이르고, 동으로는 사막을 지나 옥문관과 양관을 거쳐 장안에 이른다. 한 무제 때 서역통로가 열린 이래 급속히 발전하여 서역 36국 중 일국으로 중요시되어 지금까지도 그 명성을 유지하면서 파키스탄, 키르기스스탄, 타지키스탄 등과 국경을 맞대고 있다. 옛 자료에는 소륵(疏勒)·객십갈이(喀什噶爾)·가사라서(迦舍邏逝)·구사(佉沙)로 표기되어 왔다. 현재의 이름은 중국인들은 '커스'로 현지민들은 '카슈가르'로 부른다.

2) 『왕오천축국전』을 발견하고 세상에 소개한 프랑스의 펠리오(P. Pelliot)도 다음과 같이 예외적으로 다른 여행기와 다르게 혜초가 현지명을 한자로 음역해 놓은 점을 크게 평가하고 있다.
"혜초는 우리에게 8세기 전반기 인도에서의 불교의 상황을 전해주고 있다. 특히 서북인도, 아프가니스탄, 러시아령 투르케스탄, 중국령 투르키스탄에 관해서는 다른 기록에서는 볼 수 없는 지식을 많이 제공해준다. 중복되는 말이지만 그는 중앙아시아제국의 명칭을 통상적인 중국식 명칭과 함께 현지명을 기록해 놓고 있다. 예를 들면 '소륵'을 실제의 호칭인 '카슈가르[伽師祇離國]'로 적은 일이다. 이 점은 이 방면의 첫 번째이며 또한 마르코 폴로나 몽골시대의 기록보다 5세기나 앞서는 것이다."

3) 혜초는 불교가 왕성한 곳에는 '족사족승(足寺足僧)' 같은 표현을 즐겨 사용하고 있지만, 어떤 곳에서는 '유사유승(有寺有僧)'이라고 하여 불교의 상황을 은유적으로 표현하고 있다. 서역북로의 끝인 카슈가르에서는 대승불교가 유행하였던 것을 알려주는 구절이 있는데, 바로 유명한 역경승 구마라집(鳩摩羅什)에 대한 것이 바로 그런 예이다. "구마라집은 원래 소승불교를 신봉했으나 어머니를 따

카슈가르 근교의 유일한 불교유적인 당대의 모르불탑

고기와 파, 부추 등을 먹으며[4] 토착인은 면직 옷을 입는다.[5]

라 천축에서 돌아오는 길에 카슈가르에서 1년 동안 체류하면서 그는 사차(莎車) 왕자 야리소마(耶利蘇摩)를 가르쳤다고 한다." 그 후 그는 "내가 지난날 소승을 배운 것은 마치 사람이 황금을 알아보지 못한 것과 같다"라고 하며 소승을 따른 것을 후회하고 대승에 몰입하였다. 이는 4세기경 소륵에서 대승이 성행하고 있었음을 말해준다.

4) 불교 승려들에게 계율로 금지된 먹거리로 '육식'과 '오신채'가 있는데, 혜초는 여러 곳을 돌아다니며 같은 불교이지만, 지방마다 금지품목이 다른 것에서 큰 혼란을 느낀 대목이 여러 번 보인다.
5) 실크로드에서의 카슈가르가 차지하는 비중에 비교하면, 혜초의 기록은 너무나 간략하다. 지금 이곳에서 불교의 체취를 찾아볼 수 있는 유일한 곳은 서쪽 교외에 있는 '모르불(莫尒佛塔)'뿐이다.

왕오천축국전 역주 157

왕오천축국전

34. 쿠차

(庫車/ Kucha/ 구자/ 龜玆)[1]

또 이 카슈가르로부터 동쪽으로 한 달을 가면 쿠차국에 이른다. 이곳은 안서대도호부(安西大都護府)[2]로서 중국 군대가 크게 집결

---

1) 현 쿠차[庫車]를 말하는 것으로 그 이름은 역사적으로 비교적 통일되어 있는데, 대부분의 정사나 『고승전』 등 불전에는 '구자(龜玆)'로 표기되어 있다가. 원대에 이르러서는 회골어(回鶻語) 'Küsän'의 음역의 영향을 받아 청대 건륭제(乾隆帝) 때 현재 사용하는 '고차(庫車)'로 개명하였다. 그러나 현장은 굴지(屈支)로 사용하였다. 쿠차는 서한 때 서역 36개국 중 9대국의 하나로 알려졌는데, 『한서』 「서역전」에는 "구자국의 치소는 장안에서 7,480리 거리에 있는 연성(延城)이다. 6,970호에 인구 81,317명과 군사 21,076명을 보유하고 있다"라고 기록하고 있다. 쿠차의 전략적 중요성 때문에 한나라 이후 당대에도 중시하여 안서 사진을 총괄하는 주둔군 사령부인 '안서도호부'를 설치하였다. 고선지 장군이 도호로 재직했을 때의 주둔지도 바로 쿠차이다. 현재는 옛 성터의 유지와 봉화대 정도만 남아 있다.

2) 안서도호부는 당대 여섯 도호부의 하나로 서역북로상의 여러 나라를 관리하고 서방과의 교역을 확보하며 천산산맥 이북으로부터 유목 세력의 압력을 차단하기 위하여 설치하였다. 그 주둔지는 정세의 변화에 따라 주로 고창(高昌)과 쿠차 사이를 오갔는데, 640년 당나라는 국씨(麴氏) 고창국(高昌國)을 멸하여 수도 고창을 서주오현(西州五縣)으로 개명하고 거기에 안서도호부를 설치하였다. 그러다가 648년에 이 도호부를 쿠차로 이전했다가 3년 후인 651년에 다시 고창으로, 다시 658년에는 쿠차로 되돌아갔다가, 670년 티베트의 서역 진출로 인해 다시 고창으로 옮겼다. 692년에 다시 쿠차로 돌아갔다가, 755년 안사(安史)의 난이 일어날 때까지 쿠차에 머물러 있었다. 그래서 727년 혜초가 쿠차에 들렀을 때 도호부는 이곳에 있었던 것이다.

안서도호부 관할에는 네 개의 주요한 지점인 소륵·고차·우전·언기에 병력을 주둔시켰는데, 이것을 '안서 4진(安西四鎭)'이라고 한다. 그러다가 679년에 당 군이 천산 지방 너머의 이시쿨 호수변의 쇄엽(碎葉/ Suy-ab), 현 키르기스스탄의

쿠차 키질천불동과 구마라집

하는 곳이다. 절도 많고 승려도 많은데 소승이 행해진다. 고기와 파 부추를 먹는다. 중국인 승려는 대승을 행하고 있다.3)

옛 안서도호부의 주둔지였던 쿠차고성 유적지를 알리는 표시

토크마크(Tokmark)를 점령하였는데, 이를 계기로 언기를 배제하고 대신 쇄엽을 4진에 포함시켰다. 당시 진병(鎭兵)은 총 3만 명에 달하였다. 그러나 북방 유목 세력의 저항으로 인해 719년 당나라는 쇄엽진을 포기하고 언기를 다시 4진에 회복시켰다.

3) 쿠차는 예향으로 특출한 기여를 하였는데, 춤과 노래는 중국뿐 아니라 해동반도와 일본에까지 큰 영향을 미칠 정도였다.
  최치원(崔致遠)은 『향악잡영(鄕樂雜詠)』 5수(五首)에서 "사자춤은 바로 쿠차에서 전래된 것이다"라고 하였다.

왕 오 천 축 국 전

35. 호탄

(Khotan/ 우전/ 于闐)[1]

또 안서를 떠나 남쪽으로 호탄국까지 2천 리를 가면[2] 역시 중국

---

[1] 현 신강위구르자치구 우전(于田) 또는 화전和田)은 서역남로상의 요지에 위치한 오래된 나라로 기원전 138~126년 장건(張騫)이 처음으로 서역으로 갈 때 이미 잘 알려져 있었다. 『한서』「서역전」에는 "우전국(于闐國)은 장안으로부터 9,670리 거리에 있으며 가구 3,300호에 인구 19,300명, 군사 2,400명을 가지고 있다. (…중략…) 옥석(玉石)이 많고 서쪽으로는 피산(皮山)까지 380리이다"라고 하였다. 또한 법현도 역시 우전국(于闐國)이라 부르며 "불법과 악무를 동시에 즐기고, 승도가 수만 명이며 대부분 대승학(大乘學)을 따른다"고 하였으며, 『송운행기』에는 불법을 불신하던 우전왕이 어떻게 불교에 귀의하여 독실한 불자가 되었는가 하는 과정을 서술하고 있다. 현장도 귀로에 이곳을 구살단나국(瞿薩旦那國)이라 부르며, "불법을 숭상하고 가람 수백 소에 승도 오천여 명이 있으며 대부분 대승법을 따르고 있다"고 기록하고 있다.

[2] 옥의 산지로 유명한, 현 호탄은 서역남로의 요충지로 혜초의 귀향 루트인 서역북로와는 완전히 루트가 다른 길이고 거리도 2천여 리나 되는데, 어째서 혜초는 쿠차와 엔지 사이를 가다가 갑자기 호탄으로 행선지를 바꾸었는지에 대해서는, 학계에서는 아직까지도 의문으로 남아 있기에 그래서 혜초가 호탄을 가보지 않고 전해들은 전문국(傳聞國)으로 분류하고 있다.

그러나 혜초가 안서와 호탄에 대하여 다방면으로 자세히 기록한 것을 보아서는 쿠차 근처에서 오래 머문 것으로 보이기에 구법승들의 순례기에서 빠짐없이 등장하는 호탄을 비롯하여 안서사진을 모두 구경해보리라는 마음으로 2천리나 되는 호탄을 타클라마칸 사막을 건너서 갔다가 도로 쿠차로 왔을 것이라는 가설을 완전히 배제할 수 없어 보인다.

옮긴이 역시 그 루트를 따라 사막을 가로 지르는 직행로를 따라 답사를 해본 결과 그 가설의 가능성에 무게를 주게 되었다. 혜초의 기록에서 나타나는 이런 이른바 '튀는 행동'은 후학으로 하여금 좀 헷갈리게 하지만, 묘한 화두를 던지는 것 같아 그의 길을 따라 걷는 이들을 긴장시키고 있다.

혜초처럼 서역남북로를 종횡무진으로 누빈 탐험가는 스벤헤딘(Sven Hedin,

옥의 산지로 유명한 호탄의 생산지인 호탄강

군대가 지키고 있다. 절도 많고 승려도 많아 대승이 행해진다.3) 이들은 고기를 먹지 않는다. 여기서부터 동쪽은 모두 당나라의 땅이다. 누구나 다 알고 있어 말하지 않아도 다 안다.

1865~1952)인데, 스승인 F. 리히트호펜의 영향을 받아 중앙아시아 탐험을 목표로 삼아 누란(樓蘭)유적을 발굴하여 많은 고문서를 발견하였다.

3) 현 호탄은 곤륜산계(崑崙山系)인 티베트고원으로부터 북쪽으로 흐르는 동쪽의 위룽카시 다리야(Yurung Kash Darya/ 白玉河)와 서쪽의 카라카시 다리야(Kara Kash Darya/ 黑玉河)와의 사이에 위치한 비옥한 지역이다. 이 두 강은 이윽고 사막에서 합류하여 호탄하[和田河]라고 불린다. 현재의 신 호탄은 백옥하에 가까운 지점에서 동쪽의 회성(回城)과 서쪽의 한성(漢城)으로 이루어져 있고 구 호탄은 지금의 한성(漢城/ 新城)의 서문으로부터 약 5마일 떨어진 지점에 있는 작은 부락이 산재한 폐허에 해당한다.

호탄의 바자르와 다양한 옥도 볼 만하였지만, 역시 호탄 최대의 관심거리는 역시 기원전후에 번성했던 오아시스도시였던 고대 정절국(精絶國)의 유적지인 니야(尼耶)이다. 20세기 초 영국의 스타인(Steien) 탐험대에 의해 3차에 걸쳐 발굴된 니야 유적지에는 '카로슈티(Kharosthi)'문자로 된 목간(木簡)을 비롯하여 수많은 고대 실크로드의 유물들이 모래 속에서 그 실체를 드러내었다.

개원(開元) 15년(727)⁴⁾ 11월 상순에 안서(安西)⁵⁾에 이르렀는데 그때의 절도대사(節度大使)는 조군(趙君 安西副都護 趙頤貞)⁶⁾이었다. 또 안서에는 중국인 승려가 주지로 있는 절이 두 곳이 있고 대승이 행해져 고기를 먹지 않는다. 대운사(大雲寺)⁷⁾ 주지는 수행(秀行)으로 설법을 잘하는데, 전에 장안 칠보대사(七寶臺寺)의 승려였다. 또 대운사의 도유나(都維那)⁸⁾는 의초(義超)로 율장(律藏)을 잘 아는데, 전에 장안 장엄사(莊嚴寺)의 승려였다. 대운사의 상좌(上座)는

---

4) 개원은 당 현종(玄宗)의 연호로 〈727년 11월 상순〉에 안서에 돌아왔다는 구절은 혜초사문의 연보에서 아주 귀중한 자료에 해당된다. 이 구절로 인하여 703년 출생이라는 가설을 만들 수 있었기 때문이다.

5) 여기의 안서는 현 감숙성의 안서현이 아니라 당의 안서도호부가 주둔하고 있던 곳인 신장위구르의 쿠차이다. 그런데 혜초는 앞에서 쿠차국에 관해 이미 기술하고는 이 절에서 따로 안서에 관해 중복해서 이야기하고 있다. 도호부는 쿠차와 고창 사이를 옮겨 다닌 것으로 확인되는데, 그렇다면 현존본에는 혜초가 고창을 들린 기록은 없지만, 『일체경음의』 3권에는 끝에서 두 번째로 '성국(姓國)'이란 단어가 나타나는 것을 보면, 분명히 혜초가 또 다른 도호부인 고창에도 들린 것이 확실하다. 왜냐하면 '성국'이란 바로 고창국(高昌國) 국왕의 '성(姓)'이기 때문이다. 혜초가 이미 없어져 버린 옛 왕조의 국왕의 이름을 들먹인 것은 바로 혜초가 고창국 경내를 지나갔음을 보여주는 결정적 증거이고 사실 그런 것 아니라도 쿠차에서 중원으로 가기 위해서는 반드시 고창을 지나갈 수밖에 없다는 개연성도 작용한다. 또한 현장이 고창왕 국문태의 요청으로 한 달 간 머물며 법문을 해주고 갔다는 기록도 이를 뒷받침한다.

6) 안서도호부는 대도호부로서 대도호는 종2품이고 부대도호는 종3품이다. 당시 안서대도호 겸 적서절도사(磧西節度使)는 친왕인 연왕(延王) 회(洄)인 두섬(杜暹)이였다(『大唐六典』 권30). 명의만 대도호인 친왕은 현지에 부임하지 않고 부대도호가 실제로 대도호의 역할을 대신했다. 그래서 사실은 부대도호인 조군(趙君)을 혜초는 '절도대사조군(節度大使趙君)'이라고 칭한다. 혜림의 『일체경음의』 권100에서도 그를 '안서절도사(安西節度使)'라고 하였다. 조군의 본명은 조이정(趙頤貞)으로 『구당서』 권8 「현종본기(玄宗本紀)」에 의하면, "안서부대도호 조이정이 곡자성(曲子城)에서 토번(吐蕃)에게 격파되었다"고 전하고 있다.

7) '대운사(大雲寺)'와 '용흥사(龍興寺)'는 수나라와 당나라 때 칙령에 의해 도처에 세워진 절이다.

8) '사주(寺主)', '도유나(都維那) 혹은 유나(維那)', '상좌(上座)'는 당나라 때 불교의 사원 내에 설치된 3종 직무로서 '삼강(三綱)'으로 지금도 우리 한국 불교에서도 사용되는 명칭이다.

명운으로 크게 행업(行業)을 닦았는데 역시 장안의 승려였다. 이들 승려들은 주석하며 불법을 잘 지키고 불심이 지극하여 공덕을 쌓기를 즐겨 한다. 용흥사(龍興寺) 주지는 법해(法海)인데 중국인으로서 안서에서 태어났지만 학식과 인품이 중국 본토인과 다름없다.

호탄에도 중국 절이 하나 있는데 이름이 용흥사이다. 중국인 승려 ○○가 있는데 그는 이 절의 사주(寺主)로서 불법을 잘 지킨다. 그는 하북(河北)의 기주(冀州) 사람이다. 카슈가르에도 중국 절인 대운사(大雲寺)가 있고 중국 승려 한 사람이 주지하고 있으니 그는 민주(岷州) 사람이다.

왕오천축국전

36. 옌치

(Arki/ Karashar/ 언기/ 焉耆)[1]

또 안서에서 동쪽으로 (2자 결)[2] 가면 옌치국에 이른다.[3] 여기에도 중국 군대가 지키고 있다. 왕이 있는데 백성은 호족이다. 절

---

1) 현 중국 신장위구르 옌치의 현청 소재지로, 옛 지명이 카라샤르(Kharashahr)이다. 천산(天山)산맥 남쪽의 실크로드 천산남로상의 오아시스 도시로 투루판[吐魯番]에서 카스[喀什]로 가는 중간에 있다. '아기니'라는 말은 중원에서 보면 '땅끝의 나라' 또는 불을 가리키는 범어 '아그니(Agni)'의 음역에서 왔다는 두 가지 설이 있다. 이 나라는 기원전부터 흉노의 서역 경영의 중심지가 되어서 역대 중국 왕조와의 쟁탈전이 벌어졌던 요충지였다. 당 영고덕분(令孤德棻, 583~666)이 지은 『주서(周書)』「이역열전」권50에는 옌치에 대한 언급이 자세하다.

2) 정수일소장은 앞 문장구조의 형식으로 미루어 이 빠진 두 자를 '반월(半月)'로 비정하면서 쿠차로부터 동쪽으로 언기까지 가는 거리나 소요 시간을 적은 것이라고 하였다. 이 구간의 거리에 관해서『대당서역기』권1「아기니국」조는 "아기니국으로부터 서남쪽으로 200여 리 가서 작은 산 하나를 넘고 큰 강 둘을 지나 서쪽으로 평원을 700리를 가면 쿠차에 이른다고 하였다." 이렇게 보면 그 거리는 900여 리이다. 그렇다면 당대의 공식령에 의하면 하루에 말은 70리, 사람은 50리, 차량은 30리씩 간다고 한다. 사람이 걷는다고 하면 900리는 18일, 600일은 12일이 걸리기에 이 두 결자는 반 개월에 해당된다고 비정되고 있다.

3) 혜초가 옌지를 지나가던 당시, 그 근처에 있었던 옛 누란왕국, 즉 선선국(鄯善國)은 이미 흔적조차 없었는지, 그것은 한 세기 먼저 지나갔던 현장 때에도 마찬가지였던지 모래바람 속으로 사라져간 옛 전설적인 왕국을 생각하고는 간략히 기록하였다. "대유사를 건너면, 성곽은 높이 솟아 있으나 인적이 이미 끊긴 찰마다나(沮末國) 옛터를 지나 다시 천 리를 가면 나바파(納縛波), 즉 누란국(樓蘭國)의 옛 터에 이른다." 그러나 그보다 2세기 먼저 지나갔던 법현(法顯)은 누란의 모습을 생생하게 그려내고 있다. "대사하를 17일 동안 1,500리를 걸어 선선국에 도착하였다. 왕은 불법을 모시지만 4천여 승려들은 모두 소승을 공부하고 있다."

고선지장군이 언기진수사(焉耆鎭守使)가 되어 다스렸던 옌치 근교의 천불동 동굴 유적지

도 많고 승려도 많은데 소승이 행해진다.[4] 기(耆)

(7자 결) 이것이 곧 안서사진(安西四鎭)의 이름들이니 첫째가 안시[安西; 庫車], 둘째가 호탄[于闐], 셋째가 카슈가르[喀什], 넷째가 옌치이다. (약 17자 결) 중국의 법을 따라서 머리에는 두건을 두르고 바지를 입는다. (이하 떨어져나감)

---

[4] 7세기를 전후해 서역북로의 연안국인 카슈가르, 쿠차, 옌지 등에서는 소승불교가, 서역남도 연안국인 호탄 등에서는 대승불교가 유행하였는데, 당나라가 서역 경영을 적극화하면서 이들 나라에 한인들과 더불어 한승들을 파견하여 대운사(大雲寺)나 용흥사(龍興寺) 같은 중국식의 불사들을 건설하여 대승불교를 장려한 것으로 보인다.

왕오천축국전 원문

왕오천축국전 원문

往五天竺國傳

1) [三]寶 赤足裸形 外道不着[衣] 〈缺 約19字〉
2) 逢食卽喫 亦不齋也 地皆平 〈缺 19字〉
3) 有奴婢 將賣人與煞人罪不殊 〈缺 18字〉
4) 一月 至拘尸那國 佛入涅槃處 基城荒廢 無人住也 佛入涅槃處 置塔 有
5) 禪師 在彼掃灑 每月八日 僧尼道俗 就彼大設供養 於基空中 有
6) 幡現 不知其數 衆人同現 當此之日發心非一 此塔有西一河 伊羅鉢底
7) 水 南流二千里外 方入恒河 彼塔四絶 無人住也 極荒林木 往彼禮拜者■
8) 犀牛大蟲所損也 此塔東南 里 有一寺 命沙般檀寺 有(餘人村庄 三五所)
9) 常供養彼禪師衣食 令在塔所供養 〈缺 約16字〉

10) 日 至波羅斯國 此國亦廢無王 卽[六] 〈缺〉
11) 彼五俱輪 見素形象在於塔中 〈缺〉
12) 上有獅子 被幢極序 五人合抱 文里細 〈缺〉
13) 塔時 幷造此幢 寺命達磨斫葛羅[僧] 〈缺〉
14) 外道不着衣服 身上塗灰 事於大天 此寺中有一金銅像 五百 〈缺〉
15) 是摩揭抒國 舊有一王 命尸羅栗底 造此像也 兼造一金銅 〈缺〉
16) 福團圓正等 餘步 此城附臨恒河北岸置也 卽此鹿野園拘尸那 [王]
17) 舍城 摩訶菩提等 四大靈塔 在摩揭抒國王界 此國大小乘俱行 [于]
18) [時]得達摩菩提寺 稱其本願 非常歡喜 略題述其愚志 五言
19) 不慮菩提遠 焉將鹿園遙 只愁懸路險 非意業風飄 八塔誠難見
20) [參]差經却 何其人願滿 目覩在今朝 又卽從此彼羅國[西行]
21) (兩)月 至中天竺國王住城 命葛羅及自 此中天王國境界極寬 百姓繁鬧
22) 王有九百頭象 餘大首領三二百頭 其王每自領兵馬鬪戰 常與 餘四
23) 天戰也 天中王常勝 彼國法 自知象小兵小 卽請和 每年輸稅 不交陳
24) 相煞也 衣着言音 人風法用 五天相似 唯南天村草百姓 語有差別 仕■
25) 之類 中天不殊 五天國法 無有枷棒牢獄 有罪之者 據輕重罰錢 亦無
26) 形戮 上至國王 下及黎庶 不見遊獵放鷹走犬等事 道路雖卽足賊
27) 取物卽放 亦不殘煞 如若悋物 卽有損也 土地甚暖 白草恒靑

無有霜
28) 雪 食唯粳粮餠麨蘇乳酪等 無醬有鹽 惣用土鍋 煮飯而食
29) 無鐵釜等也 百姓無別庸稅 但抽田子五一石與王 王自遣人運
將 田主■
30) 不爲送也 彼土百姓 貧多富少 王官屋裏及富有者 着氎一雙
自■
31) 一雙 貧者半片 女人亦然 其王每坐衙處 首領百姓 惣來遶王
四面而坐 各
32) 諍道理 訴訟紛紜 非常亂鬧 王聽不嗔 緩緩報云 汝是汝不是
彼百
33) 姓等 取王一口語爲定 更不再言 其王首領等 甚敬信三寶 若對
師
34) 僧前 王及首領等 在地而坐 不肯坐床 王及首領 行坐來去處
自
35) 將牀子隨身 到處卽坐 他牀不坐 寺及王宅 並皆三重作樓 徒下
第
36) 一重作庫 上二重人住 諸大首領等亦然 屋皆平頭 塼木所造
自外■
37) 並皆草屋 似於漢屋兩下作也 又是一重 土地所出 唯有氎布象
馬等
38) 物 當土不出金銀 並從外國來也 亦不養駝騾驢猪等畜 其牛惣
白
39) 萬頭之內 希有一頭赤黑之者 羊馬全少 唯王有三二百口六七
十疋 自外
40) 首領百姓 惣不養畜 唯愛養牛 取乳酪蘇也 土地人善 不多愛煞
41) ■市店間 不見有屠行賣肉之處 此中天大小乘俱行 卽此中天
界內有四

42) 大塔 恒河在北岸有三大塔 一舍衛國給孤園中 見有寺有僧 二
毗耶

43) 離城菴羅園中 有塔見在 其寺荒廢無僧 三迦毗耶羅國 即佛本

44) 生城 無憂樹見在 彼城其廢 有塔無僧 亦無百姓 此城最居北
林木荒

45) 多 道路足賊 往彼禮拜者 甚難方迷 四三道寶階塔 在中天王住
城

46) 西七日程 在兩恒河間 佛當從刀利天變成 三道寶階 下閻浮提
地處 左

47) 金右銀 中吠瑠璃 佛於中道 梵王左路 帝釋右階 侍佛下來 即於
此處

48) 置塔 見有寺有僧/
/即從中天國南行三個餘月 至南天竺國王所

49) 住 王有八百頭象 境土極寬 南至南海 西至西海 北至中天西天

50) 東天等國接界 衣着飲食人風 與中天相似 有言音稍別 土地熱
於

51) 中天 土地所出 氎布象水牛黃牛 亦少有羊 無駝騾驢等 有稻田
無■

52) 黎栗等 至於錦絹之屬 五天惣無 王及首領百姓等 極敬三寶
足寺

53) 足僧 大小乘俱行 於彼山中 有一大寺 是龍樹菩薩便夜叉神造
非人

54) 所作 並鑿山爲住 三重作樓 四面方圓三百餘步 龍樹在日 寺有
三千

55) 僧 獨供養以十五石米 每日供養三千僧 其米不竭 取却還生
原不減少

56) 然今次寺廢 無僧也 龍樹壽年七百 方始亡也 于時在南天路

爲言曰

57) 五言 月夜瞻鄕路 浮雲飄飄歸 減書參去便 風急不聽廻 我國天
58) 岸北 他鄕地角西 日南無有雁 誰爲向林飛
59) 又從南天 北行兩月 至西天國王住城 此西天王亦五六百頭象 土地所出氎
60) 布及銀象馬羊牛 多出大小二麥及諸荳等 稻穀全小 多食餠麨
61) 乳酪蘇油 市買用銀氎布之屬 王及首領百姓等 極敬信三寶 足
62) 寺足僧 大小乘俱行 土地甚寬 西至西海 國人多善唱歌 與四天 國不
63) 與此國 又無枷棒牢獄形煞等事 現今大寔來侵 半國其損 于五 天
64) 法 出外去者 不將糧食 到處卽便乞得食也 唯王首領等出 自賫
65) 糧 不食百姓祇糙/
/又從西天 北行三個餘月 至北天國也 命闍
66) 闍蘭達羅國, 王有三百頭象 依出作城而住 從玆其北 漸漸有山 爲國
67) 狹小 兵馬不多 常被中天及迦葉彌羅國屢屢所呑 所以依山而 住 人
68) 風衣着言音 與中天不殊 土地稍冷於中天等也 亦無霜雪 但有 風
69) 冷 土地所有出象氎布稻麥 騾驢小有 其王有馬百疋 首領三五 疋 百
70) 性並無 西是平川 東近雪山 國內足寺足僧 大小乘俱行/
/又一月程過雪山
71) 山 東有一小國 名蘇跋那具怛羅國 屬吐蕃國所管 衣着北天竺 相似 言
72) 音卽別 土地極寒也/

/又從此闍蘭達羅國 西行 經一月 至吒社國 言/
73) 音稍別 大分相似 衣着人風 土地所出 節氣寒暖 與北天竺相似 亦足寺足僧
74) 大小乘俱行 王及首領百姓等 大敬信三寶/
/又從此吒社國西行一月 至新頭故羅
75) 國 衣着風俗 節氣寒暖 與北天竺相似 言音稍別 此國極足駱駝 國人取乳
76) 酪喫也 王及百姓等 大敬三寶 足寺足僧 卽造順正理論 衆賢論師
77) 是此國人也 此國大小乘俱行 現今大寔侵 半國損也 卽從此國 乃至五
78) 天 不多飲酒 遍歷五天 不見有醉人相打之者 縱有飲者 得色得力
79) 而已 不見有歌舞作劇飲宴之者 又從北天國 有一寺 名多摩三
80) 磨娜 佛在之日 來此說法 廣度人天 此寺東澗裏 於泉水邊有一塔 卽
81) 佛所剃頭及剪瓜甲 在此塔中 此見有三百餘僧 寺有大辟支佛牙及
82) 骨舍利等 更有七八所寺 各五六百人 大好住持 王及百姓等 非常敬信
83) 又山中有一寺 名那揭羅馱娜 有一漢僧 於此寺身亡 彼大德說 從中天來 明
84) 閑三藏聖教 將欲還鄉 忽然違化 便卽化矣 于時聞說 莫不傷心 便題四
85) 韻 以悲冥路 五言 故里燈無主 他方寶樹摧 神靈去何處 玉兒已成灰
86) 憶想哀情切 悲君願不隨 孰知鄉國路 空見白雲歸

87) 又從此北行十五日 入山至迦羅國 此迦彌羅 亦是北天數 此國稍大 王有三百

88) 頭象 住在此山中 道路險惡 不被外國所侵 人民極眾 貧多富少 王及首領

89) 諸富有者 衣着與中天不殊 自外百姓 悉被毛毯 覆其形醜 土地出銅鐵氎

90) 布毛毯牛羊 有象少馬粳米蒱桃之類 土地極寒 不同己前諸國秋霜

91) 冬雪 夏足霜雨 百卉恒青 葉彫 冬草悉枯 川谷狹小 南北五日程 東西一

92) 日行 土地卽盡 餘並蔭山 屋並板木覆 亦不用草瓦 王及首領百姓等

93) 甚敬三寶 國內有一龍池 彼龍王每日供養天一羅漢僧 雖無人見彼聖

94) 僧食 亦過齋已 即見餅飯從水下紛紛亂上 以此得知 迄今供養不絶 王及大

95) 首領 出外乘象 小官乘馬 百姓並皆徒步 國內足寺足僧 大小乘俱行 五

96) 天國法 上至國王王妃王子 下至首領及妻 隨其能力 各自造寺

97) 妃還別作 不共修營 彼云 各自功德 何須共造 此其如然 餘王子等亦爾

98) 凡造寺供養 卽施村長百姓 供養三寶 無有空造寺不施百姓者爲

99) 外國法 王及妃后 各別村庄百姓 王子首領 各有百姓 布施自由 不王也 造寺亦然

100) 須造卽造 亦不問王 王亦不敢遮 怕拈罪也 若富者有百姓 雖無村庄布施 亦勵

101) 力造寺 以自經紀 得物供養三寶 爲五天不賣人 無有奴婢 要須
布
102) 施百姓村薗也/
/又迦葉彌羅國 東北 隔山十五日程 即是大勃律國 楊
103) 同國 娑播慈國 此三國 並屬吐蕃所管 衣着言音人風並別 着皮
104) 裘氈衫靴袴等也 地狹小 山川極險 亦有寺有僧 敬信三寶 若是
105) 己東吐蕃 惣無寺舍 不識佛法 當土是胡 所以信也/
/己東吐蕃國 純住氷
106) 山雪山川谷之間 以氈帳而居 無有城郭屋舍 處所與突厥相似
隨
107) 逐水草 其王雖在一處 亦無城 但依氈帳以爲居業 土地出羊馬
猫牛
108) 毯褐之類 衣着毛褐皮裘 女人亦爾 土地極寒 不同與國 家常食
麨
109) 小有餅飯 國王百姓等 惣不識佛法 無有寺舍 國人悉皆穿地作
坑而
110) 臥 無有床席 人民極黑 白者全希 言音與諸國不同 多愛喫虱
爲着毛
111) 褐 甚饒蟣虱 捉得扰便口裏 終不棄也/
/又從迦葉彌羅國 西北 隔山七日
112) 程 至小勃律國 此屬漢國所管 衣着人風 飮食言音 與大勃律相
似 着
113) 氈杉及靴 箭其鬚髮 頭上纏疊布一條 女人在髮 貧多富小 山川
狹小
114) 田種不多 其山憔杌 元無樹木 及於諸草 其大勃律 元是小勃律
王所住
115) 之處 爲吐蕃來逼 走入小勃律國坐 首領百姓 在彼大勃律不來

116) 又從迦葉彌羅國西北 隔山一月程 至建馱羅 此王及兵馬 惣是突厥 土人是

117) 胡 兼有婆羅門 此國舊是罽賓王王化 爲此突厥王阿耶 領一部落兵馬 投

118) 彼罽賓王 於後突厥兵成 便煞彼罽賓王 自爲國主 因玆國境突厥覇王

119) 此國已北 並住中 其山並燋 無草及樹 衣着人風 言音節氣並別 衣是皮毯

120) 氎衫靴袴之類 土地宜大麥小麥 全無黎粟及稻 人多食麨及餠 唯除迦

121) 葉彌羅大勃小勃楊同等國 即此建馱羅 乃至五天崑崙等國 惣無蒲

122) 桃■■甘蔗 此突厥王象有五頭 羊馬無數 駝騾驢等甚多 漢地與胡■

123) ■■■■■迴不過 向南爲道路險惡 多足劫賊 從玆已北 惡業者多 市店

124) 之間 極多屠煞 此王雖是突厥 甚敬信三寶 王王妃王子首領等 各各造寺 供

125) 養三寶 此王每年兩迴設無遮大齋 但是緣身所愛用之物 妻及馬象等

126) 並皆捨施 唯妻及象 令僧斷價 王還自贖 自餘駝馬金銀衣物家具 聽僧貨

127) 賣 自分利養 此王不同餘已北突厥也 兒女亦然 各各造寺 設齋捨施 此城俯臨 辛頭

128) 大河北岸而置 此城西三日程 有一大寺 即是天親菩薩無着菩薩所住之寺 此寺名葛

129) 諾歌 有一大塔 每常放光 此寺及塔 舊時葛諾歌王造 從王立寺

名也 又此城東南■

130) 里 卽是佛過去爲尸毗王救鴿處 見有寺有僧 又佛過去 捨眼餧
五夜叉

131) 等處 並在此國中 在此城東南山裏 各有寺有僧 見有供養 此國
大小乘俱行

132) 又從此建馱羅國正北 入山三日程 至烏長國 彼自云鬱地引那
此王大敬 三寶百姓村庄 多

133) 分施入寺家供養 少分自留 以供養衣食 設齋供養 每日是常
足寺足僧 僧稍多

134) 於俗人也 專行大乘法也 衣着飮食人風 與建馱羅國相似 言音
不同 土地足駝 騾

135) 羊馬氎布之類 節氣甚冷/
/又從烏長國東北 入山十五日程 至拘衛國 彼

136) 自呼奢摩褐羅闍國 此王亦敬信三寶 有寺有僧 衣着言音 餘烏
長國

137) 相似 着氎衫袴等 亦有羊馬等也/
/又從此建馱羅國 西行入山七日 至覽波

138) 國 此國無王 與大首領 與屬建馱羅國所管 衣着言音 與建馱羅
國相似

139) 亦有寺有僧 敬信三寶 行大乘法/
/又從此覽波國 西行入山 經於八日程 至罽

140) 賓國 此國亦是建馱羅國所管 此王夏在罽賓 逐凉而坐 東往建
馱羅國 趂暖而

141) 住 彼卽無雪 暖而不寒 其罽賓國 冬天積雪 爲此冷也 此國土人
是胡 王及兵 馬

142) 突厥 衣着言音飮食 與吐火羅國 大同小異 無問男之與女 並皆
着氎布衫

143) 袴及靴 南女衣服 無有差別 男人並剪鬚髮 女人髮在 土地出駝
騾羊馬驢牛
144) 氎布蒱桃大小二麥鬱金香等 國人大敬信三寶 足寺足僧 百姓
家各並造寺
145) 供養三寶 大城中有一寺 名沙絲寺 寺中見佛螺髻骨舍利見在
王官百姓每日供
146) 養 此國行小乘 亦住山而 山豆無有草木 恰似火燒山也/
/又從此罽賓國 西行
147) 至七日 謝䫻國 自呼云社胡羅薩他那 土人是胡 王及兵馬 卽是
突厥 其
148) 王卽是罽賓王姪兒 自把部落兵馬住於此國 不屬與國 亦不屬
阿叔 此王
149) 及首領 雖是突厥 極敬三寶 足寺足乘 行大乘法 有一大突厥首
領 名娑
150) 鐸幹 每年一廻 設金銀無數 多於彼王 衣着人風 土地所出 與罽
賓王相似 言
151) 音各別/
/又從謝䫻國 北行七日 至犯引國 此王是胡 不屬與國 兵馬強多
152) 諸國不敢來侵 衣着氎布衫皮毬氎衫等類 土地出羊馬氎布之
屬 甚
153) 足蒱桃 土地有雪極寒 住多依山 王及首領百姓等 大敬三寶
足寺足僧 行
154) 大小乘法 此國及謝䫻等 亦並剪於鬚髮 人風大分與罽賓相似
別異處
155) 多 當土言音 不同與國/
/又從此犯引國北行二十日 至吐火羅國王住城 名爲
156) 縛底那 見今大寔兵馬 在彼鎮壓 其王彼逼 走向東一月程 在蒱

왕오천축국전 원문　179

157) 特山住 見屬大寔所管 言音與諸國別 共罽賓國少有相似 多分不同 衣

158) 着皮毬氈布等 上至國王 下及黎庶 皆爲皮毬上服 土地足駝騾羊馬

159) 氈布蒱桃 食唯愛餅 土地寒冷 冬天霜雪也 國王首領及百姓等甚敬三

160) 寶 足寺足僧 行小乘法 食肉及葱菲等 不事外道 男人並剪鬚髮 女人在髮 土

161) 地足山/
/又從吐火羅國 西行日月 至波斯國 此王先管大寔 大寔是波斯王放駝

162) 戶 於後叛 便煞彼王 自立爲主 然今此國 却被大寔所呑 衣舊着寬氈布衫

163) 剪鬚髮 食唯餅肉 縱然有米 亦磨作餅喫也 土地出駝騾羊馬 出高大

164) 驢氈布寶物 言音各別 不同與國 土地人性 愛興易 常於西海汎舶入南海

165) 向獅子國取諸寶物 所以彼國云出寶物 亦向崑崙國取金 亦汎舶漢地也 爲

166) 至廣州 取綾絹絲綿之類 土地出好細疊 國人與煞生 事天 不識佛法

167) 又從波斯國 北行十日入山 至大寔國 彼王不住本局 見向小拂臨國住也 爲

168) 打得彼國 復居山島 處所極窄 爲此取彼 土地出駝騾羊馬疊布毛毬

169) 亦有寶物 衣着細疊寬衫 杉上又披一疊布 以爲上服 王及百姓衣服 一種無別

170) 女人亦着寬衫 男人剪髮在鬢 女人在髮 喫食 無間貴賤 共同一盆而
171) 食 手把亦匙筋取 見極惡 云自手煞而食 得福無量 國人愛煞事天
172) 不識佛法 國法無有跪拜法也/
/又小拂臨國 傍海西北 卽是大拂臨
173) 國 此王兵馬强多 不屬與國 大寔數廻討擊不得 突厥侵亦不得土
174) 地足寶物 甚足駝騾羊馬疊布等物 衣着與波斯大寔相似 言
175) 音各別不同/
/又從大寔國已東 並是胡國 卽是安國 曹國 史國 石騾
176) 國 米國 康國等 雖各有王 並屬大寔所管 爲國狹小 兵馬不多 不能自
177) 護 土地出駝騾羊馬疊布之類 衣着疊衫袴等及皮毬 言音不同
178) 諸國 又此六國 惣事火祆 不識佛法 唯康國有一寺 有一僧 又不解敬也
179) 此等胡國 並剪鬚髮 愛着白氎帽子 極惡風俗 婚姻交雜 納母及
180) 姉妹爲妻 波斯國亦納母爲妻 其吐火羅國 乃至罽賓國 犯引國 謝
181) 颶國等 兄弟十人五人三人兩人 共娶一妻 不許各娶一婦 恐破家界
182) 又從康國其東 卽跋賀那國 有兩王 有縛叉大河當中西流 河南一王屬大
183) 寔 河北一王屬突厥所管 土地亦出駝騾羊馬疊布之類 衣着皮裘疊
184) 布 食多餅麨 言音各別 不同與國 不識佛法 無有寺舍僧尼
185) 又跋賀那國東有一國 名骨咄國 此王元是突厥種族 當土百姓

半胡半
186) 突厥 土地出駝騾羊馬蒲桃疊布毛毯之類 衣着疊布皮毯
187) 言音半吐火羅 半突厥 半當土 王及首領百姓等 敬信三寶 有寺 有僧 行
188) 小乘法 此國屬大寔所管 外國雖云道國 共漢地一箇大州相似 此國男人
189) 剪鬚髮 女人在髮/
/又從此胡國其北 北至北海 西至西海 東至漢國 已
190) 北惣是突厥所住境界 此等突厥 不識佛法 無寺無僧 衣着皮毯
191) 氈衫 以虫爲食 亦無城郭住處 氈帳爲屋 行住隨身 隨逐水草 男
192) 人並剪鬚髮 女人在頭 言音與諸國不同 國人愛煞 不識善惡 土地足駝騾
193) 羊馬之屬/
/又從吐火羅國 東行七日 至護蜜王住城 當來於吐火羅國 逢
194) 漢使入蕃 略題四韻取辭 五言 君恨西蕃遠 余嗟東路長 道
195) 荒宏雪嶺 險澗賊途倡 鳥飛驚嶠嵼 人去偏樑難 平生不捫淚 今日灑千行
196) 冬日在吐火羅 逢雪述懷 五言 冷雪牽氷合 寒風擘地烈 巨海凍
197) 堨壇 江河凌崖囓 龍門絶瀑布 井口盤蛇結 伴火上胘歌 焉能度 波
198) 蜜 此護蜜王 兵馬小弱 不能自護 見屬大寔所管 每年輸稅絹
199) 三千疋 住居山谷 處所狹小 百姓貧多 衣着皮裘氈衫 王着綾絹 疊布
200) 食唯餠麨 土地極寒 甚於與國 言音與諸國不同 所出羊牛 極小 不大
201) 亦有馬騾 有僧有寺 行小乘法 王及首領百姓等 惣事佛 不歸外

道 所
202) 以此國無外道 男並剪除鬚髮 女人在頭 住居山裏 其山無有樹水及於百草
203) 又護蜜國北山而 有九箇識匿國 九箇王各領兵馬而住 有一箇王 屬
204) 護蜜王 自外各並自住 不屬與國 近有兩窟王 來投於漢國 使命安
205) 西 往來絶 唯王首領 衣着疊布皮裘 自與百姓 唯是皮裘氎衫
206) 土地極寒 爲居雪山 不同與國 亦有羊馬牛驢 言音各別 不同諸國
207) 彼王常遣三二百千人於大播蜜川 劫彼興胡及於使命 縱劫得絹 積
208) 在庫中 聽從壞爛 亦不解作衣着也 此識匿國等無有佛法也
209) 又從護蜜國 東行十五日 過播蜜川 卽至蔥嶺鎭 此是屬漢 兵馬見今鎭
210) 押 此卽舊日王裴星國境 爲王背叛 走投吐蕃 然今國界 無有百姓 外
211) 國人呼云渴飯檀國 漢名 蔥嶺/
/又從蔥嶺 步入一月 至疎勒 外國自
212) 呼名伽師祇離國 此亦漢軍馬守捉 有寺有僧 行小乘法 喫肉及蔥
213) 韮等 土人着疊布衣也/
/又從疎勒 東行一月 至龜玆國 卽是安西
214) 大都護府 漢國兵馬大都集處 此龜玆國 足寺足僧 行小乘法 食肉及
215) 蔥韮等也 漢僧行大乘法/
/于安西南去于闐國二千里 亦足漢軍馬

216) 領押 足寺足僧 行大乘法 不食肉也 從此己東 並是大唐境界 諸人共知
217) 不言可悉 開元十五年十一月上旬 至安西 于時節度大使趙君
218) 此於安西 有兩所漢僧住持 行大乘法 不食肉也 大雲寺主秀行善能
219) 講說 先是京中七寶臺寺僧 大雲寺都維那名義超 善解律藏 舊
220) 是京中莊嚴寺僧也 大雲寺上座名明惲 大有行業 亦是京中僧
221) 此等僧 大好住持 甚有道心 樂崇功德 龍興寺主法海 雖是漢兒
222) 生安西 學識人風 不殊華夏 于闐有一漢寺 名龍興寺 有一漢僧 名■■
223) 是彼寺主 大好住持 彼僧是河北冀州人士 疎勒亦有漢大雲寺 有一漢
224) 僧住持 即是崏州人士/
   /又從安西 東行■■ 至焉耆國 是漢軍兵馬
225) 領押 有王 百姓是胡 足寺足僧 行小乘法〈缺 約7字(?)〉此即安西四鎮名數
226) 一安西 二于闐 三疎勒 四焉冀〈缺 約17字(?)〉
227) 〈缺 約4字(?)〉大依漢法 裏頭着裙■〈이하 완전 무〉
   〈Pelliot chinois 3532 Touen-houang〉(윗부분은 떨어져 나감)

부 록

부록: 혜초(慧超)의 후반기 생애와 오대산(五臺山) 보리암(菩提庵)에 대하여
부록: 关于新罗僧人慧超的后半期生涯与涅槃地乾元菩提寺的考证
부록: 대실크로드의 주요 루트와 파미르고원을 넘는 갈래길

1. 초원로(Steppe Road)
2. 하서주랑로(河西走廊路)
3. 천산북로(天山北路)
4~5. 천산남로(天山南路)=서역북로(西域北路)
6. 서역남로(西域南路)
7. 토욕혼로(吐浴渾路)
8. 토번로(吐蕃路/ 唐蕃古道)
9. 파미르횡단로(Pamir橫斷路)
10. 서남아로(西南亞路/ 中東路)
11. 해양로(海洋路)

혜초(慧超)의 후반기 생애와
오대산(五臺山) 보리암(菩提庵)에 대하여*

1. 들어가는 말

해동이란 반도 출신의 젊은 혜초에게 중원 대륙은 동경의 세계였을 것이다. 물론 혜초도 계림(鷄林)1)이란 울타리 속에서 그럭저럭 살아갈 수도 있었겠지만, 그러기에는 그의 가슴은 너무 뜨거웠다. 그렇기에 과감히 한반도라는 대문을 열고 나가서 한 줄기 바람처럼, 한 조각구름처럼 온 세계를 돌아다녔다. 그리하여 『왕오천축국전(往五天竺國傳)』이란 불휴의 여행기를 저술하였고 후반기에

---

*이 논문은 2008년 9월 1일 발간된 『불교평론』 36호(가을호)에 실린 것을 일부분을 수정 보완하여 수록하였다.
1) 唐 義淨의 「大唐求法高僧傳」에 의하면 "鷄貴(鷄林)는 인도말로 '구구타의설라'이며 빠알리어로는 '쿠꾸타이싸라'라고 한다. '구구타'는 닭(鷄)이며 '의설라'는 귀(貴)하다는 뜻으로 新羅國을 말한다. 전하는 바에 따르면 新羅에서는 '닭의 神'을 받들어 모시기에 그 날개 깃털을 꽂아 장식으로 삼는다고 한다."

는 당시 세계 최대의 도시인 장안성(長安城)을 무대로 반백 년을 밀교승(密敎僧)으로 활동을 하였다.

　사전적 지식에 의하면 혜초화상의 생몰연대는 704~787년이라고 적혀 있지만, 사실 우리는 혜초가 언제, 어디서 태어나서, 언제 중국으로 들어가서, 언제, 어디서 열반(涅槃)하셨는지에 대해서 모르고 있는 것이 사실이다. 다만 727년에 오천축국(五天竺國)을 순례하고 돌아왔고 780년에 중국 오대산에서 스스로 번역한 경전의 서문(序文)을 썼다는 것 이외의 나머지 생몰연대는 모두 가설에 불과하다. 그만큼 혜초학(慧超學)의 대한 연구는 지금까지 답보 상태에 있었다.

　옮긴이 역시 역마살을 타고 났던지, 혜초화상을 가슴속에 품고 살았다. 그래서 20여 년 동안 모두 8차에 걸쳐 10여 개국을 돌아다니며 님의 체취를 따라다녔다. 물론 그 작업은 워낙 방대한 것이기

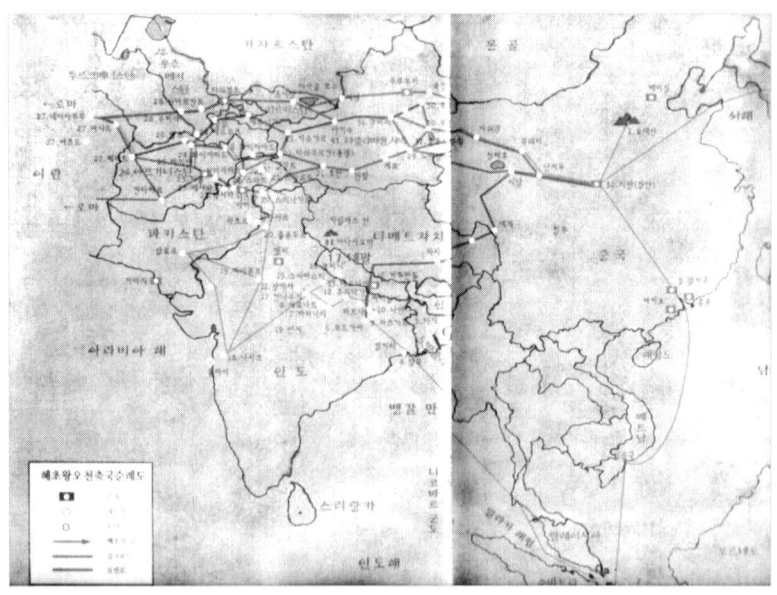

〈慧超往五天竺國巡禮圖〉

에 한두 번의 답사로는 무려 5만 리나 되는 전 코스를 주파할 수가 없었고 또한 옛날 혜초화상은 자유롭게 갔던 곳이라도 현재는 국경선이라는 인위적인 편 가름 때문에 갈 수 없는 곳이 많았다. 우리에게 반백 년 동안 가려져 있었던 '죽(竹)의 장막(帳幕)' 뒤의 붉은 중국이 그랬고, 러시아연방이 해체되기 전의 중앙아시아 제국이 그랬고, 탈레반 정권 시절의 아프가니스탄이 그랬다.

해인사판(海印寺板) 팔만대장경 『왕오천축국전』

그럴 때마다 '한 개인으로는 정말 어찌할 수 없는 장벽 앞에서 역사는 때로는 후퇴도 하나보다'라고 자조어린 푸념을 늘어놓으며 시절인연만을 기다릴 수밖에 없었다.

그러나 흐르는 물길을 막지 못하듯, 금세기 안에는 열릴 것 같지 않았던 철문들이 점차로 열리게 되면서 필자의 작업도 부피를 더해 갔다. 그러나 뭔가 미진한 것은 남아 있었다. 그것은 바로 혜초화상의 열반지(涅槃地)로 알려진 건원보리사(乾元菩提寺, 이하 보리사라 약칭한다)를 찾아내어 그곳에서 분향재배하고 싶은 바람이었다. 그래서 10여 년 동안 헤매었지만 그곳은 오리무중이었다. 그래서 시간에 쫓겨서 "혜초의 마지막 체취가 스며 있는 보리사는 오대산(五臺山) 금각사(金閣寺)의 별칭(別稱)이거나 혹은 그 말사(末寺) 중의 하나일 것이다"라는 결론을 내리고 그 무거웠던 화두를 내려놓았었다.

그러나 결국 20년 동안의 기다림도 조급함이었던지 그로부터 3년 뒤인, 현재로 스스로 그 결론을 수정해야만 하였다. 왜냐하면 그렇게도 찾을 수 없던 보리사가 실체를 드러냈기 때문이었다. 그럼으로 본고(本稿)의 요지는 첫째로는 "건원보리사로 추정되는 보리암(菩提庵)을 지도상에서 발견하였다"라는 것이고, 둘째로는 그 유지(遺址)로 여겨지는 몇 군데를 답사한 사진자료를 공개하는 답사보고서를 겸한 것이다.

2. 혜초화상의 후반기 연보(年普)

1) 장안성(長安城)에서의 50년 세월

혜초화상은 천축국(天竺國) 순례를 무사히 마치고 728년 봄2) 마침내 제2의 고향 장안성(長安城)으로 돌아왔다. 그의 나이 25살 때였다. 물론 704년 출생설이 유효하다면 말이다.

옛 장안성은 현재는 서안(西安/ 시안)이라 부르며 협서성(陝西省)의 중심지로 인구 300여만 정도의 대도시이지만 당나라 때의 인구가 150만이었던 것을 감안하면 오히려 줄어든 감이 없지 않다. 서안(西安)은 이른바 북경(北京), 남경(南京), 낙양(洛陽)과 함께 '4대 고도(古都)'로 꼽히지만 어찌 보면 딴 곳과 비교를 할 수 없을 정도로 아득한 신화시대로부터 11개 왕조가 도읍지로 삼았던 곳이다.

그중에서 당대(唐代)의 장안이 최고의 번영을 구가하였다. 장안성(長安城)은 동서 10km, 남북 8km의 직사각형 모양으로 성의 중앙에 남북으로 너비 150m라는, 거의 운동장만한 대로(大路)를 중심으로 크고 작은 도로를 연결하여 바둑판처럼 109방(坊)으로 나누어 있었다. 장안에는 이런 방(坊)이란 주택가 외에도 세계 최대

---

2) 727년 가을에 안서에 도착하였으니 겨울에는 장안으로 들어올 수 있을 것이라는 추정에서 비롯한 계산이다. 혜초의 연보에서 727년과 733년 그리고 780년만 확인되는 연대이고 나머지는 가설일 뿐이다.

의 개방된 국제도시에 걸맞게 불교를 위시하여 도교·마니교·회교·경교·배화교 등의 사원들이 자리 잡고 있었고, 상점·여관·음식점들이 동시(東市)와 서시(西市)로 나누어 즐비하게 늘어져 있어 성의 주민뿐만 아니라 전 세계에서 모여든 대상(隊商)들로서 항상 법석을 이루었다. 이 당시의 장안성은 동아시아뿐만 아니라 세계 각국과의 교류 중심지였기 때문에 특히 서역풍이 완연한 서시(西市)에는 수만 명에 이르는 귀화인(歸化人)들이 모여들어 거리 자체가 호풍(胡風)3) 일색이었다.

장안에 도착한 이후 혜초화상은 만년에 오대산(五臺山)으로 들어가기 전까지 무려 반백 년이란 긴 세월을 머물며 밀교승으로서 많은 활동을 하였다. 그러니까 장안성 곳곳에는 혜초의 발길이 닿지 않은 곳이 없었다고 보아도 무리가 아니다. 혜초는 궁중의 원찰(願刹)인 내도장(內道場)에서4) 중책을 맡아서 황제의 명에 의해 나라를 위한 축원(祝願)을 하거나 기우제(祈雨祭)를 지내는 등 그의 위상은 대단히 높았다. 또한 그의 3권짜리 순례기인 『왕오천축국전』에서 쓰인 단어들은 혜림(慧琳, 768~820)에 의해 『일체경음의(一切經音義)』란 일종의 용어집에 수록되었을 정도로 그 방면에서도 인정받는, 말하자면 베스트셀러 작가로서의 대접도 받았다.

그러면 혜초사문이 "서역에서 돌아와 어디에 여장을 풀었을까?"로 관심을 돌려보자. 첫 번째로 천복사(薦福寺)라는 사찰을 떠

---

3) 李白도 그런 이국풍에 대해 "장안의 젊은이들 金市의 동쪽으로 은안백마를 타고 춘풍을 뚫고 가네. 낙화 짓밟으며 어느 곳에 가서 놀려는가, 웃으며 들어오는 胡姬가 있는 술집으로." 이렇듯 혜초가 있었을 당시의 장안성은 국제적인 도시였다.

4) 황실의 안녕을 축원하는 궁중 내의 불당을 말한다. 측전무후에 의해 大明宮의 長生殿에 설치되어 그 후에 계속되었다. 불공삼장 때는 대흥선사에도 내불당을 설치한 것으로 확인되고 있다. "請於興善當院兩道場各置持誦僧制一首"(『大正新修大藏經』의 『代宗朝 司空大辨正廣智三藏和上表制集』 권4).

올릴 수 있다. 그 이유로 혜초가 천축으로 순례를 떠나기 전에 인연을 맺었던, 당시 중국 밀교의 태두인 두 인도승인 금강지(金剛智/ Vajrabohdi, 671~741)5)와 불공삼장(不空三藏/ Amoghavajrag, 705~774)이 주석하고 있었던 곳이기 때문이다. 또한 수많은 해동의 승려들이 머물고 있었다는 개연성도 있다.6) 그렇지 않아도 천축에서 돌아온 혜초는 집도 절도 없는 처지이고 가족도 친구도 없는 이방인이었다. 그래서 전문번역가가 부족했던 두 스승은 이미 범어(梵語) 실력이 많이 향상된 혜초를 반갑게 맞이하고는 다시 사제(師弟)의 인연을 이어나갔으리라. 이는 무엇보다도 혜초화상이 천축국에서 돌아온 후 6년 뒤인 733년부터 천복사(薦福寺)에서 금강지삼장(金剛智三藏)을 모시고 8년 동안 불경을 번역했다는 혜초 자신의 기록7)에서도 보이고 있는 사실이다.

천복사 경내에 있는 소안탑(小雁塔)8)은 유명한 순례승 의정(義淨)9)이 뱃길로 천축에서 돌아오며 많은 경전을 가져오자 황제가 천복사 경내에 전탑을 조성하여 보관케 하였다는 유래를 갖고 있

---

5) 金剛智(Vajrabodhi, 671~741)는 선무외와 더불어 중국 密教의 開祖로 꼽힌다. 10살 때 나란다 대학으로 출가하여 6년 동안 三藏과 唯識學을 공부하고 그 뒤 남인도로 가서 7년 동안 密教를 수행하여 5부의 灌頂을 받고 720년 배를 타고 중원으로 왔다.
6) 엔닌(圓仁)은 장안에서 만났던 胡僧은 출신국에 따라 '○○國僧'으로 표기한 데 반하여 신라승려만은 '諸寺新羅僧等'이라고 기록하고 있는데, 이는 많은 사원에 신라승들이 있다라는 뜻이다.
7) 『大正新修大藏經』의 「代宗朝 司空大辨正廣智三藏和上 表制集」 권4.
8) 장안의 중심지인 鐘樓, 鼓樓에서 멀지 않은 곳에 있어서 시내 어디서나 올려다보인다. 707~709년간에 건립된 전탑으로 처음에는 15층탑이었으나 지진으로 2층이 무너지고 相輪 부분도 없어져서 지금은 13층으로 약 43m가 남아 있다. 대안탑이 남성적인 데 비해 여성적인 아름다움으로 평가 받고 있다. 그 아래에 천복사가 있지만 승려들은 없다.
9) 뱃길로 천축을 왕복한 의정은 25년 만에 694년 광주로 돌아와서 장안 천복사에 머무르며 역경을 하였다. 『南海寄歸傳』과 『大唐西域求法高僧傳』을 저술하였다.

다. 현재도 몇 차례 지진에 상류부가 좀 무너지긴 했지만, 아직도 보면 볼수록 웅장하고 단아한 자태로 서 있는데, 혜초의 체취가 서려 있는 곳이기에 더욱 의미가 깊다.

당시 천복사와 또 하나의 대찰 대흥선사(大興善寺)는 중국 밀교의 1번지였다. 밀교는 7세기 전후로 인도사회에서 기존의 대승불교가 이론적 논리에 빠져서 민중을 도외시한 데 대한 반작용으로 새로 일어난 새로운 사조로 이론보다는 의궤(儀軌)란 형식을 중요시하면서 깨달음으로 바로 들어가자고 주장하였다. 그렇기에 현학적인 대승불교에 식상한 사람들에게 새바람을 불러일으킬 수가 있었다. 당시 중국 밀교는 선무외(善無畏)와 금강지(金剛智)로 대표되는 두 종파의 개화기였다.[10]

당시 성의 남동쪽 교외의 대자은사(大慈恩寺) 안에는 652년 현장법사(玄奘法師)가 천축에서 가져온 불경을 보관하기 위해 세운 7층 전탑(塼塔)인 대안탑(大雁塔)이 장안의 상징처럼 유명하였다. 그리므로 기존 불교는 자은사를 중심으로, 신사조인 밀교(密敎)는 천복사를 중심으로 역경사업을 펴나갔다.

그러니까 자연스럽게 혜초사문도 장안성에서의 긴 세월을 처음에는 천복사에서 시작하여 후에는 불공삼장의 주석처인 대흥선사(大興善寺)를 거점으로 활동을 하게 되었다. 이 당시 우리의 혜초화상은 다시 의미 있는 기록을 남긴다. 바로 현종(玄宗) 개원(開元) 21년(733)으로, 그가 천축국에서 돌아온 6년 뒤에 일이고 나이 30살(?) 되던 해였다. 혜초화상은 『대승유가천발대교왕경서(大乘瑜伽

---

10) 善無畏는 眞言密敎의 고승으로 동천축의 왕족 출신으로 출가하여 나란다에서 대성하였다. 80세 때(716) 그의 스승의 명에 따라 당(唐)나라로 왔다. 玄宗은 감격하여 그를 맞이하고 西明寺 주지로 대우하였다. 선무외가 『大日經』 등을 번역한 데 반하여 금강지는 천복사에 머물며 『金剛頂經』을 번역하여 양대 산맥을 이루었다.

千鉢大教王經序)』(이하 『천발경』이라 약칭한다)를 통해 "천복사에서 금강지를 모시고 밀교의 교법을 전수받고는 8년 동안 금강지를 스승으로 모시고 수행을 하였다"라는 사실을 밝혔다. 그리고 740년 4월 15일 현종(玄宗)이 천복사를 행차하였을 때 역경 건을 상주하여 5월 5일 황제의 윤허를 받아 그날 새벽부터 향을 사르고 번역에 착수하였다고 그 사연도 기록하고 있다. 이 긴 이름의 밀교 경전을 금강지가 구술하면 혜초가 받아 적는 식이었는데, 그 해 12월 15일에야 번역을 마쳤다고 한다. 말하자면 둘의 합작번역이었던 셈이었다. 그러나 이듬해 금강지의 죽음과 이어서 금강지의 법통을 이은 불공삼장(不空三藏)[11]마저 천축으로 가버리자 번역작업은 잠시 중단되었다.

현재의 서안시내 어디에서도 보이는 소안탑(小雁塔)이 있는 천복사를 나와 시내 반대편으로 두 불럭을 가면 현재 중국 밀교의 본산인 대흥선사(大興善寺)가 나타난다. 바로 혜초화상이 오래 주석하였던 곳이다. 이 사원 역시 근래 문화혁명(文化革命) 때 큰 피해를 입었으나, 필자가 3번째로 그곳을 찾았을 때는 계속된 발굴과 중건으로 옛 모양을 찾아가는 중이었고 수행하는 스님들도 많이 눈에 띠어서 천복사의 실정과 대비되고 있었다.

대흥선사의 건립은 수(隋)나라 때 이루어졌는데, 문제(文帝)에 이어 양제(煬帝)도 불교를 적극 장려하여 수도인 대흥성(大興城, 長安) 안에 대흥선사(大興善寺)를 지어 전국 불교의 본거지로 삼았다. 양제는 '번경원(飜經院)'이란 불경번역전문기관을 세워 천축불교의

---

[11] 不空金剛(Amogha-vajra, 705~774)은 스리랑카 출신으로 15세 때부터 금강지를 사사하여 720년 중원으로 건너와 불경번역을 하다가 741년 남인도로 돌아와 용지(龍智)로부터 범본(梵本)을 전수받아 진언(眞言)의 비법을 배우고, 746년 다시 중국으로 가서 죽을 때까지 불경 번역과 포교활동을 하면서 『金剛頂經』을 비롯하여 밀교 경전 110부 143권을 번역하여 중국 밀교의 기초를 닦았다.

중원화에 박차를 가하였다. 수나라를 고스란히 이어받은 당나라에 들어와서도 대흥선사는 국찰(國刹)로서의 위치는 흔들리지 않았다.

불공삼장이 스승 금강지를 도와 역경에 종사하다가 스승이 입적하자 스승의 유촉대로 사자국(獅子國)으로 건너가 많은 밀교 경전을 구해가지고 5년 뒤에 돌아오자 경전번역은 다시 활기를 띠게 된다. 이에 혜초사문은 대흥선사를 무대로 이번에는 불공삼장을 모시고 다시 역경에 몰두하게 된다. 그 뒤 불공은 궁중에 법단(法壇)을 세우고 관정의식(灌頂儀式)을 베풀며 기우제(祈雨祭)를 지내는 등 제사(帝師)로서의 활동을 하면서 현종(玄宗), 숙종(肅宗), 대종(代宗) 3대 황제의 신임을 받으며 중국 밀교의 뿌리를 내리는 데 큰 공헌을 한다.

당시 '안사(安史)의 난(亂)'(755)과 '토번(吐蕃)의 침입(侵入)'(765) 같은 전란으로 장안이 자주 유린되었던 시기였기에 호국불교란 이름하에 밀교의 주술적(呪術的)인 신통력에 기대어 역대 황제들은 적극적인 후원을 아끼지 않았다. 『대흥선사지(大興善寺誌)』12)를 보면 승려들에 대한 벼슬과 시주물품의 하사기록이 자주 나타나는 것으로도 이런 배경을 뒷받침할 수 있다. 이렇게 불공삼장과 대흥선사는 중국 밀교의 근원지였다. 불공이 제사(帝師)로서의 눈부신 활약을 하였기에 대종황제는 숙국공(肅國公)이란 벼슬과 식읍(食邑) 3천호(千戶)까지 내렸으나 불공이 끝내 사양하고 70세의 일기로 입적하자 황제는 크게 슬퍼하고 '대변정광지불공삼장화상(大辨正廣智不空三藏和上)'이란 시호(諡號)를 내리고 3일 동안 국상(國喪)에 준하는 추모기간을 선포하였다. 그날의 광경을 기록하고 있는 불공화상의 비석은, 마치 신념을 위해 머나먼 타향에서 중생

---

12) 王亞榮 編著, 『大興善寺』(長安佛敎硏究叢書), 三秦出版社, 1986.

들을 위해 헌신했던 한 인간의 초상이 이러하다는 것을 지나가는 나그네들에게 일깨워주려는 듯 지금도 대흥선사 경내에 쓸쓸히 서 있다. 불공의 유업인 역경불사는 '회창폐불(會昌廢佛)' 이전까지 계속되었는데, 이는 한 세기 뒤에 역시 대흥선사에 머물며 금강계 밀교를 배워 돌아가 일본의 밀교를 정착시킨 엔닌(圓仁, 794~864)의 『입당구법순례행기(入唐求法巡禮行記)』에서도 잘 나타난다.13)

엔닌의 기록에 의하면 대흥선사나 천복사에는 번경원(飜經院)이라는 번역전문기관이 있어서 밀교와 만다라 등을 연구할 수 있었다. 또한 금강지와 불공의 위상이 한 세기 후에도 대단했음을 기록하고 있는데, 그것은 바로 당시 혜초화상도 그만한 대접을 받았을 것이라는 뜻과 같다. 혜초와 불공의 연보를 비교해보면 알 수 있듯이 그들은 동년배이고 앞서거니 뒤서거니 중원으로 들어왔고 또한 각기 천축을 순례한 처지였고 둘 다 장수하여 거의 40여 년 동안14)을 대흥선사에서 함께 살았던 사이였다. 비록 스승 금강지와의 인연과 밀교의 전통 때문에 불공을 스승으로 대접은 했겠지만, 아마도 사석(私席)에서는 도반(道伴)처럼, 사형제(師兄弟)처럼 지내기도 했었을 것이다. 불공삼장이 입적하기 전에 발표한 유서(遺書, 774년 5월 7일)에는 우리에게는 아주 중요한 구절이 보인다.

---

13) 엔닌(圓仁, 794~864)은 15세에 출가하여 天台學을 공부하다가 44세 때인 838년 중원으로 들어와 오대산을 경유하여 장안에서 6년을 머물다 당 무종의 '회창법난'을 만나 추방되어 新羅坊의 도움으로 귀국하였다. 10년에 걸친 여행기인 『대당구법순례기』는 일본에서는 『동방견문록』과 『대당서역기』와 더불어 세계 3대 기행기로 꼽힌다. 엔닌은 오대산과 장안편에서 "840년 10월 29일. 우리는 대흥선사로 가서 翻經院에 들어가 금강계의 대법을 배우기 시작했다. 번경당의 남쪽에는 大辨正廣智藏 불공화상의 사리탑이 있다. 두 화상은 일찍이 이곳에서 불경을 번역하였다"라고 기록하고 있다.

14) 733년에서부터 불공이 입적한 774년까지 거의 40년을 함께 살다시피한 동년배의 친구이면서 도반이면서 스승인 셈이었다. 불공이 입적하기 전 774년에 대흥선사에서 혜초에게 마지막으로 『瑜伽心地秘密法門』을 전수한 것을 보아도 둘의 관계는 돈독했다고 볼 수 있다.

"내가 지금까지 밀교의 비법을 전수한지 30여 년 동안에 문하에 제자가 자못 많지만, 그중 6명이 우뚝했다. (…중략…) 그러하니 후학들은 수행 중에 의혹이 들거든 서로 일깨워주어서 정법의 등불이 끊이지 않도록 해서 은혜를 갚도록 하라."

이 유촉은 2천 명에 달했다는 불공삼장의 문하생 중에서 '6대 제자(弟子)'를 선정한 대목이다. 그 첫째는 자신이 천축까지 데리고 다닌 심복제자 금각함광(金閣含光)이었고, 두 번째가 불공의 법통을 이어 대흥선사의 주지를 맡아 황실과의 가교를 이은 숭복혜랑(崇福慧朗)이었고, 세 번째가 신라 혜초(慧超)였다. 위의 4자(字)는 의미심장한 단어이다. 처음이자 마지막으로 혜초가 신라인이란 것을 객관적인 자료상으로 고증하는 것이기 때문이니까. 이런 사실들을 종합해보면 당시 밀교에서 혜초화상의 위치가 얼마나 당당하였었나 짐작하기 충분하다.

장안에서의 긴 세월 중에서 혜초의 주된 관심사는 물론 스승의 유촉을 받은 밀교 경전의 역경사업이었지만, 그의 위치가 올라감에 따라, 궁중 내의 불당(佛堂)을 주관하는 지송승(持誦僧)의 역할도 맡게 되었다. 원래 내불당(內佛堂)이란 황실의 안녕을 축원하는 불당으로 대명궁(大明宮)의 장생전(長生殿)에 설치되어 있었는데, 후에 당시 3대에 걸친 역대 황제들의 신임을 받은 불공삼장이 제사(帝師)를 겸하고 있었기에 그가 주석하고 있는 대흥선사로 내불당을 옮기고는 그곳의 소임을 맡을 7명의 밀교승을 선발하여 주관케 하였다. 혜초사문은 당연히 상석을 차지하였는데, 그들의 역할 중에는 큰 가뭄이 들면 황제 대신에 기우제(祈雨祭)를 지내는 것도 포함되어 있었다. 불공이 생존했을 때 나라의 중대한 기우제는 불공자신이 지냈지만, 병이 들자 그 역할이 혜초화상에게 돌아왔다.

겨울 가뭄이 심하던, 774년 1월 혜초화상은 대종(代宗)의 칙명

(勅命)으로 선유사(仙遊寺) 옥녀담(玉女潭)에서 7일 동안 기우제를 지내고 그 결과를 황제에게 표문을 지어 알렸다. 그 표문에 의하면, 혜초가 야단법석을 쌓고서 만다라를 펼치고 향을 피우며 비밀의 주문을 외우자 산천초목이 이에 응답하여 갑자기 하늘에서 비단 같은 보슬비가 흡족하게 내렸다고 한다. 이어서 혜초는 그런 현상이 하늘이 황제의 정성에 감동했기 때문이라며 그 공덕을 회향하고 있다.15)

2) 오대산에서의 회향(廻向)

774년 같은 스승을 모신 40여 년 간의 도반이면서 또한 훌륭한 스승이던 불공삼장(不空三藏)이 병마로 쓰러져 입적하게 되자 혜초화상은 문득 무상(無常)을 느꼈다. 3대에 걸친 역대 황제들의 신임을 받으며 제사(帝師)라는, 승려로서는 최고의 신분으로 모든 영광을 누렸음에도 불구하고, 결국 '삶과 죽음의 길'은 이러하다는 듯 불공삼장이 떠났고 뒤 따라 혜초화상을 적극 후원해주던 대종황제(代宗皇帝) 또한 붕어(崩御, 779년)하고 덕종(德宗)이 즉위하자 더욱 그러하였다. 문득 혜초화상은 자신의 육신을 돌아다보았다. 이미 자신이 5만 리를 걸어서 천축을 순례했던 철인 같았던 젊은이가 아니었다.

그리하여 반백 년 동안의 장안에서의 생활을 정리하고는 마침내 오대산으로 향했다. 장안에서 오대산까지는 이미 고희(古稀)를 훨씬 넘긴 노구(老軀)인 혜초화상에게는 결코 만만한 길이 아니었다. 그 길은 동쪽으로 뻗어 있었다. 해가 뜨는 동쪽 하늘 아래에는

---

15) 『大正新修大藏經』 「代宗朝 司空大辨正廣智三藏和上 表制集」 권4에, 『賀玉女潭 祈雨表』는 권5에 원문이 있고, 변인석의 「玉女潭의 位置比定에 대하여」(『伽山學報』 8, 1999)에 자세하다.

금각사 전경

닭울음소리 들리는 그의 고향 계림(鷄林)이 있겠지만, 그곳은 노구의 혜초에게는 너무 멀고 아득하였다. 해동의 고향으로 간들 그 누가 있어 반겨줄 것인가?

오대산(五臺山, 3,058m)은 중국 대륙 북동쪽에 있는 명산으로 다섯 봉우리로 이루어졌다고 해서 붙여진 이름으로 『화엄경(華嚴經)』16)에 의하면 문수보살(文殊菩薩)이 거처하는 청량산(淸涼山)과

---

16) 『華嚴經』 권29 「菩薩住處品」에 의하면 "동북방에 보살이 주석하고 있는 산을 청량산이라 한다. (…중략…) 보살의 이름이 文殊舍利로, 일만권속들이 항상설법을 하고 있다." 또한 화엄종 제4조(祖)이며 청량국사(淸涼國師)라는 별호를 가진 증관선사(證觀禪師)는 『화엄경소(華嚴經疏)』권47에서는 "청량산은 오대산이다. 그 안에 청량사가 있다"로 기록하고 있다.

청량사 전경

동일하게 인식되었다. 오대산은 원래는 도교(道敎)에 의하여 개산(開山)되었으나 5세기 후반 북위(北魏)의 효문제(孝文帝)에 의하여 불광사(佛光寺)와 청량사(淸凉寺) 등이 세워짐으로써 불교성지가 되어 수·당대(隨·唐代)에는 법화(法華), 화엄(華嚴), 천태(天台), 정토(淨土) 등의 전통종파와 신흥 밀교(密敎)의 고승들이 앞 다투어 사원을 개창하였다.

오대산은 또한 우리 해동과의 인연이 깊다. 신라 선덕여왕(善德女王) 13년(644) 때 자장율사(慈藏律師)가 청량사(淸凉寺)에서 47일 기도를 마치고 문수보살로부터 불사리와 금란가사를 받고 귀국하여 설악산(雪嶽山) 봉정암(鳳頂庵)에 사리탑을 세웠다는 설화 등과 연결고리가 있다.

780년 4월 15일 건원보리사에 도착한 혜초는 다시 번역에 착수하였다. 마침 그곳에는 자신이 오래전에 천복사에서 번역했던 약칭 『천발경』 책이 있었기에, 마지막 일대사라는 심정으로 그것을 한 자 한 자 필사(筆寫)하면서 한편 5문(門) 9품(品)으로 구성된 경전의 의미를 설명하고는 7언(言) 20구절(句節)로 된 서문(序文)을 지어 부쳤다. 약칭 그 『천발경』은 스승 금강지로부터 전수받은 이래 50년의 세월 동안 참구하였던 경전이었으니, 어찌 보면 그 경전은 혜초의 사상적 원천이었을 것이다. 평생 밀교를 수행하였던 혜초 자신에게 문수보살은 주존(主尊/ 이담 (Tib))이다. 밀교 경전은 대개 등장하는 불, 보살 그리고 수호존(守護尊)이 너무 많아 초심자들은 접근하기가 쉽지 않고 또한 긴 제목만을 보아서는 이것이 본문인지 제목인지가 헷갈릴 정도지만, 혜초가 오랫동안 참구했던 『대승유가김강성해만주실리천비천발대교왕경(大乘瑜伽金剛性海曼珠實利千臂千鉢大敎王經)』이라는 길고 난해한 제목이지만 그 핵심코드는 만주실리(曼珠實利/ Manjushri), 즉 문수보살이다. 혜초는 이 긴 이름의 경전에서, 문수보살과 청량산에 관계를 집약해서 설명하고 있다.17)

문수보살의 덕을 말하자면 신령스러운 자취는 갠지스강과 같고 성스러운 깨달음은 무한한 신통력을 일으켜서 헤아릴 수 없는 오랜 시간을 대비한 원력을 세워 깨달음의 세계에만 머물지 않으니 더할 수 없이 존귀한 보살이시다. 스스로 황금빛 정토에서 이 사바세계의 청량산에 오셔서 뭇 중생들을 이끌어 깨우치게 하시고자 밝은 등불과 자비의 구름으로, 때론 일만 보살로 나타나시기도 한다.

---

17) 『大正新修大藏經』 권20에 원문이 있다. 『천발경』에 대하여는 김영태, 「신라승 혜초에 대하여」(『가산학보』 3권, 1994)가 있다.

마지막 일대사를 마감하고 몇 년의 세월18)이 평화롭게 지난 어느 하루, 혜초화상은 목욕재계하고 깨끗한 옷으로 갈아입고 흰 사자를 타고 남대봉(南臺峰)까지 친히 마중 나오신 문수보살의 손을 잡고서 열반(涅槃)에 드셨다. 극락조(極樂鳥/ Kalavinka)의 미묘한 노래 소리가 들리는, 항상 연꽃이 만발하게 피어 있다는 그곳으로 떠나갔다. 그날도 남대봉에는 낮에는 꽃비가 내렸고 저녁에는 찬란한 노을이 붉게 타올랐고 밤이면 며칠 동안 마치 무지개 같은 빛이 온 산에 감돌았다.19)

혜초화상이 육신을 벗든 말든, 오대산이 주인을 잃든 말든, 세월은 또 어김없이 흘러갔다. 그렇게 한 세기가 지났을 때였다. 어느 하루 바다 건너에서 온 한 순례승이 불공삼장의 체취를 찾아 금각사를 방문하여 문수보살에게 경배하였다.20)

金閣은 우뚝하고 외롭게, 삼나무 숲 위에 서 있는데, 흰 구름은 그 발아래 떠돌고 있으며 푸른 지붕은 초연히 걸려 있다. 이층으로 올라가 다섯 불상에 예배했다. 이 불상은 不空三藏이 당 나라를 위해 만든 것이다. (…중략…) 또한 불공의 제자 含光이 나라를 위해 칙명을 받들어 수도하던 곳이다.

그러니까 그때만 해도 혜초의 스승인 불공삼장과 그의 '6대 제자(弟子)' 중의 하나였던 금각함광(金閣含光)의 흔적은 확인되고 있었다.

---

18) 현재 일반적으로 쓰이는 혜초의 연보는 아직은 가설로 만약 혜초가 704년 출생이라면, 이때가 이미 77세라는 고령이다.
19) 김규현, 『혜초따라 5만리』, 여시아문, 2005, 34~37쪽.
20) 圓仁, 신복룡 역, 『入唐求法巡禮行記』, 정신세계사, 1991, 201쪽.

3) 건원보리사(乾元菩提寺)

오대산에 도착한 혜초는 780년 4월 15일 건원보리사라는 곳에 바랑을 풀었다. 이것은 자신이 직접 쓴 기록21)인―『至唐建中元年 四月十五日 到 五臺山 乾元菩提寺 至五月五日 沙門慧超 首再錄』―에 의해 분명한 사실이다. 위 원문에 보이듯이 '오대산 건원보리사'와 '사문혜초'란 글자가 뚜렷하다.

혜초화상에게 오대산은 인연이 많은 곳이다. 왜냐하면 스승 불공삼장은 황제의 후원으로 오대산에 금각사(金閣寺)를 건립하고 큰 상좌 함광(含光)을 비롯한 많은 제자들을 보내 나라와 황실의 평안을 위한 기도를 하게 하였기 때문이다.

이는 '金閣含光'이란 네 글자로 간단히 증명되는 일이다. 불공삼장의 제자들의 오대산행은 기록상으로도 빈번했다. 당연히 혜초화상도 스승을 수행하여 도반들과 함께 오대산을 들락거렸을 것이다.22)

여기서 문수보살-금강지-불공삼장-금각사-함광-혜초를 연결하면 혜초가 오대산으로 들어온 정황이 쉽게 그려진다. 혜초사문은 자기의 생을 회향하기 위해서, 자기 영혼을 주존인 문수보살에게 의탁하기 위해서 동문사형제들이 머물고 있는 오대산에 들어왔을 것이다.

대종(代宗)의 제사(帝師)였던 불공삼장(不空三藏)은 당시 전란으

---

21) "至唐建中元年四月十五日 到五臺山乾元菩提寺 至五月五日沙門慧超首再錄"이 들어 있는 약칭 「천발경서」는 『高麗八萬大藏經』 권36 「溪函」과 『大正新修大藏經』 권20 724-5편에 들어 있다.

22) 『불공표제집』 「往五臺山修功德謝聖恩表」 條에는 대력(大曆) 12년에 제자 혜효(惠曉)가 칙명으로 오대산을 다녀온 내용이 보이는데, 이 당시는 혜초가 선유사에서 기우제를 지낸 3년 뒤이니 불공이 떠난 장안에 남아 있기 어려운 상황의 혜초가 사제인 혜효를 따라갔을 가능성도 배재할 수 없는 개연성이 있다.

로 심신이 어지러운 황제에게 관정수계(灌頂受戒)를 주어 불심(佛心)에 불을 지피고 국태민안을 위해 장안 대흥선사(大興禪寺)의 문수각(文殊閣)과 쌍벽을 이루는 문수도량을 오대산에 세우는 것이 좋겠다는 생각에 황제를 설득하여 조칙을 받아냈다.

그리고는 인도 나란다에서 온 순타(純陀)와 도선(道仙)의 공동 설계에 의해 국제적인 감각의 거대한 사원을 짓고는 천축 순례길을 함께 다닌 심복제자 함광(含光)을 금각사의 주지로 임명한다.23)

그리하여 대종 대력(大曆) 4년(770) 준공에 즈음하여 불공삼장은 공덕제(功德祭)를 올리려고 오대산으로 향했다.

이렇게 오대산이란 첩첩산중에다 거국적인 중창불사를 벌린 이유는, 물론 당시가 변란이 끊이지 않은 시기였음으로 민심을 결집시킬 호국도량이 필요한 때문이기도 했지만, 불공삼장 개인적으로는 이제 막 뿌리를 내린 신흥세력인 밀교의 정착에 부차적인 목적이 있었을 것이다. 이런 역할은 전통적인 선교(禪敎)보다는 실질 불교를 지향하며 기우제(祈雨祭) 같은 초과학적 신통력을 중시하는, 금강계(金剛系) 밀교(密敎)의 성격과 부합되기에 현종(玄宗)-숙종(肅宗)-대종(代宗)을 잇는 3대에 걸친 황제들이 모두 기존 불교를 등한시하고 밀교를 전폭적으로 후원하게 되었다.

이렇게 주지로 임명된 금각함광(金閣含光)은 스승의 유지대로 한평생 『호국인왕경(護國仁王經)』 등을 외우며 나라와 황실을 위한 기도를 하면서 금각사를 지켰다.

그러니까 세수 80에 가까운 혜초사문에게는 스승의 유지가 서

---

23) 이때 대종은 전란 중임에도 불구하고 전국에 10명의 절도사에게 건축비를 부담시키기도 하였고 태원부(太原府)의 관원들에게 행사에 소요되는 재물의 준비에 소홀함이 없도록 하라는 칙명을 내리기도 하였다 『불공표제집』이나 『대흥선사지』에는 궁중의 관리들과 귀족들이 앞 다투어 낸 보시금의 내역과 사용된 공사 금액 그리고 부역에 동원된 목수들의 이름까지 세세히 열거되어 있다.

려 있으며 더구나 자신의 사형(師兄)24)이 주지로 있는 금각사에 노후를 기탁하기 편했을 것이다.

이쯤에서 우리는 혜초화상이 적어도 20일 동안 머물며 약칭『천발경』을 번역하고 그 과정을 기록한 서문까지 직접 쓴 장소인 보리사에 대하여 궁금해 하지 않을 수 없다. 왜냐하면 그곳에서 혜초화상이 열반에 들었을 개연성이 많은 곳이기 때문이다. 이는 거의 80(?)을 바라보는 노쇠한 혜초화상이 교파(敎派)가 다른 사원으로 주석처(主席處)를 옮겼을 가능성이 희박하다는 정황에다 근거를 둔 가설이다. 그렇다면 문중서열(門中序列)로 볼 때 '6대 제자(弟子)'란 높은 배분으로 당연히 금각사 그 뒷산 어디쯤에서 다비식까지 치러졌을 것이며 또한 근처 어디에 소박한 부도탑(浮屠塔) 하나 세워졌을 것이다. 그러니까 어찌 보면 우리나라 불교사적으로 가장 의미 있는 장소의 하나이다.

그러나 부끄러운 현실이지만, 사실 그 동안 불교계나 관계학자들의 노력에도 불구하고 이 건원보리사를 찾지 못했다. 오리무중이었다. 보리사의 유지(遺址)를 찾는 작업은 고사하고라도 문헌상으로도 혜초 스스로 쓴『천발경서(千鉢經序)』에 기록되어 있는 '건원보리사'란 다섯 자 이외에는 한 자도 더 찾지 못했다. 나 자신도 지난 20여 년 동안, 마치 화두처럼 변해 버린 이 난제를 풀기

---

24) 금강지와 불공삼장 제자들의 系譜는 다음과 같다.
    * 金剛智 - 一行
        - 不空三藏
        - 金閣 含光
        - 崇福 慧朗
        - 新羅 慧超
        - 靑龍 慧果
        - 保壽 元皎
        - 保壽 覺超
        - 曇貞
        - 李元琮(居士)

위해 오대산 골짜기를 수차례 답사하고 관계되는 국내외 도서관을 수없이 뒤졌으나 결과는 역시였다. 이런 상황은 혜초사문이 머물렀을, 8세기의 오대산의 정황이 상세히 그려진 〈오대산도(五臺山圖)〉에도 산내 85개[25]의 사원 이름에서도 또한 여러 종류의 『청량산지(淸凉山誌)』[26]를 비롯한 풍부한 문헌적 기록 어디에도 보리사란 이름을 확인할 수 없었었다는 사실을 말한다.

그래서 필자 자신도 단행본 출판마감이란 시간에 쫓겨 "혜초사문이 입적한 것으로 알려진 乾元菩提寺는 金閣寺의 별칭이거나 소속 末寺의 하나일 것이다"[27]라는 결론을 내렸었다. 그 근거는 다음과 같았다.

첫째는 '건원(乾元)'이란 단어가 당나라 8대 황제인 숙종(肅宗)의 연호(年號)이기에 '건원보리사'는 고유명사라기보다 숙종의 명복을 비는 원찰(願刹)이라는 보통명사라고 볼 수 있다는 데서 비롯되었다. 사실 황제의 연호를 사원(寺院) 이름으로 쓴 사례는 많이 있다.[28] 봉건왕조 시대에서는 임금의 호칭을 직접 사용하는 것은 금

---

25) 종래에는 67개로 알고 있었지만, 돈황연구소에 의해 조사에 의하면 당대 오대산의 사원수는 85개로 확인되었다.

26) 오대산의 기록들은 당대(唐代)의 혜상사문(慧祥師門)이 지은 『고청량전(古淸凉傳)』 2권, 연일사문(延一師門)이 지은 『광청량전(廣淸凉傳)』 3권, 그리고 송대 장상영(張商英)이 지은 『속청량전(續淸凉傳)』이 있는데, 이들은 모두 현재 『대정신수대장경(大正新修大藏經)』 권51에 원문이 전하고 있다. 또한 이들을 참조하여 명(明)나라 때 석진증(釋鎭證)이 편찬한 『청량산지(淸凉山志)』도 현재 그 영인본을 오대산 일원에서 구할 수 있어서 오대산의 옛 모습을 엿보는데 별 문제가 없지만, 그 어디에도 보리사 또는 보리암은 없었다.

27) 김규현, 『혜초따라 5만리』, 여시아문, 2005, 23~29쪽.

28) 『不空…表制集』에는 "吳摩子寺라는 사원의 이름을 大曆法花之寺로 바꾸게 했다"라는 기사가 보인다. 여기서 '대력'은 대종황제의 연호이다. 역시 '大聖金閣寶應鎭國寺'란 긴 이름의 사원명이 보이는데, 여기서 '보응'은 역시 '대력'과 같이 대종황제의 연호이고 '진국사'는 국찰을 의미하니 〈대성+금각+보응+진국+사〉가 되어 바로 "聖上 대종황제의 나라를 평안케 하고자 하는 기원의 사원"이라는 뜻으로 해석된다. 그러니까 '보응진국사'라는 이름은 고유명사가 아니고 황제가

기사항이다. 그렇기에 편년체적 기술이나 황제를 지칭하는 경우에는 주로 연호를 사용하였다. 예를 몇 개 들면 현종(玄宗)은 개원성상황제(開元聖上皇帝)로, 숙종(肅宗)은 건원광천문무효감황제(乾元光天文武孝感皇帝)로 부르는 식이다. 이런 실례에 의하면 '건원보리사'도 〈乾元+菩提+之+寺〉로 풀이하여 숙종황제의 원찰을 가리키는 의미로 해석할 수 있다. 더구나 숙종은 진국금각사(鎭國金閣寺)라는 어필현판(御筆懸板)을 하사했다는 기록을 보면 금각사와 인연이 깊었다.

둘째로는 '보리(菩提)'29)란 단어에서였다. 이 말은 사전적으로는 도(道)·지(智)·각(覺)으로 번역되어 "깨달음을 얻는 최고의 지혜나 과정"을 뜻한다. 그리고 그밖에도 지명, 인명 등으로 폭넓게 쓰이는, 가장 보편화된 불교적인 단어이다. 그런데 혜초화상은 길지 않은『천발경』서문에서 무려 9번이나 '보리'라는 단어를 다양한 의미로 사용했다. 이는 혜초가 이 단어를 특별히 즐겨 사용했다고도 해석할 수 있는 대목이다. 이렇게 '보리'가 다양한 용례로 쓰였다면, 보리사는 넓게 해석해서 "당나라의 무궁함과 건원황제의 명복을 기원하는 기원도량"이라는, 숙종과 혜초의 관계30) 또는 대종(代宗)이 아버지인 숙종(肅宗)의 명복을 비는, 효성이 담긴 용어로 사용했을 가능성이 높다. 그래서 필자는 '건원보리사'가 정식명칭 이외에 황제를 높이고 혜초사문 자신을 낮추는 겸양의 의미로 쓰

원력을 세워 지은 절인 '금각사'의 별칭이 되는 셈이다.
29) 일반적으로 범어(Bodhi)의 한역으로 보제(菩提)라고 한역하지만 흔히 '보데' 또는 '보리'라 읽는다.
30) 숙종은 안사의 난 당시 반란군에게서 장안을 수복할 세울 때, 피난을 가지 않고 장안 대흥선사에 남아 있는, 혜초와 불공삼장의 스승인, 금강지(金剛智)와 몇 년 동안 반란군의 동태를 적은 밀지(密旨)를 비밀리에 주고받았고 불공은 제자를 파견하여 숙종을 보필케 했다. 그래서 반란이 평정된 후 금강지는 그 공으로 후한 상을 받고 또한 숙종은 금강지에게서 관정수계(灌頂受戒)까지 받았다. 이렇게 건원, 즉 숙종황제는 혜초의 문중과는 인연이 깊은 처지였다.

인 별칭이라고 해석하여 건원보리사는 금각사의 별칭이거나 또는 그 말사 중의 하나일 것이라는 가설을 제기한 바 있었다.

4) 보리암(菩提庵) 유지(遺址)의 비정(比定)

그러나 시절인연이 무르익어서인지, 바로 그 유명한 돈황(敦煌) 막고굴(幕高窟) 제61호굴 벽화인 〈오대산도(五臺山圖)〉와 돈황연구원(敦煌研究院)이 편찬한 『돈황석굴예술(敦煌石窟藝術)』「幕高窟第六一窟(五代)」이란 책자의 부록으로 붙어 있는 방제(榜題)에서, 우리가 그렇게도 찾아 헤매던 곳이 '菩提之庵'이란 이름으로 '수줍은 듯'이 표기되어 있는 것이 필자에 의해 발견되었다. 여기서 수줍다는 표현이나 과거형으로 이를 강조하는 이유는 물론 과거에도 필자를 비롯한 많은 연구자들이 이 〈오대산도〉를 보았었지만, '보리지암'이란 네 글자는 그 누구의 눈에도 띠지 않았다는 의미이다.

그럼으로 이 네 글자로 말미암아 '건원보리사'를 찾는 일은 새로운 국면으로 접어들 수 있게 되었다. 그래서 필자는 또 다시 오대산으로 달려가 먼저 지도상으로 '보리암'의 근처의 지명이나 사원명을 하나씩 분석하는 방법과 현지를 꼼꼼히 답사해보는 방법을 병행하여 보리암의 유지에 대한 위치비정에 접근하여 보았다.

돈황(敦煌) 막고굴(莫高窟), 일명 천불동(千佛洞)은 세계적으로 알려져 있고 또한 본고(本稿)의 주제 밖이어서 장황한 설명은 필요 없지만, 현재로써 건원보리사의 위치를 비정(比定)할 수 있는 유일무이한 실마리는 바로 〈오대산도〉뿐이기에 간략하게 살펴보지 않을 수 없다.

당(唐) 후기의 돈황은 토번(吐蕃)의 점령 아래에 있었다가 848년 장의조(張議潮)란 호족에 의해 수복되어 당(唐)으로 다시 귀속하여 이른바 귀의군시대(歸義軍時代)를 맞게 된다. 그 뒤 후량(后梁, 910

년)에는 조의금(曹議金)이란 호족이 대두하여 그 후 조씨(曹氏)들에 의한 130년 동안 역시 대리통치시대를 맞는데, 이들 일가는 불교를 신봉하여 여러 개의 석굴을 개창, 중수하여 돈황의 석굴개창사업은 마지막으로 활기를 띤다. 그중 가장 유명한 곳이 바로 조원충(曹元忠) 부부(夫婦)에 의해 947~951년간에 개창된 제61호굴이다. 이 석굴은 막고굴 남쪽의 중단하층에 자리 잡고 있는데, 사방이

〈오대산도〉의 청량사와 보리암 부근

14m 정도의 대형굴로 천정을 비롯해 사방벽면이 모두 정교한 벽화로 채워져 있다. 원래 중앙 불단(佛壇)에는 문수보살과 시종들의 소상(塑像)이 있었는데, 현재는 모두 없어지고 다만 보살의 타고 다닌다는 사자(獅子)의 앞발과 꼬리만 남아 있기에 일명 문수굴(文殊窟)이란 별명을 얻게 되었다.31)

그 불단 뒤에 그 유명한 〈오대산도〉가 그려져 있다. 이 벽화의 크기는 13m×3.4m의 정방형로서 막고굴에서도 가장 큰 벽화로 꼽힌다. 이 〈오대산도〉에는 중국에서 가장 오래된 목조건물인 불광사(佛光寺)를 비롯한 수많은 사찰과 지명과 설화들이 명기(銘記)되어 있어서 예술적 가치를 넘어서 당시 시대적인 모습을 볼 수 있는 학술적 가치로써 높은 평가를 받고 있다. 1993년 돈황연구원장(敦煌研究院長) 단문걸(段文傑/ Duan Wenjie)이 쓴 서문(序文)과 돈황연구소 연구원인 조성량(趙聲良)이 쓴 설명문인 「돈황만기예술(敦煌晩期藝術)의 석과(碩果): 막고굴(幕高窟) 제61굴(第六一窟) 내용과 예술」(이하 「제61굴의 내용과 예술」로 약칭한다)에는 그림 이외에도 방제(榜題) 195조(條), 영이서현(靈異瑞現) 46조, 사원(寺院) 85조(대·소 사원 47, 난야 17, 암자 21), 탑(塔) 15조, 지명(地名) 32조, 송공인(送共人) 12조, 기타 5조를 확인, 기록하고 있고 그밖에도 여러 가지 부차적인 설명을 꼼꼼하게 해놓고 있다.32)

위의 약칭 「제61호굴의 내용과 예술」 12쪽에는 한 장의 지도 〈통왕오대산지로(通往五臺山之路)〉가 있는데, 이 지도에 의하면 오대산으로 가는 옛길은 하북도(河北道, 현 河北省)의 진주(鎭州, 현 正

---

31) 『敦煌石窟藝術』, 敦煌研究院, 江蘇美術出版社 編, 「幕高窟第六一窟(五代)」, 1995, 787×1092cm, 233頁, 彩色版, 10~11쪽.

32) 막고굴에는 이 61호굴 말고도 159호굴을 비롯하여 7폭의 〈오대산도〉가 있지만, 그중 61호굴이 그중 크고 유명하고, 그 외 敦煌遺書에는 〈오대산讚〉〈오대산聖境讚〉〈오대산曲子〉〈往오대산行記〉〈禮오대산詩〉 등도 있다고 기록하고 있다.

定縣)-유천점(柳泉店)-용천점(龍泉店)-영창현(永昌縣)-석자관진(石觜關鎭)-청양령(靑陽岭)-하북도산문(河北道山門) 동남로(東南路)-오대현(五臺縣)을 통하는 길과 또 하나는 하동도(河東道, 현 山西省)의 태원(太原, 옛 北京, 현 태원)에서-태원(太原) 백양점(白楊店)33)-석령관(石岭關)-혼주(忻州) 정양현(定襄縣)-하동도산문(河東道山門) 서남로(西南路)-오대현(五臺縣)을 통해 입산하는 길로 나누어져 있고, 또한 '지리조(地理條)'에는 위 지도의 세부적인 내용이 붙어 있는데, 여기서 오대현은 오대산과 140km 거리에 있다고 하였다. 이는 현재의 도로와 크게 다르지 않다.

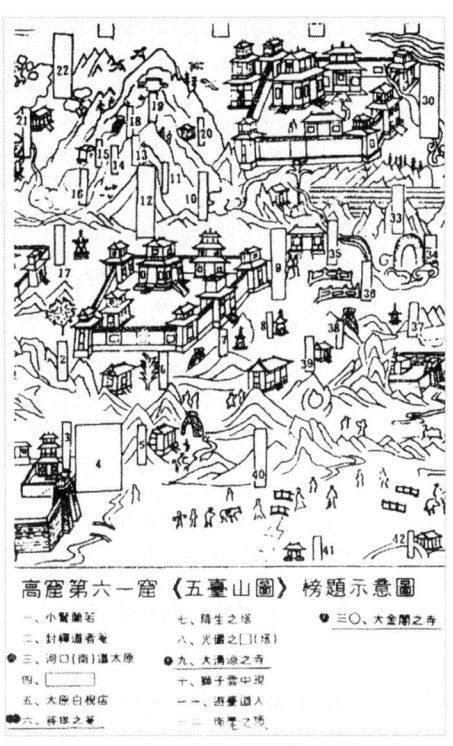

〈오대산도〉의 線描 '榜題示意圖' 보리암 부근

〈오대산도〉 방제(榜題)의 순서에 의하면 河東道太原(#3)-太原白楊店(#5)-菩提之庵(#6)-降生之塔(#7)-光儀之(塔)(#8)-大淸涼之寺(#9)-⋯⋯-大金閣之寺(#30)34)인데, 이들 중에 '#6번 菩提之庵'이 바로 우리가 애타고 찾던 건원보리사로 비정되는 사원이다.

금각사와 청량사는 모두 오대산의 중신지인 태회진(台懷鎭/ 타이

---

33) 白楊普通院은 圓仁, 신복룡 역, 『입당구법순례행기(入唐求法巡禮行記)』, 정신세계사, 1991, 205쪽에도 나온다.
34) 여기서 #으로 표시된 숫자는 부록으로 붙어 있는 〈五臺山圖〉 榜題 38~40쪽에 적힌 순서이다.

화이쩐)이란 곳에 있지 않고 이른바 직행로인 서선(西線)상에 있는 '淸凉景區'35)란 구역에 모여 있다. 그리고 금각사에서 문수석(文殊石)으로 유명한 청량사(淸凉寺)36)는 지척이다. 〈오대산도〉에 보이듯이 그 청량사 바로 앞에 보리암이 그려져 있고 선묘(線描)로 그린 방제시의도(榜題示意圖)에서는 보리암이(#6) 더욱 뚜렷하다. 청량사는 비교적 우리에게 친근한 사찰로 북위(北魏) 효문제(孝文帝) 연흥(延興) 2년에서 태화(太和) 17년 사이(472~493)에 창건되었는데, 당대(唐代)에는 국태민안(國泰民安)의 진국도장(鎭國道場)으로서의 역할을 하였다. 또한 『화엄경(華嚴經)』에 의하면 원래 오대산의 별칭은 청량산이었고 청량사는 그 산 속에 있다고 하였다.37)

필자는 그렇게 오매불망하던 보리암을 찾아내고도 한동안 어떤 의문에서 헤어날 수가 없었다. 왜냐하면 위에서 여러 번 강조한 대로 금각사는 불공삼장(不空三藏)-금각함광(金閣含光)-(菩提)혜초(慧超)로 이어지는 밀교 도량이지만, 알려진 대로 청량사는 화엄종(華嚴宗)의 종찰(宗刹)이어서 혜초화상과는 뭔가 어울리지 않기 때문이다. 그런데, 왜 혜초화상은 금각사 근처에 주석하지 않고 왜 하필 정통 선종계열의 청량사 아래 보리암에서 말년을 보내게 되

---

35) 현재의 오대산의 중심지인 버스터미널에서 서대(西臺)를 이정표로 삼아 계곡길을 따라 올라가다가 갈림길에서 남대(南臺)로 방향을 잡아가다 보면 나타나는 지역으로 이 길은 오대현으로 가는 옛 교통로에 있다. 그곳 금각사와 청량사 사이에 입장료를 받는 서선수비참(西線收費站)이 있다. 태원에서 가자면 오대현에서 좌회전하여 '西線'을 타고 바로 청량사와 금각사로 가는 직행로가 있다.

36) 화엄종의 유명한 종찰로 문수보살의 체취가 어느 곳보다 많이 남아 있던 옛 청량사는 문화혁명 때 완전히 파괴되었다가 최근에 새로 복원되었는데, 그곳에는 문수보살이 설법을 하였다는 그 유명한 문수석(文殊石)이 있어서 순례객의 참배대상이 되고 있다.

37) 『화엄경(華嚴經)』 29권 「菩薩住處品」에 의하면 "동북방에 보살이 주석하고 있는 산을 청량산이라 한다. (…중략…) 보살의 이름이 文殊舍利로, 일만권속들이 항상설법을 하고 있다." 또한 화엄종 제4조(祖)인 증관선사(證觀禪師)의 『화엄경소(華嚴經疏)』 권47에서는 "청량산은 오대산이다. 그 안에 청량사가 있다."

었을까?

그러나 길은 도처에 있다는 듯이, 다음 기록에서 그 의문의 실마리를 푸는 열쇠를 찾아낼 수 있었다. "불공삼장이 大歷 元年(766년) 황제에게 주청하여 청량사를 重修하였다. 이로 인해 淸凉寺는 선종총림과 淨土道場에서 密宗道場으로 변하게 되었다."38)

이 구절을 재해석하면 다음과 같다. 금각사의 창건유래는 현종(玄宗)대에 남방의 선승 도의(道義)와 관련이 있지만39) 금각사 불사의 완공은 대종(代宗) 대력(大歷) 4년(770)에 이르러서였다. 현종에서 숙종으로 이어진 지지부진했던 불사(佛事)를 8대 황제인 대종(代宗)은 즉위하자마자(766) 불공삼장에게 명하여 선황들의 유지를 잇게 하여 770년 마침내 준공한 것이다. 그러니까 대종황제와 불공삼장은 금각사를 짓기 위하여 그 전초기지로 청량사를 중수하여 사용하였다는 의미로 위 구절을 해석할 수 있다.

혜초화상과 인연이 깊었던 대종(代宗, 762~779)은 어찌 보면 불운한 황제였다. 조부 현종(玄宗)이 양귀비(楊貴妃)로 인해 일어난 '안사(安史)의 난(亂)'으로 촉(蜀)으로 몽진(蒙塵)을 하면서 숙종(肅宗)에게 양위를 함에 따라 자연스럽게 황태자에 책봉되었다가 숙종에 이어 제8대 황제에 올랐다. 그러나 그 사이에 7년 동안 당나라를 어지럽힌 반란은 진압되었지만, 그 뒤에도 크고 작은 소요 사건은 끊이지 않았다. 설상가상으로 태종(太宗) 이후에 한 동안 처남매부관계를 맺고 휴전 상태에 있었던 고원 위의 패자(覇者)였

---

38) 崔正森 主編, 『五臺山六十八寺』, 74쪽, 「淸凉寺」條의 기록인데, 『淸凉山誌』에 의거하였다고 하였다.

39) 浙江의 龍興寺의 禪僧 道義가 순례를 하다가 남대봉 근처를 지나다가 홀연히 金閣이 허공에 솟아오르는 모양을 보게 되었다. 이에 도의는 그 광경을 그림으로 그려 玄宗에게 그 자리에 절을 지을 것을 주청했다. 그리하여 현종 開元 24년(736년)부터 불사는 시작되었지만 끊이지 않는 내란으로 지지부진하다가 뒤에 대종 시대에 준공되었다. 明, 釋鎭澄 撰, 『淸凉山誌』 券2 '金閣寺'條.

던 토번(吐蕃/ Tibet)과의 불화로 인해 763년에는 토번의 기마병이 장안성(長安城)을 점령하고 새 황제를 옹립하는 수모를 당하기도 하였다.40) 이런 혼란스런 상황에서 황제에 오른 대종은 국태민안을 위한 기원과 선황에 대한 효심과 자신의 어지러운 심신을 불교, 특히 금강지(金剛智)와 불공삼장(不空三藏)으로 이어지는 신사조인 금강계밀교(金剛界密敎)에 의탁하여 전폭적인 후원을 아끼지 않았다.

이런 시대적인 상황에서 혜초화상은 대종황제가 붕어(崩御)한 다음해(780년)에 오대산에 완전히 입산하기 전에도 여러 번 오대산을 드나들었을 개연성은 많다.41) 앞에서 이야기한 대로 불공삼장과 그의 제자들은 황제의 칙명을 받들어 청량사·금각사·옥화사 등의 건립을 위해 공식적으로 오대산을 드나들었고, 또한 태원부(太原府)에서 열린 만인제(萬人祭) 같은 대규모 법회가 자주 열렸기에 불공삼장의 서열 3번째 제자인 혜초화상이 오대산을 들락거렸을 것이란 추정은 그리 무리하지 않은 논리이다.

그런 사례로 쓰인 사례들이 이를 뒷받침한다. 불공삼장의 행장을 묶은『불공표제집(不空表制集)』에는 "吳摩子寺라는 사원의 이름을 '大歷法花之寺'로 바꾸게 했다"라는 기록이 보인다. 여기서 대력(大歷) 역시 대종황제의 연호이니, 대종 대에 적지 않은 선종사찰들이 밀종화(密宗化)되었다는 사실을 다시 확인할 수 있다. 또한 대종(代宗) 대력 4년에는 천하의 모든 사원에는 대성(大聖) 문수(文殊)를 상좌(上座)에 앉히고 보현과 관음을 양쪽에 모시라는 칙령까

---

40) 김규현,『티베트의 역사산책』, 정신세계사, 2003, 180쪽.
41)『불공표제집』「往五臺山修功德謝聖恩表」조에는 대력(大曆) 12년에 제자 혜효(惠曉)가 칙명으로 오대산을 다녀온 내용이 보인다. 이 당시는 혜초가 선유사에서 기우제를 지낸 3년 뒤이고 스승 불공과 대종황제마저 떠난 장안에 남아 있기 어려운 상황의 혜초가 사제인 혜효를 따라 오대산으로 갔을 가능성도 배재할 수 없다.

지 발표하는 등의 노골적인 밀교의 지원도 있었다.42)

이렇게 한때나마 밀종의 영향권으로 넘어왔던 사찰 중의 하나가 바로 청량사이다. 그러므로 불공삼장의 상수제자인 금각함광이 주지로 있는 금각사와 청량사 근처 보리암에 그 사제(師弟)인 혜초화상이 주석하게 된 것은 당연하다. 또한 당시 혜초화상의 고령의 나이로 보아도 오대산 입구43) 근처에 주석하였을 개연성은 자연스러운 것이다.

난제 뒤에 더 어려운 복병이 숨어 있는 것인지, 무거운 짐을 내려놓자마자 또 다른 화두가 필자에게 다가왔다. 바로 그 많은 오대산에 관한 자료들에 "왜 보리암이 왜 빠져 있느냐?" 하는 점이었다.

오대산의 기록들은 당대(唐代) 혜상사문(慧祥沙門)이 지은 『고청량전(古淸涼傳)』 2권과 연일사문(延一沙門)이 지은 『광청량전(廣淸涼傳)』 3권, 그리고 송대(宋代) 장상영(張商英)이 지은 『속청량전(續淸涼傳)』이 있다.44) 또한 이들을 참고하여 명대(明代) 석진증(釋鎭證)이 편찬한 『청량산지(淸涼山志)』도 현재 그 영인본을 오대산 일원에서 구할 수 있어서 오대산의 옛 모습을 엿보는데 어려움은 없다. 예를 들면 가장 두터운 『광청량전』에는 문수보살과 오대산의 설화를 비롯하여 도의선사(道義禪師)의 금각사(金閣寺)의 개창설화, 측천무후(側天武后)의 청량사의 중수(重修)와 공양기록(供養記錄)45)과 이어진 현종과 숙종의 청량사에 대한 후원기록이 자세히 기록되어 있고 그리고 기타 70여 개의 대소 사찰들의 이름이 보일 정도로 정확하고 상세하다.

---

42) 『大正新修大藏經』 「代宗朝 司空大辨正廣智三藏和上 表制集」 권4.
43) 太原에서 오대산으로 들어가는 옛길은 지금의 五臺縣에서 좌회전하는 '西線'으로 '河東(南)道'라 하는데, 청량사는 바로 이 길의 초입구에 위치한다.
44) 이들은 모두 『大正新修大藏經』 권51에 그 원문이 온전히 전하고 있다.
45) 『大正新修大藏經』 권51, 『廣淸涼傳』 「淸涼寺條」 (2009), 1107쪽.

그러나 명대(明代)에 편찬된 『청량산지』와 그 근거가 되는 위의 3권의 고기록들은 이상하게도 건원보리사 또는 보리암의 기록뿐만 아니라 대종황제 때 활동 했던 밀교승들, 즉 불공·함광·혜초 등의 이름이 한 자도 보이지 않는다는 것이다. 우리의 혜초화상은 그렇다 치고라도 60여 명이나 열거된 고승열전이나 기타 일화에서도 불공삼장(不空三藏)과 금각함광(金閣含光)에 관한 기록은 한자도 보이지 않는 것은46) 뭔가 석연치 않다.

왜냐하면 불공삼장은 당시 대종(代宗)의 관정사(灌頂師)의 신분으로 대력 원년(766)에 대종황제의 칙명에 의해 청량사를 중수하였던 중요한 인물인데, 이런 중창자(重創者)를 기록하지 않았다. 더구나 금각함광 역시 금각사에서는 중요한 인물로, 현재 금각사에도 그의 소상(塑像)이 대종황제와 도의선사(道義禪師) 옆에 있으니, 당연히 금각사의 역사에 기록되어야 마땅한데, 이 두 사람 모두 『청량산지』를 비롯한 어디에도 한자의 기록도 찾아볼 수 없다.

이는 『대정신수대장경(大正新修大藏經)』에 수록되어 있는 동 시대의 다른 기록들, 예를 들면 대종황제 시대의 편찬된 약칭 『불공표제집』에 자주 보이는 불공, 함광, 혜초의 풍부한 기록과는 너무나 큰 편차(偏差)를 보이고 있다. 이 사실을 과연 어떻게 해석해야 할지에 대해서는 훗날로 미루지만, 필자의 한 가설로서는 불교계의 '선종과 밀종의 파워게임'의 하나가 아니었나 하는 생각을 지울 수 없게 만든다. 왜냐하면 현종-숙종-대종으로 이어진 밀교 편들기 시기에는 열세에 몰려 있었지만, 이후에 벌어진 '회창폐불(會昌廢佛)' 이후에는 다시 기력을 되찾은 정통 선종(禪宗) 쪽으로서는 황제를 비롯한 조정의 편파적인 후원이 좋게 보였을 리가 없었기에 기록에서나마 백안시하였을 가능성도 배재할 수가 없다.

---

46) 明, 釋鎭澄 撰, 『淸凉山誌』 券2 '金閣寺'條 券3, 46쪽.

마지막 사족 하나. 비록 보리암이 현 청량사 바로 코앞에 있었다 치더라도 보리암 유지를 비정(比定)하는데, 참고해야 할 사항은 바로 〈오대산도〉가 갖고 있는 문제점을 간과해서는 안 된다는 것이다. 조성량(趙聲良)이 쓴 「제61호굴 내용과 예술」 16쪽에서도 행로상의 몇 개 문제점에 대한 부정확성에 대해 서술하고 있다. 예를 들면 사자운중암(獅子雲中菴)은 지도상으로는 청량사 건너편에 솟아 있는 남대봉 아래로 표기되어 있지만, 실제로는 정반대 있는 중대 서남방 기슭 청량사 뒷산 꼭대기에 현재도 건재하고 있다. 말하자면 남대와 중대, 북대봉이 나란히 겹쳐져 있는 식으로 지도에는 표시되어 있는 것이다. 또한 당시 오대산과 태원 간의 중요 역참(驛站)이었던, 태원백양점(太原白楊店)은 실제로는 태원 인근에 있지만, 〈오대산도〉에는 보리암 바로 아래에 그려져 있는 것 같은 예를 들 수 있다.

이 같은 오류는 사방 500리나 되는 광대한 오대산 안의 수백 개의 대상체를 모두 한 장의 직사각형 평면구도에 축약하여 표기하기 위한 고육책이었다는 점을 감안하여 〈오대산도〉의 보리암 주위를 차분히 살펴보면 건원보리사는 천수백년의 역사의 안개 속에서 나타나 우리 눈앞에 자태를 드러낼 것이다.

3. 맺는 말

요즘은 전 세계 어디를 가도 한민족의 기운을 느낄 수 있을 만큼 우리는 진취적인 민족으로 변했다. 그것은 일찌감치 울타리를 넘어 넓은 세상으로 나간 선구자들의 음덕일 것이다. 그 정점에 바로 혜초화상이 우뚝하다. 그런 면에서 우리는 님에게 갚아야 할 빚이 없다고는 할 수 없다. 꼭 20년 전인가? KBS-TV의 특집다큐멘터리

〈신왕오천축국전(新往五天竺國傳)〉 8부작이 제작 방영된 적이 있었는데, 그때는 국제정세로 인해 중국 대륙과 중앙아시아에는 들어가 보지도 못하고 인도와 파키스탄만을 촬영한 반쪽짜리로 만족해야 했다.

우리가 혜초화상을 위대하다고 칭송해야 할지는 모르겠지만, 다만 하나밖에 없는 생명을 담보로 맡겨놓고 영원한 진리를 찾기 위해 미지의 세계를 탐험한 행위는, 그것도 무려 1,300여 년 전에, 아무나 할 수 있는 일이 아니라는 점만은 분명하다. 당시는, 땅과 바다가 편편하여 먼 바다 끝이나 땅 가장자리에 잘못 들어서면 한없는 무한대의 절벽으로 떨어질 것이라는 우주관의 시기였으므로, 그렇기에 그런 도전정신은 찬사를 받을 만하다고 말하고 있는 것이다.

이제 그토록 목말라하던 혜초화상의 열반지로 알려졌던 건원보리사를 찾아낼 귀중한 '보물지도'가 드러났다. 그럼으로 오대산 청량사 앞에 있었다는 그 보리암 유지(遺址)로 보이는 3~4곳의 후보지를 발굴, 조사해서 그곳에 소박한 '해동사문보리혜초행적비(海東沙門菩提慧超行蹟碑)'라도 한 기 세웠으면 하는 바람도 품을 수 있게 되었다.

 참고문헌

海印寺 板,『高麗大藏經』,「一切經音義」卷100,「往五天竺國傳」3卷.
羅振玉,「慧超往五天竺國傳殘券札記」,『敦煌石窟遺書』第1冊, 1909.
藤田豊八,『慧超往五天竺國傳 箋釋』, 東京, 1911.
高楠順次朗,「慧超傳考」,『大日本佛敎全書』(遊方傳叢書 1), 東京: 佛書刊行會, 1915.
大正新修大藏經刊行會,「一切經音義」卷100,「往五天竺國傳」3卷,『大正新修大藏經』54, 東京, 1928.
羽田亨,「慧超往五天竺國傳迻錄」,『京都大學史學科紀元2千6百年記念史學論文集』, 1941.
高柄翊,「慧超 往五天竺國傳 硏究史略」,『白性郁博士頌壽記念論文集』, 東國大學校, 1959.
李錫浩,『往五天竺國傳』, 乙酉文庫社, 1970.
苪云華,「慧超 往五天竺國傳 中天竺國新箋考」,『敦煌學』2, 1975.
黃心川,『隋唐時期中國與朝鮮佛敎的交流』, 世界宗敎硏究, 1989.
桑山正進,『慧超往五天竺國傳硏究』, 京都大學人文科學硏究所, 1992.
陳景富,『中朝佛敎文化交流史』, 中國社會科學出版社, 1993.
張毅,『往五天竺國傳箋釋』, 中華書局, 1994.
변인석,「玉女潭의 位置比定에 대하여」,『伽山學報』8, 1999.
呂聖九,「入唐求法僧과 入竺求法僧」,『혜초학술세미나자료집』, 가산불교문화연구원, 1999.
金相永,「慧超의 求法旅程 檢討」,『혜초학술세미나자료집』, 가산불교문화연구원, 1999.
鄭炳三,「慧超와 8세기 신라불교」,『혜초학술세미나자료집』, 가산불교문화연구원, 1999.

정수일, 「慧超의 西域기행과 8세기 西域佛敎」, 『文明交流史 硏究』, 사계절, 2002.

정수일, 『혜초의 왕오천축국전』, 학고재, 2004.

金奎鉉, 「新 往五天竺國傳 別曲」, 월간 『佛光』 연재분, 2001년 4월~2003년.

金奎鉉, 『혜초따라 5만리』(상·하), 여시아문, 2005.

关于新罗僧人慧超的后半期生涯与涅槃地乾元菩提寺的考证

1. 序言

要谈到韩国人中通过丝绸之路为东西方文明的交流做出巨大贡献的人物，慧超是当之无愧首屈一指的．谈到慧超，人们都知道他是"韩半岛出身的第一位世界人"，然而涉及到具体的方面，人们对他了解得却很少．

直到近现代，人们对慧超学[1])的研究才开始活跃起来，重新出现进入小康的趋势，[2]) 但至今为止，『往五天竺国传』也只是不完全的资料，慧超的生涯还有很多不为人知的部分．根据一部分典籍记载，慧超的生活年代是704~787年，但这也只是推测．[3]) 尤其是关于慧超生涯的

---

1) 学术用语，指关于慧超的所有领域的研究.
2) 进入近代以来，1999年伽山佛教研究院刊发了『慧超学术研讨会资料集』，2004년郑守一所长在学古斋刊发了韩国最早的『往五天竺国传』庞大的注释书.

"开始与结束"更是如此. 除了鸡林[4])这个词以外, 完全没有任何相关资料, 因此学术界对于他的出生以及在新罗的行迹也不报什么期望, 而且, 关于涅槃地的问题, 即使有"五台山"和"乾元菩提寺"的线索, 多年来也未能查出具体位置.

笔者也在那里寻觅了很久, 结果还是五里云中. 所以继单行本[5]) 刊发之后, 整理出"乾元菩提寺是五台山金阁寺的别称或是所属末寺之一."的假设, 将这个沉重的话题告一段落. 然而, 即使等待了20年, 仍然为时过早, 就在几年之后, 笔者要亲自对这个结论进行修订. 那是因为一直以来让人如堕五里云中的乾元菩提寺的线索终于有了眉目.

另外还有一个契机, 那就是2009年5月平泽港附近树立了"慧超纪念碑", 使人们对多年未曾提及的慧超前去唐朝之前在新罗的踪迹开始关注起来.

而本稿的要旨就是"地图上发现了推定为乾元菩提寺的菩提庵". 在提出这一假设的同时, 讲述一下新立的『慧超纪念碑』的意义.

2. 慧超的世界精神

慧超可以在很多方面被称为"第一". 首先, 他是第一位通过东西文明交流的两条路"海上丝绸之路"和"陆上丝绸之路"经过中国与印度到达阿拉伯地区的韩国人, 从国际旅行家的角度, 可以封上第一的称

---

3) 只有727巡礼返回和780年在五台山留下记录是确凿的, 其余的生涯, 尤其是关于出生与死亡的记载只是推测.

4) 根据『大唐西域求法高僧传』, 鸡林在印度语中是"矩矩吒医说罗", 在巴利语中是Kukkutesvara. "矩矩吒"是鸡的意思, 而"医说罗"是贵的意思, 指的是新罗国. 据传, 新罗供奉"鸡神", 因此将翅膀上的毛拔下来做装饰." 也就是说, 新罗在印度是很有名的, 以至于意为鸡林的印度语能够流行起来.

5) 金奎铉, 『寻觅慧超五万里』(上・下卷), 如是我闻, 2005年.

号. 按照现在的话讲, 慧超是韩国第一个作为主题背囊旅行者在那个年代走遍了几乎相当于半个地球的广阔地区, 接触到不同国家与民族的文明·文化·宗教·语言和生活, 并通过看·听·说·吃·喝来亲身感受, 因此我们可以将他誉为韩国最早的世界人.

另外他作为韩国最古老文献的作者, 其地位也是首屈一指的. 虽然只是缺头少尾的不完整的书, 但『往五天竺传』被列为"四大游记"[6]之一, 是世界闻名的.

作为到天竺求法的僧人, 慧超的宗教地位也是不容忽视的. 综合多种资料, 大约有180多名[7]求法僧的名字得到确认, 但在众多的天竺求法僧中, 只有慧超是出身边远的半岛地区. 当然在慧超之前也有新罗·百济·高句丽的15名僧侣[8]去过天竺, 令人惋惜的是他们没有留下著书, 只有部分记录, 因此未能受到瞩目, 但我们后人能够继承祖先们的这种进取心也很令人振奋.

(照片1)
『惠超往五天竺国传上卷』高丽大藏经海印寺板
(注): 经确认"慧"有写成"惠"的例子, 因此惠超即慧超.

---

[6] 崔南善在『三国遗事』的附录中谈到『四大奇行记』时说"法显的『佛国记』是从陆路出发海路返回的记录, 玄奘的『大唐西域记』是陆路出发陆路返回的记录, 义净的『南海寄归传』是从海路出发海路返回的记录, 唯独『往五天竺国传』是从海路出发陆路返回的, 从这一点来讲很有特色."

[7] 黄有福·陈景富, 『韩中佛教文化交流史』, 權五哲译, 喜鹊, 1995, 7~78等, 据唐义净的『大唐西域求法高僧传』中记载, 有23人通过陆路到达了天竺, 通过吐蕃走直路到达天竺的求法僧也有8名.

[8] 据唐义净的『大唐西域求法高僧传』中记载, 有阿离耶跋摩·慧业·玄太·玄恪·慧轮·玄游以及两名不知姓名的僧人, 共9名新罗僧侣去过天竺. 此外, 选择陆路的僧侣和其它资料中记载的百济的谦益·义信·元表·无漏·地藏·悟真·求本, 加上慧超沙门, 韩半岛共有17名天竺求法僧.

(照片2)
『慧超往五天竺国巡礼图』水墨木版图
金荼汀(2005年作品)

　　慧超虽然也可以在韩半岛这个小国的一个角落与身边的人们一起像井底之蛙一样生活，但青少年时节的他内心怀着一种炙热。他把唯一的生命交给上天，为了寻找永远不变的真理而走向了未知的世界舞台，他的这种纵横驰骋的行为不是谁都可以做到的。因此，我们说慧超的行为是伟大的，我们赞扬他。

　　慧超的这种世界精神使他本着对看起来不可能的目标进行挑战的精神·对真理的宗教渴求以及对新事物本能的追求只身走过了漫漫五万里[9]之路，这是通过亲身体验而取得的宝贵的财富。因为慧超所走过的那条路正是当今时代我们所关注的东西文明交流的现场。

3. 立于平泽港的『慧超纪念碑』

　　2009年5月，京畿道平泽市与联合国开发计划署(UNDP)和联合国世界旅游组织(UNWTO)共同举办了『第四届丝绸之路市长论坛(SilkRoad mayors forum)』。为了纪念这次活动，在平泽港附近树立了"慧超纪念碑",[10] 并由丝绸之路上23座城市的市长共同举行了揭幕仪式。碑文中记载：

---

[9] 五万里这个数字是从地图上大致推算出来的，含有"很远的路"之意。据记载，慧超的巡礼之路中包括只凭传说的17个国家在内共有44个国家。而这也只是不完整的"现存本"中出现的数字，实际上在据传共为3卷的"原本"中应该还记载了更多的国家。

[10] 2009年5月28日建立共同委员长深福寺住持正见·韩国东西文明交流研究所所长政守一等9名委员参与。笔者也参与了此活动并在论坛上做了主题发言。

(从略)他是怀着首丘之情，充分展现爱国爱民之心·根本与创意之魂·探索与求知之智慧的伟大的韩国第一位世界人. 经过1200年，现在化解作为后孙的不肖心结，凝聚全体国民与平泽市民的心意，在留下往返于西海的求法僧们足迹的平泽港这块祥瑞的地方树立刻有其丰功伟绩的纪念碑，以求永远纪念.

以上碑文整体上是纪念慧超作为世界人的功绩的内容，但也透露出曾有很多求法僧经过平泽港前往唐朝的事实. 当然，现在由于根据资料不足，无法证实慧超是经过平泽港前往唐朝的，但在6~8世纪，被称为牙山湾的现在的平泽港一带曾是前往唐朝的重要港口，这个盖然性不是毫无证据的.

因此，笔者在考察本稿的主题"慧超和尚的涅槃地在哪里?"这个论题之前，想要先提出慧超通过牙山湾出行的海路说，以拓展慧超学的内容.

(照片3)
　　2009年5月在平泽港附近平泽湖畔树立的『慧超纪念碑』

(照片4)
　　『大东与地图』牙山湾大津部分

首先，慧超前往唐朝的时间大约在720年(?)左右，当时是统一新罗初期，从韩半岛到中国大陆的陆路在当时的地政学背景下需要经过渤海和契丹这些北方民族的土地，因此困难重重. 所以新罗为了与唐朝直接进行交易而在开拓海路[11]上下了很大功夫，并最终开辟出了通过牙山湾前往唐朝的海路.

当时从徐罗伐前往唐朝的路从陆路庆州-尚州-报恩-清州-稷山-唐项(城)12)再坐船是最快也是最稳妥的. 因此作为陆路的终点, 取"通往唐朝的路口之城"之意命名的"唐项城"或"唐城镇"具有重要的意义.

关于"唐项城的考证问题"有很多不同的说法, 但大体上可以分为两种, 一种说是现在的"华城南阳", 另一种是"忠南唐津".

然而要想对这个问题下结论, 首先需要考察唐项城以外人们所提到的另一个通往唐朝的港口"大津". 首先"大津"意为大的渡口, 这个地名在韩国有很多, 而其范围若缩小到牙山湾则有南阳和唐津两个大津的候补地. 在这里, 我们先来看看『水原府古地图』13)下端一些有意义的记录.

大津位于三国时代百济槥郡的加里渚村东边, 这里曾有百济设置的水军仓库, 新罗平定了百济以后在此囤积粮食, 称为"椋馆". 这里汇聚了唐朝的使臣·士兵, 以及大大小小的商人, 形成了(客)馆, 因新罗人(向唐朝)朝贡, 所以称为大津渡口. (大津三國時百濟於槥郡之可里渚 東置水軍倉 新羅平百濟置館積穀號椋館 唐之使价商賈皆就館羅人朝貢亦由此 因名大津)

也就是说, 大津渡口曾是百济时期的水军仓库, 后来统一以后新罗也继续用来贮存水军用的粮草. 而新罗与唐朝往来的使臣们·大大小

---

11) 当然, 在西海岸时代过去以后, 张保皋开拓了海上通商路, 其活动舞台也转移到了南海岸的清海镇(现在的莞岛)和山东半岛的赤山法花院(登州), 但分明的是, 在6~8世纪, 平泽湾一带是通往中国大陆的重要航路.

12) 将慧超与元晓巡礼之路称为"元晓足迹", 将这条庆州到平泽的路线与旅游·健康生活概念相结合, 并于2009年初由联合国世界旅游组织ST-EP基金与韩国文化观光部共同召开了推出此旅游商品的讨论会.

13) 首尔大学韩国学研究所所长奎章阁1872年的『水原府古地图』下端的记录. 原文如下.

小的商人和船工们汇聚而来，形成了渡口村庄，新罗向唐朝供奉的贡品以及两国之间的一般交易品在这里活跃地交易，大津这个名称便由此而来．

而问题是要考证"大津是现在的何处？"．首先上面"大津记"中出现的槽郡是现在的唐津郡沔川面，加里渚村是唐津郡合德邑城洞里，从而，"华城南阳"与"忠南唐津"两个候补地之中应为后者．

然而，在多种资料14)与金正浩的『大东与地图』等多种古地图15)中，不仅在唐津，在现在的平泽浦升邑晚湖里所处的地区更明确地标出了大津这个地名．现在平泽港附近的浦升·玄德·安仲地区过去原为水原都护府16)南阳的土地，因此上述唐项城的两个候补地中应为"华城南阳".17) 如此说来，大津就出现在两个地方了．

而根据另外的资料『华城的地名』，在以下内容中明确指出"南阳就是唐项城".

南阳自古以来就担当着国际贸易港口的角色．三国时代取通往唐朝的路口之意命名为唐城，或唐(党)项城，新罗景德王时期称为唐恩，兴德王时期曾称为唐城镇．

过去属于南阳地区的宁静渔村晚湖里一带随着西海岸高速公路西

---

14)『新增东国与地胜览』『林下笔记』第13卷「文献指掌编」沿海亭馆篇，『芝峰类说』第2卷地理部．

15)『大东方与全图』·『青邱图』·『备边司方眼地图』·『朝鲜八道地图』·『广与图』·『湖西图』等地图上都标出了大津，可以说明在当时是一个重要的渡口．

16)『新增东国与地胜览』『水原都护府』中记载，"大津位于西南边，1百里长，10余里宽，潮势凶猛．中流矗立着令翁岩，高约1百尺．满潮时坐船可以到达洪州·沔州等几个邑，是一条捷径."这些内容可以说明大津归水原管辖．

17)『水原地名总览』，水原文化院，1999．正祖17年(1793年)水原府升为华城留守府，南阳的行政区域自此归华城郡南阳面，后来被划分到华城市南阳洞．

海大桥的建设，到了晚上便成为不夜城，不仅如此，此地作为国际客轮驶往中国日照港的出航港口也逐渐成为装载和运输大批运往中国和东南亚货物的庞大的国际港湾. 也就是说，宁静的渔村晚湖里大津渡口的飞速变化正如其名"通往唐朝的路"，追溯千年岁月，重新变成了过去的"唐项城".

另一方面，广德山深福寺18)发现新罗时代石造毗卢遮那佛像逸事与比慧超早一个世纪的人物义湘与元晓的逸事19)牵扯的地方也正是南阳，这一点也很重要. 另外考虑到现在晚湖里这个名字源于朝鲜王朝都万户驻屯的军港,20) 综合起来可以确认晚湖里大津渡口自古以来就是重要的军港和国际贸易港口这个历史事实. 除此以外在平泽的海岸地区，与山城·仓库和烽火台相关的地名也特别多21)这一事实也可以证明平泽港附近和现在一样，从三国时代开始就作为物流仓库在与中国大陆的交往中担当着重要的角色.

这些关于南阳的资料相对丰富一些，在考证通往唐朝海路路口唐项城的问题上重心产生了偏移，但综合至今为止所发现的资料，在两个大津候补地中想要确定"那个地方是被称之为唐项城的大津"还难下定论. 而考虑到唐项城的几个名字都没有离开"路口(项)"的范畴，"唐项城所指的是牙山湾与德积岛之间海峡的海岸线两岸一带"这种折中

---

18) 玄德面德目里广德山上据传创建于新罗时代的深福寺内有一座石造毗卢遮那佛像被指定为宝物，关于此佛像有传说是从前渔夫从牙山湾打捞出来的.

19) 元晓与义湘为了到唐朝首先到达了辽东，但由于被诬陷为间谍而返回新罗，10年后重新探索海路，元晓途中喝了骷髅头里的水后意识发生了变化返回新罗，据说他当年返回的地方正是南阳.

20) 晚湖里这个地名据说源于都万户，都万户的名称后来改为水军佥节制使，但军港的位置正是现在浦升工团的海军第2舰队司令部. 世宗实录地理志中记载着"大津万户驻屯于洪州·任内·新平县北侧大津，率领13艘兵船和794名水军."

21) 金海圭,『平泽的村庄与地名的故事』, 平泽文化院, 2007.
　　平泽附近有很多地名里都有"仓"或"城". 例如：龙城里·宿城里·城海里·城外·武城山·雪仓·仓内里·海仓·大仓·东仓里等, 那是因为有城郭和仓库, 实际上此地现在还留有很多历史的痕迹.

的说法也很有说服力, 但对这个问题还有待日后进一步研究.

结果元晓由于意识变化而返回新罗, 义湘从水路最终到达了山东半岛的登州. 22) 中国方面关于海上丝绸之路的重要城市登州的资料很丰富, 23) 因此不难证明当时从韩半岛出发的水路最终到达地大致为山东半岛的登州(现蓬莱市).

新罗时代连接两国海岸的海路大致上可以分为迂回的沿岸路24)和直航的横断路25)两种, 登州是北方沿岸路的终点, 也是出发地. 而从这两条海路的发展过程来看, 义湘之类的初期求法僧们走沿岸路, 日本的圆仁26)等中期以后的求法僧们沿着直航路到达登州, 因此, 在目前对慧超的行路没有其他假设的情况下, 慧超从牙山湾大津渡口出发到达登州的盖然性是说得通的.

---

22) 『宋高僧传』第4卷, 「唐新罗义湘传」唐总章2年(669年)到达登州海岸.

23) 耿昇 等 主编, 「登州在唐与新罗关系中的重要地位」, 『登州与海上丝绸之路』, 人民出版社, 2009.
　　唐朝德宗贞元(785~804)年间宰相贾耽所记述的唐朝交通网共有7个, 其中海路有以广州为起点的南方路线和"登州海行入高丽渤海道"的北方路线, 这里详细记述着从登州到西海的海路和目的地.「唐书地理志七下」.

24) 沿岸路包括从韩半岛西南海沿岸出发, 沿着中国辽东半岛南岸西进, 在老铁山经过渤海湾到达山东半岛的"北方沿岸路"和从那里继续南下的"南方沿岸路".

25) 到了统一新罗时代, 随着造船和航海技术的发展, 开拓了直行路. 此水路也分为两条, 分别为从韩半岛西海岸直接通往山东半岛海岸的"北方横断路"和"南方横断路", 由于这条路很晚才开通, 到统一新罗时代以后才开始正式使用.

26) 圆仁(794~864)838年进入中原经过五台山到达长安, 在长安生活了6年, 后来遭遇"会昌法难"被驱逐, 在登州新罗坊的帮助下回国. 历时十年的游记『大唐求法巡礼记』在日本被评为世界三大游记之一.

4. 作为译经僧的慧超[27)]

慧超和尚顺利完成天竺国巡礼，终于在728年春[28)]回到了第二故乡长安城. 当时他的年龄是25岁. 当然, 是他出生于704年的说法有效的前提下.

过去的长安城就是现在的西安, 作为陕西省的中心地, 是一座拥有三百多万人口的大城市, 但按照唐朝时期人口150万来看, 反而有减少了的感觉. 西安与北京·南京·洛阳共同称为"四大古都", 这座雅静的城市从神话时代开始曾有11个王朝定都于此, 从这一点来看是其他地方所无法比拟的.

其中唐代的长安是最繁荣的时期. 长安城东西10km, 南北8km, 是一个长方形的城, 城的中央以一条南北方向150米宽的运动场一般宽敞的大路为中心连接着大大小小的道路, 将长安城像棋盘一样分为109坊. 长安作为世界最大的开放国际城市除了这些称为坊的居民区以外, 佛教也很发达, 有道教·摩尼教·回教·景教·拜火教等寺院座落在此, 商店·旅馆·饭店等分为东市与西市鳞次栉比, 除了城里的居民, 全世界云集而来的商人也使长安城总是很热闹. 当时的长安城不仅是东亚, 也是与全世界各国交流的中心, 因此尤其在西域风宛然的西市, 上万名归化人云集于此, 整条街道胡风[29)]一色.

慧超和尚到达长安以后, 直到晚年进入五台山, 在这里生活了半百年之久, 作为密教僧进行了很多活动. 即使说长安城的没有慧超未走

---

27) "在长安的50年岁月"和"菩提之庵考证"的一部分是笔者以『对慧超后半期生涯的考察』为题在『佛教评论』36号(2008年秋季号)发表论文的一部分进行归纳·补充后转载而来的.

28) 727年秋季到达安西, 从而推算冬季可以到达长安. 慧超的年谱中只确认了727年·733年和780年, 其余的年代都只是假设.

29) 李白对这种异国风情作诗道: "五陵年少金市东, 银鞍白马度春风. 落花踏尽游何处? 笑入胡姬酒肆中." 从而可以看出, 慧超所在的当时长安城是一座国际化的城市.

过角落的也毫不为过. 慧超在宫中的愿刹内道场30)被委以重任, 奉皇帝之命为国祈愿或举行祈雨祭, 身居高位. 另外在他所著的共3卷巡礼记『往五天竺国传』中使用的词汇被慧琳(768~820)收录到用语集『一切经音义』中, 可以说明在这一方面慧超也是受到公认的, 用现在的话来说就是受到了畅销书作者的待遇.

那么, 我们再来分析一下慧超沙门"从西域回来之后在哪里打开的行装呢"? 首先人们会想到荐福寺这个地方. 理由是慧超到天竺巡礼之前结识的当时中国密教泰斗两位印度僧人金刚智(Vajrabohdi, 671~741)31)和不空三藏(Amoghavajrag, 705~774)在那里驻锡, 另外也可能是因为有很多韩国和尚住在那里.32) 从天竺回来的慧超无家无庙, 只是一个没有亲人和朋友的外地人. 因此正愁没有专门翻译的两位师傅很可能高兴地接纳了梵语功底提高了很多的慧超, 重新收他为师弟. 对此, 更重要的是慧超和尚从天竺回来六年以后从733年开始在荐福寺跟从金刚智三藏翻译了八年佛经, 这一事实在慧超自己的记录33)中也可以找到.

荐福寺内的小雁塔34)是著名巡礼僧义淨35)乘船从天竺带回了很多

---

30) 指为皇室祈福的宫中佛堂. 由武则天设置在大明宫的长生殿, 并延续下来. 据证实, 不空三藏时期在大兴善寺也设置了内佛堂. "请於兴善当院两道场各置持诵僧制一首"出于『大正新修大藏经』的『代宗朝 司空大辨正广智三藏和上表制集』第四卷.

31) 金刚智(Vajrabodhi, 671~741)与善无畏同为中国密教的开祖. 10岁时出家到那烂陀大学, 学习了6年三藏与唯识学, 后来到南印度修行7年的密教, 接受5部灌顶, 720年乘船来到中原.

32) 圆仁将在长安遇到的胡僧按照出身国家标记为"○○国僧", 唯独新罗僧侣记录为"诸寺新罗僧等", 这意味着很多寺院.

33) 『大正新修大藏经』的『代宗朝 司空大辨正广智三藏和上 表制集』第四卷.

34) 位于距离长安的中心钟楼·鼓楼不远的地方, 在市内的任何地方都可以看到. 是一座建于707~709年间的砖塔, 原为15层, 因地震倒塌了2层, 相轮部分也不见了, 现在剩下13层, 大约43m. 比起雄壮的大雁塔, 小雁塔则展现出一种女性美. 塔下有荐福寺, 但没有僧侣.

35) 到天竺乘船往返的义净历时25年, 于694年回到了广州, 在长安荐福寺驻锡翻译经经典后,皇帝为保管经书特下令在荐福寺内建造的砖塔. 由于几次地震, 现在虽然相轮有些损坏, 但仍然十分优雅秀丽, 同时由于浸润着慧超的气息, 而显得更有意义.

当时荐福寺与另一座大寺大兴善寺是中国密教的首要重地. 密教是7世纪前后随着印度社会原来的大乘佛教陷入理论而将民众置之度外而作为反作用产生的新思潮, 比起理论更加重视仪轨的形式, 主张直接进入禅悟. 因此为那些对高深的大乘佛教感到腻烦的人们注入了新的活力. 当时中国的密教是以善无畏和金刚智为代表的两个宗派的开化期.36)

当时在城的东南方向郊外的慈恩寺里为了保管652年玄奘法师从天竺取回的佛经而建立了7层砖塔大雁塔, 此塔就像长安的象征一样十分有名. 因而, 原来的佛教以慈恩寺为中心, 新思潮密教以荐佛寺为中心开展译经活动.

因此, 很自然地, 慧超沙门在长安城生活的漫长岁月也是从荐福寺开始, 后来以不空三藏的驻锡地大兴善寺为中心进行活动. 此时, 我们的慧超和尚再次留下了有意义的记录. 那就是玄宗开元21年(733), 在他从天竺回来6年以后, 30岁(?)的那一年. 慧超和尚通过『大乘瑜伽千钵大教王经序』(以下简称『千钵经』)透露了"在荐福寺跟随金刚智学习密教的教法, 8年期间以金刚智为师进行修行"的事实. 另外还记录着740年4月15日玄宗驾临荐福寺的时候共商译经事宜, 5月5日获得皇帝的许可并在当日凌晨焚香开始着手翻译. 这部名字很长的密教经典是以金刚智口述慧超执笔的形式记录下来的, 据说当年12月15日翻译才完成. 可以说是二人合作的翻译. 而第二年金刚智去世, 紧跟

书. 著有『南海寄归传』和『大唐西域求法高僧传』.
36) 善无畏是真言密教的高僧, 出身于东天竺的王族, 出家后在那烂陀得大成. 80岁时(716)依师傅之命来到唐朝. 玄宗感激地接应了他, 给他西明寺住持的待遇. 善无畏翻译了『大日经』等, 而金刚智在荐福寺里翻译了『金刚顶经』, 形成了两大派系.

着继承金刚智法统的不空三藏37)也去了天竺，翻译工作便暂时中断了。

小雁塔从现在西安市内的任何地方都可以看到，从小雁塔所在的荐福寺出来，向市内反方向走两个街区就可以看到现在中国密教的本寺大兴善寺。这里正是慧超和尚长期驻锡的地方。这个寺院在文化大革命时期也遭受了严重的损害，而在笔者第三次去那里的时候，正在通过不断的发掘和重建找回过去的面貌，还可以看到很多修行的僧人，与荐福寺的情况形成了对比。

大兴善寺建于隋朝，继文帝之后，炀帝也积极奖励佛教，在首都大兴城内建立了大兴善寺，作为全国佛教的根据地。炀帝建立了佛经翻译专门机构"翻经院"，加大了天竺佛教中原化的力度。从隋朝开始，到了唐朝以后，大兴善寺作为国刹的地位仍屹然不动。

不空三藏辅助师傅金刚智翻译经书，师傅圆寂后，他遵从师傅的遗嘱前往狮子国，并求得很多密教经典，5年后重新回来，使经典的翻译工作再次活跃起来。此时，慧超沙门以大兴善寺为舞台，跟随不空三藏重新开始埋头翻译经文。后来不空在宫中设法坛举行灌顶仪式和祈雨祭，作为帝师开展活动，并取得了玄宗·肃宗·代宗三代皇帝的信任，为中国密教扎根做出了巨大的贡献。

当时由于"安史之乱(755年)"与"吐蕃入侵(765年)"等战乱，长安屡遭蹂躏，密教是当时的护国佛教，历代皇帝寄希望于密教咒术的神通而不惜大力支援。在『大兴善寺志』38)中，经常出现对僧侣们下赐官衔和物品的记录，也正是出于这样的背景。不空三藏与大兴善寺是中国密教的根源地。不空作为帝师功绩显赫，代宗皇帝下赐肃国公的官衔和

---

37) 不空金刚(Amogha-vajra, 705~774)出身于斯里兰卡，15岁拜金刚智为师，720年来到中原翻译佛经，741年回到南印度接受龙智传授的梵本，学习真言的秘法，746年再次来到中国，到去世之前一直翻译佛经并开展布教活动，包括『金刚顶经』在内共翻译了密教经典110部143卷，为中国密教的发展奠定了基础。

38) 王亚荣编著，『大兴善寺』，长安佛教研究丛书，三秦出版社，1986。

食邑3千戶, 但不空至终没有接受, 70岁圆寂时, 皇帝十分悲痛, 追赐"大辨正广智不空三藏和尚"的谥号, 按照3日国丧的时间宣布予以缅怀. 记录着当日光景的不空和尚的碑石至今仍寂然地屹立在大兴善寺内, 仿佛在向过往的人们讲述他为了信念不远万里来到他乡为众生献身的精神. 不空的遗业译经佛事一直进行到"会昌废神"之前, 此内容在一世纪后同样住在大兴善寺学习金刚界密教并回到日本让密教在日本扎根的圆仁所著(794~864)的『入唐求法巡礼行记』中也有明确的记载.39)

根据圆仁的记录, 在大兴善寺与荐佛寺有称为翻经院的翻译专门机构, 可以研究密教和曼陀罗等. 另外还记录着金刚智与不空在一个世纪之后仍地位很高, 从而可以认为当时慧超和尚也得到了同样的待遇. 比较慧超与不空的年谱可以看出, 他们年纪相仿, 先后进入中原, 又都分别到天竺巡礼, 而且二人都很长寿, 大约40多年期间40)在大兴善寺共同生活. 虽然由于与师傅金刚智的因缘和密教的传统而奉不空为师, 但私下里大概是同伴或师兄弟一般的关系. 不空三藏在圆寂之前发表的遗书(774年5月7日)中可以看到一些对我们来说很重要的字句.

"我至今以来传授密教的秘法30余年, 门下弟子众多, 其中有6名尤其出色. (从略)因此后学们在修行中遇到疑惑时应互相点拨, 使正法之

---

39) 圆仁(794~864)15岁出家, 学习天台学, 44岁838年进入中原经过五台山在长安生活了6年, 遭遇唐武宗的"会昌法难"而被驱逐, 在新罗坊的帮助下回到祖国. 历时10年撰写了游记『大唐求法巡礼记』, 在日本与『东方见闻录』和『大唐西域记』共同被称为世界三大奇行记. 圆仁在五台山与长安篇中记载道:"840年10月29日, 我们到大兴善寺进入翻经院开始学习金刚界的大法. 翻经堂的南边是大辨正广智藏不空和尚的舍利塔. 两位和尚早前曾在此翻译佛经."

40) 从733年开始到774年不空圆寂为止, 大约40年期间作为年纪相仿的朋友·同伴·师徒几乎是一起生活的. 从774年不空圆寂之前在大兴善寺最后向慧超传授『瑜伽心地秘密法门』也可以看出两个人之间的情谊十分深厚.

灯得以延续，彼此回报恩惠."

此遗嘱在不空三藏多达2千名的门下弟子中特别选出了"六大弟子". 其中第一是自己曾带到天竺的心腹弟子金阁含光，第二是继承不空的衣钵任大兴善寺住持并搭建起与皇室之间桥梁的崇福慧朗，第三是新罗慧超. 以上四个字是意味深长的. 因为这是最初也是最后使慧超是新罗人这个事实从客观资料上得到了考证. 综合这些内容，我们充分可以想象出当时慧超和尚在密教中的地位有多么重要.

在长安的漫长岁月中，慧超主要关心的当然是遵从师傅的遗嘱翻译密教经典，但随着他地位的升高，还被委任以主管宫中佛堂的持诵僧的角色. 原来内佛堂是为皇室祈福的佛堂，设置在大明宫的长生殿，后来博得当时三代皇帝信任的不空三藏兼任帝师，便将内佛堂迁到了他所驻锡的大兴善寺，在那里选拔了7名密教僧来主管佛事. 慧超沙门自然占上席之位，他们所负责的工作中还包括在严重干旱的时候代替皇帝举行祈雨祭. 不空在世的时候国家重大的祈雨祭都是由他来主持的，生病以后这项任务便转交给了慧超和尚.

在冬季干旱严重的774年1月，慧超和尚奉代宗的勅命在仙遊寺玉女潭举行7日祈雨祭，并将结果撰写在表文中上奏皇帝. 表文中写道，慧超设野坛法席，展开曼陀罗，焚香，开始念秘密咒语，山川草木便有了回应，天空中突然出现了七彩祥云，细雨纷飞浸润了大地. 继而，慧超说此现象是由于皇帝的精诚感动了上苍，而归功于皇帝.[41]

---

41)『大正新修大藏经』的『代宗朝司空大辨正廣智三藏和上表制集』第4卷中，『贺玉女潭祈雨表』第5卷中有原文，卞麟錫，『关于玉女潭位置的考证』，『伽山学报』8. 1999. 内有详细内容.

5. 五台山金阁寺的创建

774年，共同生活了40多年的良师益友不空三藏因病魔而涅槃，随后曾对慧超和尚倍加宠爱的代宗皇帝也驾崩了(779年)，慧超突然感到人生无常，因此离开生活了半百年的长安最终去了五台山。42)

据记载，慧超和尚是780年4月15日进入五台山的. 孤老的慧超为什么选择了五台山而没有回到故乡呢？其背景与金阁寺的创建有关联. 慧超的师傅不空三藏为当时因战乱而身心疲惫的代宗皇帝灌顶受戒，点燃了佛心中的明灯，他认为为了祈求国泰民安在五台山建立与长安的大兴禅寺文殊阁形成双璧的文殊道场比较好，并说服了皇帝获得了诏敕. 然后由来自印度那烂陀的纯陀和道仙共同设计，开始创建带有国际感觉的庞大寺院金阁寺. 金阁寺于代宗大历4年(770年)竣工的时候，不空三藏为了举行功德祭而上了五台山. 后来将共同走过天竺巡礼路的心腹弟子含光任命为住持。43)

在五台山这样的崇山峻岭之中建设如此举国工程的理由虽然是由于当时战火不断，需要能够凝聚民心的护国道场，但从不空三藏个人的角度来看，他也许也是为了让刚刚扎根的密教这股新兴势力得以稳固下来. 其角色比起传统的禅教以实质的佛教为指向，重视祈雨祭等超科学的神通力量，正与金刚界密教的性质相符，这使得玄宗-肃宗-代宗接连三代的皇帝都无视传统佛教而全力支持密教.

在这样的背景下，被任命为住持的金阁含光遵从师傅的遗志，终生念诵『护国仁王经』等经文，为国家和皇室祈祷并守护着金阁寺.

---

42) 五台山(3,058m)是中国大陆东北边的一座名山，由于有五个山峰而得名，根据『华严经』，与文殊菩萨所居的清凉山是同一个地方.

43) 此时代宗尽管国家陷于战乱，仍然让全国10名节度使担负建筑费用，并向太原府的官员们下敕命，令他们妥善准备佛事所需的财物，『不空表制集』与『大兴善寺记』中记录有宫中官吏和贵族们争先恐后地施舍金钱的内容和使用的施工费用，并详细列举了施工木匠的名字等内容.

比较慧超与不空的年谱可以看出，他们年纪相仿，先后进入中原，又都分别到天竺巡礼，而且二人都很长寿，大约40多年期间[44]在大兴善寺共同生活. 虽然由于与师傅金刚智的因缘和密教的传统而奉不空为师，但私下里大概是同伴或师兄弟一般的关系. 不空三藏在圆寂之前发表的遗书(774年5月7日)中可以看到一些很重要的字句.

"我至今以来传授密教的秘法30余年，门下弟子众多，其中有6名尤其出色. (从略)因此后学们在修行中遇到疑惑时应互相点拨，使正法之灯得以延续，彼此回报恩惠."

此遗嘱在不空三藏多达2千名的门下弟子中特别选出了"六大弟子". 其中第一是自己曾带到天竺的心腹弟子金阁含光，第二是继承不空的衣钵任大兴善寺住持并搭建起与皇室之间桥梁的崇福慧朗，第三是新罗慧超. 以上四个字是意味深长的. 因为这可以从客观资料上证实慧超是新罗人这个事实.

因此，年近80的慧超沙门应该是为了在蕴涵着师傅遗志的同门师兄弟[45]们所在的金阁寺回顾自己的一生而来到五台山的.

1) 乾元菩提寺

到达五台山之后，慧超于780年4月15日在一个叫做"乾元菩提寺"的庙里卸下了行装. 根据他亲笔写的记录[46]–至唐建中元年 四月十五日

---

44) 从733年开始到774年不空圆寂为止，大约40年期间作为年纪相仿的朋友·同伴·师徒几乎是一起生活的. 从774年不空圆寂之前在大兴善寺最后向慧超传授『瑜伽心地秘密法门』也可以看出两个人之间的情谊十分深厚.

45) 不空三藏的系谱如下. 金刚智-不空三藏-金阁 含光/ 崇福 慧朗/ 新罗 慧超/ 青龙 慧果/ 元皎/ 觉超/ 昙贞.

46) 记录着『至唐建中元年四月十五日 到五台山乾元菩提寺 至五月五日沙门慧超首再

到 五台山 乾元菩提寺 至五月五日 沙门慧超 首再录-这是明确的事实. 在以上原文中可以清楚地看到"五台山乾元菩提寺"和"沙门慧超"的字样.

慧超和尚至少在乾元菩提寺留住了20天, 翻译简称"千钵经"的典籍并亲自撰写序文记录其过程. 在这里, 我们自然很想知道乾元菩提寺到底在哪里. 因为慧超很可能就是在这里涅槃的. 这一假设是鉴于年近80孤老的慧超将居所转移到其它教派寺院的可能性十分稀薄而得出的.

然而十分惭愧的是, 多年来相关的学者们尽管付出了很多努力, 但仍没能找到乾元菩提寺. 别说是寻找菩提寺遗址, 就连在文献上, 除了慧超亲笔书写的『千钵经序』中记录的"乾元菩提寺"五个字之外也没有找到任何一个字. 笔者本人也在过去的20多年期间为了解开这个疑惑而多次前往五台山的山谷, 翻阅了国内外图书馆里无数相关资料, 仍然未果.

在详细描绘了慧超沙门去五台山时8世纪五台山情况的『五台山图』中山内的85个寺院, 以及各种『清凉山志』[47]等丰富的文献中也无法找到乾元菩提寺的名字.

因此, 笔者本人也得出了"据推测慧超沙门圆寂的场所乾元菩提寺就是金阁寺的别名或所属末寺之一"的结论. 根据如下.

第一, 综合考虑在以上内容中充分说明过的不空三藏-金阁寺-含光-慧超之间特别的因缘和当时慧超年近80(?)的年纪, 可以推断慧超在五台山的驻锡地理应是金阁寺, 这一点占最大的比重.

录"的简称『千钵经序』的文章被载入了『高丽八万大藏经』第36卷溪函和『大正新修大藏经』第20卷724~725篇.

47) 关于五台山的记录有唐代慧祥师门所著的『古清凉传2卷』·延一师门所著的『广清凉传3卷』, 以及宋代张商英所著的『续清凉传』, 这些内容都收录在现在『大正新修大藏经』第51卷中. 另外明代的释镇证编纂的『清凉山志』可以在五台山找到影印本, 但在任何地方都找不到菩提寺.

第二,"乾元"一词是唐朝第8代皇帝肃宗的年号, 因此"乾元菩提寺"与其说是一个专有名词, 不如理解为普通名词, 意为"为肃宗祈求冥福的愿刹". 其实皇帝的年号用在寺院名中的例子很多.48) 在封建王朝, 直接使用国王的名号是受禁忌的, 因此在编年体的记述或指称皇帝时主要使用年号. 例如, 玄宗称为开元圣上皇帝, 肃宗称为乾元光天文武孝感皇帝. 根据这些实例,"乾元菩提寺"也可以视为"乾元+菩提+之+寺", 意指"为肃宗求冥福的寺院", 如此一来,"乾元"便不是寺名, 而属于惯用修饰词, 这是另一个根据.

第三, 菩提49)一词的用例. 菩提在词典中解释为道·智·觉, 意为"人顿悟真理的最高智慧或过程", 此外也广泛用于地名·人名等, 是一个很普遍的佛教词语. 而慧超和尚在不长的『千钵经』序文中就使用了9次"菩提"一词, 分别代表不同的意思. 那么菩提寺便应该理解为"祈求乾元皇帝冥福的祈愿道场". 因为肃宗正是金阁寺创建的施主代宗的父皇. 因此, 笔者认为"乾元菩提寺"是在敬重皇帝贬低慧超自身的意义上使用的谦词, 将菩提寺解释为"金阁寺的别名.", 从而提出以上假设.

2) 莫高窟的壁画『五台山图』

然而, 也许是由于时机终于成熟, 虽然没有找到"乾元菩提寺", 但在壁画中发现了可以推定为乾元菩提寺的"菩提之庵"的名字. 如上所述, 去掉没有意义的"乾元"和"之"几个字, 再考虑到"寺"与"庵"同义, 便可

---

48) 『不空…表制集』中可以看到"将吴摩子寺的寺院名字改为大历法花之寺. "的内容. 在这里,"大历"是代宗皇帝的年号. 同样, 可以看到"大圣金阁宝应镇国寺"的很长的寺院名, 在这里,"宝应"与"大历"一样, 是代宗皇帝的年号,"镇国寺"意味着国刹, 因此可以看作"大圣+金阁+宝应+镇国+寺", 理解为"为了让圣上代宗皇帝的国家太平而祈愿的寺院". 所以,"宝应镇国寺"这个名字并不是专有名词, 而是皇帝为了求得愿力而建的 "金阁寺"的别名.

49) 一般按照梵语(Bodhi)的汉译而译为菩提, 但在韩文中经常读为"波碟"或"波利".

以确定"乾元菩提寺就是菩提庵.",可以说是找到了乾元菩提寺.

　　就是在著名的敦煌莫高窟第61号窟的壁画『五台山图』中. 更准确的说, 是在敦煌研究所编撰的『敦煌石窟艺术』的「莫高窟第六一窟(五代)」一书的附录榜题中, 真可谓是千呼万唤始出来, 犹抱琵琶半遮面, 相关学者们多年以来千辛万苦寻找的地方终于被笔者发现了.

　　之所以说犹抱琵琶半遮面, 是因为包括笔者在内, 很多研究人员都看过这幅『五台山图』,[50] 但是"菩提之庵"这四个字却谁都没有发现.

　　敦煌莫高窟, 也称千佛洞, 是举世闻名的, 另外也超出了本稿的主题, 不需要在这里详细地介绍, 但鉴于目前可以考证乾元菩提寺位置的独一无二的线索正是『五台山图』, 不得不简要地说明一下.

　　唐朝后期的敦煌曾被吐蕃占领, 848年被一个叫做张议潮的豪族收复, 回归唐朝, 迎来了所谓的归义军时代. 其后在后梁(910年)年间一个叫做曹议金的豪族兴起, 敦煌被曹氏家族统治了130年, 他们一家信奉佛教, 营建并重修了多个石窟, 使敦煌的石窟开创事业迎来了最后的热潮. 其中最有名的地方正是(947~951)曹元忠夫妇营建的第61窟. 这个石窟位于莫高窟南区中段下层, 是一个四方14米左右的大型窟, 从窟顶到四面的墙上都画满了精致的壁画. 原来中央的佛坛上有文殊菩萨和侍从们的塑像, 现在都不见了, 只剩下菩萨的坐骑狮子的前爪和尾巴, 因此也称为文殊窟.[51]

　　这个佛坛的后面正是那幅著名的『五台山图』. 这幅壁画大小为13m×3.4m, 长方形, 在莫高窟也是最大的壁画. 『五台山图』中铭记着中国最古老的木造建筑佛光寺等很多寺庙·地名和故事, 超越艺术价值, 从了解当时时代面貌的角度也具有很高的学术价值.

---

50) 『五台山图』第87号『新罗■塔』在几部游记中视为『僧塔』, 显示出了与慧超的关联性, 但敦煌研究院的官方资料解释为『王塔』, 如此便与慧超没有关联.

51) 『敦煌石窟艺术』, 敦煌研究院, 江苏美术出版社 编, 「莫高窟第六一窟(五代)」, 1995年, 787×1092cm, 233页, 彩色版, 10~11等.

1993年敦煌研究院院长段文杰执笔的序文与敦煌研究所研究员赵声良所写的说明文『敦煌晚期艺术的硕果-莫高窟第六一窟内容与艺术』(以下简称为『第61窟的内容与艺术』)中，除了图以外还有几项附加的详细说明.[52]

3) 菩提之庵遗址考证

如此以来，这"菩提之庵"四个字便为寻找"乾元菩提寺"的工作打开了新的局面. 因此笔者再次奔赴五台山，首先一一分析地图上"菩提庵"附近的地名和寺院名，并在当地进行详细的考察，从而来考证菩提庵的位置.

上文中简称『第61窟的内容与艺术』12页中有一张地图名为『通往五台山之路』，根据此地图, 过去通往五台山主要有两条路,[53] 另外地理条中附有关于此地图的详细内容， 文中指出五台县与五台山距离140公里. 可以看出与现在的道路没有太大差异.

金阁寺与清凉寺都不在五台山中心地台怀镇, 而是聚集在所谓的直行路西线上的清凉景区.[54] 另外从金阁寺到以文殊石而闻名的清凉寺[55]近在咫尺. 正如『五台山图』中可以看到的, 菩提庵就画在清凉寺

---

52) 莫高窟中除了这第61窟以外，在159窟等其他地方还有7幅『五台山图』, 但其中第61窟最大也最有名, 此外, 根据 敦煌遗书中的记录, 还有『五台山赞』·『五台山圣境赞』·『五台山曲子』·『往五台山行记』·『礼五台山试』等.

53) 这两条路分别为河北省的镇州(现正定县)-柳泉店-龙泉店-永昌县-石觜关镇-青阳岭-河北道山门东南路-五台县的河北道， 以及山西省的太原白杨店-石岭关-忻州定襄县-河东道山门西南路- 通过五台县进山的河东道.

54) 从五台山汽车客运站到西台再往南台走便可以到达此地. 此路是古代通往五台县的路, 在金阁寺与清凉寺之间有收取入场费的西线收费站. 从太原出发则可以从五台县左转, 顺着西线有直接通往清凉寺与金阁寺的直行路.

55) 清凉寺是华严宗著名的宗刹, 文殊菩萨的气息比任何地方都更加浓郁, 在文化大革命时期被完全破坏, 最近重新复原, 那里有传说文殊菩萨说法的著名的文殊石, 过往的巡礼客们都要来此一拜.

的前面,在线描的榜题示意图中,菩提庵(#6)显得更加清晰.

(照片5)

千佛洞莫高窟第61窟『五台山图』清凉寺部分

(注: 如果认为此图印刷效果不好可以省略. 但请把下图放大.)

(照片6)

〈五台山图榜题示意图〉

金阁寺·清凉寺·菩提庵部分

(注: 编辑时务必要将这张"6号图"尽量放大. 此图是本文中最重要的....)

清凉寺在『五台山图』中宛若菩提庵的总寺,清凉寺是我们比较熟悉的,创建于北魏孝文帝延兴2年到太和17年之间(472~493),唐代担负着祈求国泰民安的镇国道场的角色. 另外根据『华严经』,原来五台山的别名叫清凉山,而清凉寺就位于山中.[56)]

笔者找到了如此魂牵梦系的菩提庵,却很长时间无法摆脱一个疑问. 因为正如我们在上文中多次强调过的,金阁寺是与不空三藏-金阁含光-(菩提)慧超有关联的密教道场,而清凉寺以华严宗的宗刹而著称,与慧超和尚显得很不般配. 而为什么慧超和尚不在金阁寺附近驻锡却在传统禅宗的清凉寺下的菩提庵度过晚年呢?

车到山前必有路,揭开这个谜团的钥匙也找到了. "不空三藏于大历元年(766年)向皇帝奏请重修了清凉寺. 从而使清凉寺从禅宗丛林和净土道场转变为密宗道场."[57)]

[56)] 『华严经』第29卷『菩萨住处品』中记录着"东北方菩萨驻锡的山称清凉山." 华严宗第4祖证观禅师的『华严经疏』第47卷中记录着"清凉山是五台山. 其中有清凉寺."

此内容可以解释为: 金阁寺的创建始于玄宗24年(736年), 但由于连年战乱而迟迟没有完工, 第8代皇帝代宗即位后继承先皇们的遗志立即命不空三藏继续修建, 终于在大历4年(770年)竣工. 代宗皇帝与不空三藏为了建设金阁寺, 完成这个从玄宗延续到肃宗的工程, 而重修了清凉寺重新使用作为前哨基地.

在这种情况下, 慧超和尚多次出入五台山的可能性很大.[58] 如上所述, 不空三藏与其弟子们接受皇帝的敕命, 为建设清凉寺·金阁寺·玉华寺等工程而多次出入五台山, 另外也经常在太原府举办万人祭等大规模法会, 因此可以推测慧超和尚作为不空三藏的第三大弟子经常出入五台山是很合理的. 如此一来, 金阁寺的住持不空三藏的大徒弟金阁含光让他的师弟在金阁寺与清凉寺附近的菩提庵驻锡便是很自然的事了.

好不容易放下了沉重的包袱, 却又有一个问题让笔者挥之不去. 那就是在关于五台山的大量资料中"为什么漏掉了菩提庵?"

关于五台山的记录有唐代慧祥所著的『古清凉传2卷』和延一沙门所著『广清凉传3卷』以及宋代张商英所著的『续清凉传』.[59] 在其中份量最多的『广清凉传』中详细记录了文殊菩萨与五台山的故事; 道义禅师创建金阁寺的故事; 武则天重修清凉寺和供养记录; 以及玄宗与肃宗对清凉寺后援的记录, 内容中还包括70多个其他大小寺庙的名字, 十分准确而详细.

而以上3卷的记录和以此为据在明代编撰的『清凉山志』中却丝毫找不到关于乾元菩提寺和菩提庵, 以及代宗皇帝年间活动的密教僧人不

---

57) 崔正森编『五台山六十八寺』, 74页清凉寺条的记录, 据说依据的是『清凉山志』.

58) 『不空表制集』往五台山修功德谢圣恩表条中可以看到大历12年弟子惠晓受敕命进入五台山的内容. 当时的慧超是在仙游寺举行祈雨祭的3年之后, 师傅不空与代宗皇帝也都不在人世, 难以继续留在长安, 因此, 慧超随师弟惠晓一同前往五台山的可能性也不能排除.

59) 这些内容都完整地收录在『大正新修大藏经』第51卷中.

空・含光・慧超等人的名字. 我们的慧超和尚姑且不提, 在列举了60多人的高僧列传以及其他内容中也找不到关于不空三藏与金阁含光的任何记录.60) 这不仅很奇怪, 甚至令人感到疑惑.

因为不空三藏作为当时代宗的帝师受皇帝敕命重修清凉寺, 是一个重要的人物, 而他的功劳却没有记录下来. 另外金阁含光也是金阁寺中的重要人物, 现在金阁寺中他的塑像在代宗皇帝与义道禅师的旁边, 理应记录在金阁寺的历史中, 而这两个人在『清凉山志』等重要文献中却到找不到任何记录. 这与『大正新修大藏经』中收录的同时代其他记录相比显出了很大的偏差, 例如代宗皇帝时代编撰的简称『不空表制集』中出现了很多关于不空・含光・慧超的记录.

对于这一事实到底应该如何解释暂且留到日后另作研究, 但有一种可能性让笔者挥之不去, 那就是佛教界"禅宗与密宗的势力斗争". 因为在玄宗-肃宗-代宗接连几代偏重密教的时期传统禅宗虽然处于劣势, 但"会昌废佛"以后重新恢复了势力, 对于皇帝及朝廷对密教的支持, 禅宗方面自然感到不悦, 因此故意从记录中抹煞的可能性也无法排除.

最后补充一点. 地图上宛若菩提庵总寺的千年古刹清凉寺在文化大革命中被红卫兵彻底毁坏, 已经难以找回旧貌, 因此寻找菩提庵的遗址也不容易. 而且即使菩提庵就在现在清凉寺的前面, 在考证菩提寺遗址时所参考的『五台山图』所存在的问题也是不容忽视的.

例如, 狮子云中庵在地图上位于屹立在清凉寺对面的南台峰下面, 而实际上却在反方向中台西南方山脚清凉寺后山的山顶, 至今保存完好. 也就是说, 南台与中台・北台峰在地图上是以并列重叠的形式标出的. 另外当时五台山与太原之间的重要驿站太原白杨店实际上在太原附近, 而在『五台山图』中却画在菩提庵的正下方.

---

60) 明朝释镇澄 撰, 『清凉山志』第2卷「金阁寺」条 第3卷 46等.

这类错误都是为了将方圆5百里的广大的五台山内数百个对象全部缩略描绘在一张长方形平面图上而使用的一种苦肉计, 考虑到这一点, 我们静下心来仔细查看『五台山图』中菩提庵的周围, 乾元菩提寺就会在上千年的历史迷雾中显现出来, 出现在我们的眼前了.

6. 尾声

最近随着韩国的不断进取, 几乎在全世界任何地方都可以感到韩民族的力量. 这都应归功于早早地打开韩半岛的大门走向广阔世界的先驱们积下的阴德. 而慧超和尚正矗立于最高峰.

慧超所在的当时长安与五台山是东西文明交流浪潮的发源地. 此浪潮向东影响到韩半岛, 向西南影响到昆仑山脉另一边的雪域高原西藏[61], 向西影响到敦煌千佛洞和塔克拉玛干沙漠以及帕米尔高原另一边的西域和遥远的阿拉伯半岛.

韩国历史上首次置身于此浪潮踏上无万里征途的伟大的旅行家·译经僧·修行者慧超和尚在五台山中变成了五色彩虹进入千年的沉默中, 而令人惭愧的是作为他的后孙, 我们却连一个为他焚香祭拜的场所都没有.

经确认, 留着慧超气息的菩提庵直到他离开150多年之后仍然保存着, 但其后却逐渐消失在漫长的岁月中, 连痕迹都没有留下, 现在对于令人魂牵梦系的以慧超和尚涅槃地而闻名的乾元菩提寺终于找到

---

[61] 据西藏文献中记载, 754年西藏僧侣桑西受王命拜见中国皇帝求得佛经后拜过五台山, 回国的路上在成都的净众寺遇到新罗王子出身的金无相, 并得到关于西藏未来的指教后回国. 这是一个很好的实例, 可以说明慧超在世当时韩半岛·中原·西藏·印度是互相沟通的. 另外从敦煌石窟到韩半岛发现的多种『五台山图』也可以视为文明交流的另一种证据.

了宝贵的线索. 在此, 笔者怀着调查发掘五台山清凉寺前面疑是"菩提庵遗址"的几个候补地, 在那里立一块『海东沙门菩提慧超行迹碑』的悲愿结束此文.

참고문헌

高楠順次朗,「慧超传考」,『大日本佛教全书』,『遊方传丛书』1, 东京, 佛书刊行会, 1915.

『大正新修大藏经』,「一切经音义」第100卷,「往五天竺国传」3卷, 东京, 1928.

羽田亨,「慧超往五天竺国传迻录」,『京都大学史学科纪元2千6百年记念史学论文集』, 1941.

高柄翊,「慧超往五天竺国传研究史略」,『白性郁博士颂寿记念论文集』, 东国大学, 1959.

苒云华,「慧超往五天竺国传中天竺国新笺考」,『敦煌学』2, 1975.

黄心川,『隋唐时期中国与朝鲜佛教的交流』, 世界宗教研究, 1989.

桑山正进,『慧超往五天竺国传研究』, 京都大学人文科学研究所, 1992.

陈景富,『中朝佛教文化交流史』, 中国社会科学出版社, 1993.

张毅『往五天竺国传笺释』, 中华书局, 1994.

呂聖九,「入唐求法僧与入竺求法僧」,『慧超学术研讨会资料集』, 伽山佛教文化研究院, 1999.

鄭炳三,「慧超与8世纪新罗佛教」,『慧超学术研讨会资料集』, 伽山佛教文化研究院, 1999.

鄭守一,『慧超的往五天竺国传』, 学古斋, 2004.

金奎铉,『寻觅慧超五万里(上下)』, 如是我闻, 2005.

『敦煌石窟艺术』, 敦煌研究院, 江苏美术出版社 编,「莫高窟第六一窟（五代）」1995年.

『大正新修大藏经』第51卷唐慧祥师门的『古清凉传2卷』, 唐延一师门的『广清凉传3卷』, 宋张商英的『续清凉传』.

明, 释镇澄 撰,『清凉山志』第2卷「金阁寺条」第3卷.

崔正森 主编,『五台山六十八寺』, 74页清凉寺条.

金海圭,「平泽的村庄与地名故事」, 平泽文化院, 2007.

『水原地名总览』, 水原文化院, 1999.

〈水原府古地图〉, 首尔大学奎章阁韩国学研究所, 1872.

耿昇 外 主编,「登州在唐与新罗关系中的重要地位」,『登州与海上丝绸之路』, 人民出版社, 2009.

부　　　　록

대실크로드의 주요 루트와
파미르고원을 넘는 갈래길

　　국내외적으로 '실크로드학'이 뿌리를 내린 현 시점에서도, 실크로드, 특히 그 인후(咽喉)에 해당되는 파미르고원이나 천산산맥에 대한 고급 여행정보는 별로 보이지 않고 있다. 그 동안 수많은 이들의 노력에 의해서 '초원로'·'오아시스로'·'해양로' 등이 이설이 없을 정도로 명확한 루트가 정해진 것과 비교하면 더욱 그러하다. 그 이유를 꼽자면, 우선 파미르와 천산에 관한 역사적 자료들이 너무 단편적이고 또한 빈곤한 탓도 있었지만, 그보다도 파미르고원의 범위가 현재도 중국·키르기스스탄·타지키스탄·아프가니스탄·파키스탄·인도에 걸쳐 있고, 또한 위의 여러 나라들의 이해관계로 말미암아 근대에 들어와서는 국경선이 거의 폐쇄되었기에 그 동안 관심 있는 학자들이나 여행자들의 출입이 거의 불가능하였던 탓도 있을 것이다.

　　그러다가 중앙아시아 독립연합들(CIS)과 붉은 중국이 차례로 문호를 개방하고 2003년에는 최후의 마지노선이었던, 파미르고원의 외통수 길에 해당되는 '와칸주랑(Wakhan走廊)'을 점령하고 있는 아프가니스탄이 열림으로써 점차로 분위기는 무르익고 있지만, 그래도 아직도 파미르의 정보는 답보 상태에 있는 것이 사실이다.

  물론 옮긴이도 그간 오래전부터 자료를 모아가면서 다양한 루트를 정리하면서 정밀하고 다양한 지도를 그려볼 계획을 하였지만, 그 작업은 정말 한 개인이 하기에는 난공사였던지라, 그 동안 끝을 맺지 못하고 있다가 이번 〈실크로드 고전여행기〉 총서의 발간을 기하여 다시 박차를 가하여 마침내 회향을 보게 되어 간략한 개요와 함께 〈실크로드 갈래길 총도〉와 〈파미르고원 횡단도〉를 강호제현들에게 공개하게 되어 어깨가 한 결 가벼워지게 되었다.

[일러두기]

구분을 쉽게 하기 위한 편의상 여기 설명문에서의 '루트' 또는 '로(路)'는 중요한 간선을, '길' 또는 '갈래길'은 분파된 작은 지선을 의미하며 코스별 번호는 지도상에서 북쪽에서 남쪽으로, 동쪽에서 서쪽 순으로 매겼으니 지도를 보면서 루트별로 따라가면 그 거대한 실크로드와 파미르고원도 한 눈에 들어올 것이라 여겨진다. 또한 본 지도들은 주로 문화와 종교에 관계된 역사적 인물의 흔적에 중점을 두어 그린 개념도이기에 실제 지리학적 정보와는 일치하지 않을 수도 있음을 밝혀둔다.

1. 초원로(Steppe Road)

  문명교류의 초고대 '소통로'의 하나로 유라시아 북방 초원지대를 동서로 횡단하는 장대한 길을 말한다. 한나라에 의한 '오아시스 루트'가 개척되기 이전인 B.C. 7세기경부터 스키타이문화를 비롯하여 B.C. 3~4세기의 채도문화가 이 길을 따라 전파되었으며 흉노족과 몽골족 같은 전형적인 유목민족이 말 달리던 루트로도 이용되었다. 또한 우리 한민족의 원조상들이 먼 파미르고원에서 동쪽으로 동쪽으로 이동하여 한반도에 이르렀다는 내용의 한 '가설'의 실제 경로로 비정되고 있는 길이기도 하다.

그 주요 경로는 압록강 연안에서부터 시작하여 만주-몽골-준가리아 분지-알타이산맥-아랄해 연안-카스피해 연안-남러시아-흑해 동북안-발트해 남안과 헝가리 분지에 이른다.

2. 하서주랑로(河西走廊路)

한나라의 정략적인 서역경영으로 '초원로'에 뒤를 이어 '오아시스로'가 개척되면서 새로운 소통로가 만들어지기 시작하였으나 파미르고원이 장애가 되어 활성화를 하지 못하고 있다가 한무제(漢武帝) 때에 이르러 장건(張騫, ?~B.C. 114)이 파미르고원을 지나 대월지에 이르는 길을 개척함으로써 비로소 완전한 오아시스 길이 열리게 되었다.

'하서주랑'이란 중국 대륙의 출발점인 장안성에서 현 타림분지에 이르는 중간 통로로 그 동쪽은 오초령(烏鞘嶺)에서 서쪽은 옥문관(玉門關) 사이의 남산(南山: 祁連山, 阿爾金山)과 북산(北山: 馬鬃山, 合黎山) 및 용수산(龍首山) 사이의 길이 약 900여km 이르는, 서북-동남 방향으로 늘어선 좁고 긴 평지로, 복도 모양과 같고 또한 황하의 서쪽에 있다 하여 불리는 이름이다.

***그 경유지는 란저우[蘭州]를 지나서 차례로 하서사군(河西四郡) - 우위에(武威/ 凉州), 장예(張掖/ 甘州), 지추엔(酒泉/ 肅州), 안시(安西/ 瓜州) - 을 대략 5일

간격으로 주파하여 한 달 만에 둔황(敦煌/ 沙州)에 도착하여 본격적으로 사막으로 나아가는 일정이다.

3. 천산북로(天山北路)

(3-1) 아라산(阿拉山) 고개길

서역북로를 따라 투루판[吐魯番]에서 신장위구르의 행정중심지인 우룸치[烏魯木齊] → [국제기차] → 아라산[阿拉山]고개 → 카자흐스탄 수도 알마티(Almai) → 우즈베키스탄(Uzbekistan)의 수도 타슈켄트(Tashkent) → 사마르칸트(Samarqand) → 아프가니스탄(Afganistan)의 발흐(Balkh) → 카불(Kabul)로 이어지는 새로운 '철(鐵)의 실크로드'의 대표적인 루트의 하나이다.

(3-2) 코르고스(霍尔果斯) 고개길

우룸치 → 쿠이둔[奎吨] → 이닝[伊寧] → [국제버스] → 코르고스(Khorgos Pass) → 카자흐스탄의 알마티로 가서 위의 길과 같은 궤적을 쫓아가는 루트이다.

***위의 통로는 외국 관광객에게 열려진 루트로 일반적으로 이용되고 있다.

(3-3) 베델(別達) 고개길: 일명 현장법사(玄奬法師)길

전통적인 서역북로를 따라 내려오다가 종착지인 카슈가르 도착 직전 아커스[阿克蘇]에서 노선을 변경하여 신장의 베델(別達) 마을

→ 보그콜도이산맥의 베델고개(4,284m) → 키르기스스탄의 베델(Bedel) 마을 → 카라세이(kara-say) → 바르스쿤(Barskoon) → 이시쿨호수의 서쪽 발리크치(Balikchi)를 우회하여 → 키르기스스탄의 비슈케크 → 우즈베크의 타슈켄트 등의 전통적인 천산북로의 오아시스 도시를 따라 인도로 들어가는 루트이다.

***현장이 순례 초기에 고창국(高昌國)에 머무르고 있을 때, 국왕으로부터 천축행로의 편의를 약속 받고, 당시 돌궐의 대칸(大汗)이 머물고 있었던 소엽성(素葉城), 즉 비슈케크 인근의 토크마크(Tokmak)로 행로를 변경하여야만 했기 때문이었다고 『삼장법사전』은 전해주고 있다. 말하자면 현장은 구법승들 중에서는 그 누구도 시도하지 않은 색다른 천산남, 북로를 넘나드는 길을 개척한 셈이다.

(3-4) 토루가르트(吐爾葛特) 고개길

'현장로'를 대신하여 현대에 활성화된 루트로 카슈가르에서 곧장 북쪽의 토르가르트(Torugart, 3,630m)고개를 넘어 키르기스스탄의 나린(Narin) → 이시쿨(Isik-kol)호수 서쪽의 발리크치(Balikchi) → 토크마크(Tokmak) → 비쉬케크(Bishkek) → 우즈베키스탄의 타슈켄트 → 사마르칸트 → 철문(鐵門) → 테르메스(Termes) → 아프간의 발호(Balkh)로 나가 동·서양으로 갈라지는 루트이다.

***이 길은 현재(2012년 6월) 중국과 키르기스스탄의 국경무역이 활발한 곳으로 외국관광객들에게도 국제버스 또는 여행사를 통한 대절차에 한해 열려 있기는 하지만, 오쉬(Osh)행에 비해 상황변동이 심하니 카슈가르 도착 전에 미리 확인해볼 필요가 있다.

(3-5) 이르케쉬탐 고개길(Irkeshitam Pwy)

서역북로 서쪽 끝자락인 카슈가르에서 서행하여 울루그차트 (Ulugchat)를 지나서 이르케쉬탐고개를 넘어 키르기스스탄의 사리타쉬(Sari Tash)라는 마을에서 사방으로 갈라진다.

첫 번째로는 북쪽으로 키르기스스탄의 오쉬(Osh) 쪽으로 올라가 훼르가나(Fergana) 계곡을 따라 소그드(Sogd) 지방의 중심지인 사마르칸트로 나아가거나 두 번째로는 사리타쉬에서 바로 서행하여 타지키스탄의 수도인 두산베(Dushanbe)를 거쳐 우즈베크의 테르메즈(Termez)로 가서 아무다리야강을 건너 아프간의 발호로 나가 파키스탄, 인도 또는 중동으로 향하거나 세 번째 방법으로는 이른바 '파미르하이웨이'를 타고 남쪽으로 내려가 타지키스탄의 고르노바닥샨주(GBAO)로 내려가 다시 두산베로 이어지는 루트로 중간지점인 타지키스탄령 이스카쉼(Iskashim)에서 아프간 령 와칸주랑을 마주 바라볼 수 있다.

***이 길은 현재(2012년 6월) 역시 중국과 키르기스스탄이나 타지키스탄으로의 국경무역이 활발한 곳으로 동절기만 제외하고는 외국관광객들에게도 열려진 국경이고 국제버스도 이용할 수 있다. 단 두 번째 도산베로의 직행길은 외국인에게 열려 있지 않다.

(3-6) 파미르 하이웨이(Pamir Hwy: 일명 M41번 도로)

역시 카슈가르에서 위의 루트들을 이용하여 키르기스스탄으로 들어간 뒤 오쉬를 기점으로 일명 '파미르하이웨이'를 타고 남서행하여 아래 목록의 〈9번 파미르횡단루트〉와 만나 아무다리야강의 발원천이자 파미르천과 와칸천이 합류하는 판지강을 따라 타지키스탄의 수도 두샨베(Dushanbe)까지 이어지는 산악루트로 오쉬 → 사리타쉬(Saritash) → 무르갑(Murgab) → 알리초르(Alichor) → 이스카쉼(Iskashim)에서 서행하여 아프간의 바닥샨주(州)의 중심지 화이자바드(Fayzabad) → 쿤두즈 → 발흐로 나아가거나 또는 이스카쉼에서 판지강을 따라 북행하여 호록(Khorg) → 두샨베로 이어진다.

***이 길은 최근 타지키스탄 영사관에서 비자와 함께 받을 수 있는 <파미르여행허가증(P. Permit: GBAO)>을 받은 외국관광객에게 열려진 루트로 현장법사와 우리의 혜초사문 등의 체취가 묻어 있는, 유서 깊은 와칸주랑의 일부가 겹쳐져 있어 의미가 깊은 루트이다.

4~5. 천산남로(天山南路)=서역북로(西域北路)

'천산남로'는 일명 '서역북로'라고 다르게 부르는데, 이 길은 크게는 〈오아시스 루트(Oasis R.)〉라고 부르는 양대 통로의 하나로 천산산맥의 남쪽과 타클라마칸 사막의 북쪽 사이의 오아시스를 연결하며 카슈가르에 이르러 여러 갈래로 갈라져 천산산맥 또는 파미르고원을 넘나들게 된다.

역사적으로는 B.C. 2세기 이전에는 둔황 교외의 옥문관(玉門關) 또는 양관(陽關)을 지나 누란(樓蘭/ 鄯善)에서 '서역남·북로'가 갈라졌으나, 그 이후에는 둔황에서 옥문관을 나와서 하미[哈密]를 경유하여 이르는 서역북로가 개척됨으로써 현재에 이르기까지 실크로드의 주된 동맥역할을 하였다.

***장안성을 출발한 대상들이나 순례승들은 하서주랑을 통과하여 둔황에 도착한 다음 다시 낙타대열을 정비하여 → 하미(Hami/ 哈密/ 伊吾) → 투루판(Turfan/ 吐魯番/ 高昌) → 옌치(Karashar/ 焉耆/ 阿耆尼國) → 쿠차(Kucha/ 庫車/ 龜玆

/ 屈支) → 아커수(Aksu/ 阿克蘇/ 跋祿迦) → 카슈가르(Kashgar/ 喀什/ 疎勒/ 佉沙)에 도착하여 다시 아래와 같은 여러 경로를 통해 파미르고원을 넘게 된다.

6. 서역남로(西域南路)

둔황의 양관을 나와 타클라마칸사막 남쪽과 곤륜(崑崙)산맥 사이의 오아시스 도시들을 연결하는 길을 따라 카슈가르로 가는 남쪽 루트를 말한다. 그러나 5세기 법현과 6세기 송운, 혜생과 7세기 현장 등의 구법승들이 지나간 후 점차로 그 기능을 상실하였다. 그 이유로는 기원전부터 둔황에서 호탄까지의 길을 연결해주었던 중요한 요지였던, 고대의 전설적인 왕국인 누란(樓蘭)이 5세기 청해 지방에서 강대해진 티베트계 토욕혼(吐谷渾)에게 멸망하면서 그 중간거점을 잃은 '남로'도 따라서 쇠락을 길을 걷게 되어 그 역할을 '북로'에게 내어주고 역사 속으로 사라져버렸다.

그래서 현재는 서역남로의 최대 도시인 호탄으로 가는 방법은 먼 길을 우회하여 북로의 쿠알러[庫爾勒] 또는 룬타이[輪台]에서 루어창[若羌]으로 연결되는 새로 만들어진 횡단로를 이용해야 하는 상황으로 변하였다.

***둔황 → 샨샨(Shanshan/ 鄯善/ 樓蘭) → 루어창[若羌] → 체모(Cherchen/ 且末) → 니야(Niya/ 尼壤) → 호탄(Khotan/ 和田/ 于闐/ 瞿薩旦那) → 카르갈리크(哈爾碣里克/ Karghalik/ 葉城/ 斫句迦國) → 사쳐(Yaekand/ 沙車) → 타쉬쿠르간(Tashkurghan/ 塔什庫爾干/ 漢盤陀國) → 카슈가르(Kashgar/ 喀什/ 疎勒/ 佉沙)

7. 토욕혼로(吐浴渾路)

하서주랑을 빠져나와 청해호(靑海湖)를 남쪽으로 돌아 적령(赤嶺: 日月山)을 넘어 차이담[紫達木]분지를 가로질러 알틴타그아타산맥의 지류인 당금산(當金山)고개를 넘어 둔황과 서역남로로 이어지는 루트를 말한다.

이 길이 열렸던 당시가 티베트계인 토욕혼국(吐浴渾國)의 영내인 차이담분지를 통과하기에 붙여진 이름으로 8~9세기 한때 토번(吐蕃)제국이 당시 사주(沙州)로 부르던 현 둔황을 반세기 동안 다스릴 때 무적의 토번기마병들이 말 달리던 군용도로이기도 하다. 전통적인 실크로드 루트가 아닌 사이길로 당 태종의 문성(文成) 공주가 티베트로 시집가던 이른바 '당번고도'와 전반부 루트가 겹쳐진다.

***청해성의 시닝[西寧]이나 걸무[格爾木]에서 둔황으로 가는 버스가 있기는 하지만, 고생길은 감수해야 한다.

8. 토번로(吐蕃路/ 唐蕃古道)

토번의 땅, 티베트 고원을 경유하여 바로 히말라야를 넘어 인도로 가는 '루트'를 말하는데, 이른바 당 태종의 문성(文成) 공주가 티베트로 시집가던 '당번고도'와 '라싸'까지의 행로가 겹쳐진다. 기존의 천축행로가 파미르를 넘는 '우회로'라면 티베트를 경유하는 길은 '직행로'였다. 당시 토번 왕조에는 송첸감포(617~650)라는 불세출의 영웅이 출현하여 세력을 전 중앙아시아에 과시하던 때로 네팔 공주와 문성 공주의 영향으로 그 이전에는 없었던 중원-티베트-네팔-중천축의 불교전파로가 잠시 열리게 되었다. 이 시기는 현장의 귀국 직전부터 [즉 현장의 순례기간 629~645의 17년간] 열렸다가 혜초의 순례길 전에 다시 닫혔다.

***이런 지정학적 배경으로 신라승인 혜륜(慧輪)·현락(玄烙)·혜업(慧業)·현태(玄太)가 당 태종의 칙명에 의해 천축으로 떠나는 장안 대흥선사의 현조(玄照)법사를 수행하여 인도를 들락거렸다고 기록들은 전하고 있다.

***티베트의 국경도시 잠무(Zammu/ 章木)와 네팔의 코다리(Kodari)를 잇는 루트는 현재(2012년 6월) 중국과 네팔 간에 국경무역이 활발한 곳으로 외국관광객들에게 제한적으로 열려진 국경이다.

9. 파미르횡단로(Pamir橫斷路)

(9-1) 사리쿨 고개길(Sari-kul Pwy)

서역남·북로가 합쳐지는 카슈가르에서 남쪽으로 내려오다가 옛 총령진이라고 불렸던, 현재 중국 국경도시인 타쉬쿠르간(Tashkurghan/ 塔什庫爾干) 못 미친 곳에 자리 잡은 카라쿨(Kara-kul)호수와 무즈타그아타산(Muztag Aata, 7,746m) 근처에서 서쪽으로 맞은편에 길게 뻗어 있는 사리쿨산맥의 쿨마고개(Kulma Pass, 4,363m)를 넘는 루트를 말한다.

그 다음 전통적인 천산북로상의 실크로드의 요충지인 키르기스스탄의 오쉬(Osh)에서 내려오는 옛 대상로(현 파미르하이웨이/ Pamir Hwy)의 마을들인 무르갑(Murghab) → 나이쟈타쉬고개(Nizatash pass, 4,137m) → 바쉬굼바즈(Bash Gumbaz) → 알리츄르(Alichur) → 제란디(Jelandy)로 내려와 야실쿨호수(Yasil-kul)에서 발원하여 서행하여 판지강과 합류하는 군트(Gunt)강을 따라 서행하여 타지키스탄 고르노 바닥샨(Gorno Badakhshan)주의 슈그난(Shugnan) 지방의 중심 도시인 호로그(Khorog)에서 판지강(Ab-i-Panj/ 噴赤河)을 건너 현 아프간 바닥샨(Badakhshan)주의 정부청사가 있는 화이자바드 (Faizabad)에서, 소그드(Sogd)에서 아무다리야강을 건너서 내려오는 길과 만나는 십자로인 쿤두즈(Kunduz)로 나가서 다시 동·서양으로 갈라지는 루트를 가리킨다.

***이 길은 지금도 마찬가지이지만 순례로보다는 대상로로 주로 사용되었고 현재 외국인에게는 열려 있지 않다.

(9-2) 와칸주랑 북쪽길(Wakhan Corridor north way)

타쉬쿠르간을 지나 현 아프가니스탄에 있는 와칸 계곡의 입구인 사리쿨 계곡 서쪽의 사리코람고개(Sarikoram pass, 5,558m)를 넘어 퀴질라바드(Qizilrabad) → 자티굼바즈(Jarty Gumbaz) 마을을 지나서, 서양에서는 빅토리아(Victoria Lake)호수라 불리는, 조로쿨(Zorokul Lake/ 大龍池/ 鵝湖)호수를 따라 돌아서 이 호수에서 새로 발원하는 파미르천의 북안 길을 따라 대(大)파미르고원을 지나 서남쪽으로 내려가면서 카르구쉬(Kargush) → 랑가르(Langar) → 종(Zong) → 이스카심(Iskashim/伊什卡辛)에서 '와칸남로'와 합류하여, 위의 사리쿨 루트와 같은 궤도를 거치며 바닥샨주로 내려가 화이쟈바드로 나간다.

***현장법사와 혜초사문이 당나라로 돌아올 때 경유한 루트에 해당되며 일반적으로 많이 이용된 남쪽 길의 상황변화에 따른 우회로에 해당된다.

(9-3) 와칸주랑 남쪽길(Wakhan Corridor south way)

타쉬쿠르간에서 카라코람 하이웨이(KKH)를 따라 남쪽으로 조금 더 내려오다가 서쪽으로 타쉬쿠르간 하천을 거슬러 올라가 밍타카(Mingtaka/ 明鐵蓋) 마을을 지나 와크지르(Wakhjir)고개를 넘어 소(小)파미르고원에 올라서서는 와크지르천과 와칸천을 따라 서행하여 바로길(Barogil) 마을을 지나서, 다시 동북쪽에서 흘러오는 파미르하천을 따라 내려오는 하천과 합류하여 이름을 판지강(Ab-i-Panj/ 噴赤河)으로 바꾸는, 강의 남안길을 따라 위의 북로와 나란히 서행하여 콸라판자(Qala Panja/ 喀剌噴札) → 칸두드(Khandud/ 昏駄多城) → 아프간 측의 이스카셈(Iskashem/ 伊什卡辛)을 지나는 위의 북로의 루트들과 같은 궤적을 그리며 화이자바드(Fayzabad) → 쿤두즈(Kunduz)로 나가 동서양으로 갈라진다.

***이 루트는 파미르를 넘는 직통로이기에 옛부터 일반 대상들이 즐겨 이용하였고 5세기 법현(法顯)을 시작으로 순례 길로 주로 이용되었던 루트이지만, 현재는 아프간과 중국의 관계악화로 인해 통행이 금지된 고갯길이다.

(9-4) 다르코트 고개길(Darkot Pwy/ 高仙芝路)

위의 남로의 바로길 마을에서 남으로 힌두쿠시 산맥의 바로길 고개(Barogil, 3,882m)와 다르코트고개(坦駒嶺, 4,703m)를 넘어 다르코트 마을과 구피스(Gupis)를 지나서 둘로 갈라져, 한 길은 스와트(Swat) 계곡으로 내려가 파키스탄의 밍고라(Mingaora) → 페샤와르(Peshawar) → 카이버(Kiber)고개 넘어 아프간으로 가거나, 혹은 인더스 계곡의 카라코람 하이웨이(KKH) 길깃트(Gilgit)를 거쳐 현 파키스탄의 수도 이슬람아바드(Islamabad) 또는 페샤와르에서 역시 동·

서양으로 갈라지는 길이다.

***북위(北魏)의 송운(宋雲)·혜생(惠生) 등이 이용하였고 또한 일부는 747년 고선지장군이 소발률(小勃律/ Gilgit)을 점령할 때의 2차 원정로에 해당되기도 한다.

(9-5) 쿤제랍 고개길(Khunjerab Pwy)

타쉬쿠르간에서 위의 와칸로 입구를 지나 조금 더 남쪽으로 내려와 쿤제랍고개(Khunjerab Pass, 4,655m, 紅其拉甫 山口)를 넘어서 '카라코람 하이웨이(KKH)'를 따라 인더스 계곡의 국경 마을인 소스트(Sost) → 훈자(Hunja) 마을로 더 알려진 발팃(Baltit) → 길기트(Gilgit)를 거쳐 현 파키스탄의 수도인 이슬라마바드 또는 서쪽의 간다라의 중심도시인 페샤와르(Peshawar)로 내려가서 다시 동·서양으로 갈라지는 길이다.

***현재(2012년 6월) 중국과 파키스탄의 국경무역이 활발한 곳으로 결빙기만을 제외하고는 6개의 파미르횡단로 중에서 유일하게 외국관광객들에게 열려진 국경이다.

(9-6) 카라코람 고개길(Karakoram Pwy)

파미르고원 동쪽 끝의 카라코람산맥 카라코람고개(Karakoram Pass/ 磧石嶺, 5,575m)를 넘어 바로 인도 서북부의 카슈미르로 가는 루트로 그 시발점은 서역남로 서쪽 끝에 있는 예칭(葉城/ 哈爾碣里克/ Karghalik)이나 호탄에서 출발하여 현 '신장공로(新藏公路)'를 이용하여 티베트로 넘어가다가 콩쉬와르(Kongshwar)에서 남으로 방향을 틀어 카라코람고개를 넘어 인도 서북부로 들어가 카슈미르주의 주도인 스리나가르(Srinagar) 또는 조지라(Zojila, 3,530m)고개를 넘어 라다크(Ladak)의 레(Leh)로 가는 옛 길이다.

***8세기 '토번로'를 통해 인도를 3차례나 들락거렸던 현조법사의 루트에 해당되지만, 역시 현재 중국과 인도의 국경분쟁으로 통행이 금지된 루트이다.

10. 서남아로(西南亞路/ 中東路)

천산산맥이나 파미르고원을 넘어 중앙아시아에서 서남아시아와 아라비아 반도나 로마로 가는 루트를 총칭한다.

(10-1) 우즈베크의 사마르칸트 → 부하라(Bukhara) → 히바(Kiva) → 투르크메니스탄의 메르브(Merv) → 파르티아(Parthia) → 이란 → 이라크 메소포타미아 지방 → 지중해 연안 → 로마

(10-2) 파키스탄의 페샤와르(Peshawar) → 카이버(Kiber)고개 → 아프간 카불 → 이란 → 이라크-로마

11. 해양로(海洋路)

이른바 '해양실크로드'로 넓게는 동서양을 잇는 다양한 해양로를 모두 가리키지만, 좁게는 중국을 중심으로 한 동아시아에서 인도 지나 반도를 지나 말라카해협을 통과하여 인도 대륙 그리고 다시 인도양을 거처 아라비아 반도나 로마에 이르는 모든 바닷길을 의미한다.

추천의 글

(성함의 가나다순)

初黃 金良植(韓·印文化硏究院 代表, 인도박물관장)
김연호(충북문화재단이사)
김풍기(강원대학교 사범대학 국어교육과 교수)
김희준(포항 대동중학교 역사교사, 전국교사불자연합회 문화부장)
朴允煥(변호사, 전 전주지방검찰청 군산지청장)
서용(동덕여대 회화과 교수, 한국돈황학회 회장)
송순현(정신세계원 대표)
옥영경(자유학교 물꼬 교장)
유정길(정토회 에코붓다 전 공동대표, 평화재단 기획위원)
유진규(춘천국제마임축제 예술감독, 마임니스트)
윤창화(불교출판협회 부회장, 민족사 대표)
李光軍(中國 魯迅美術大學 敎授, 美術史博士)
이상기(한국외국어대학교 대우교수)
이외수(작가)
李仁秀(대구교육대학교 음악과 교수)
장영기(수원대 환경에너지공학과 교수)
전상국(소설가)
전인평(중앙대 교수, 아시아음악학회 회장)
桐普 鄭大錫(서울대학교 국악과 교수, 거문고 협주곡 <수리재> 작곡가)
정수일(동서문화교류연구소장)
雪山 鐵眼(문경 대승사 선원 수좌)
최돈선(시인)
현각(원주 성불원 회주)
황병기(작곡가, 대한민국예술원 회원)

추 천 의 글

다정(茶汀)의 만리장성

初黄 金良植(韓·印文化硏究院 代表, 인도박물관장)

그는 평소 별로 말이 없다. 그가 절간을 뒤로 하고 인사동으로, 또 한 번 인사동을 뒤로 하고 강원도 홍천강 기슭에 손수 흙벽돌을 빚어 토굴을 짓고 들어앉은 지도 어언 30년이 되어간다. 그 누구보다도 주경야독(晝耕夜讀)을 몸소 실천하며 조용한 가운데서도 본인의 의지를 고집스럽게 키워나갔다.

나와 다정(茶汀)과의 인연은 거의 30여 년에 이른다. 당시에도 그는 소리 없이 그가 걷는 길에 끊임없이 돌을 다듬어 성을 쌓듯이 먹을 갈아 붓을 들고 창작의 세계 속으로 수신(修身)했다.

1981년 초 필자가 인도문화연구원(印度文化硏究院) 설립 당시, 그는 모든 연구모임에 적극적으로 참여하여 연구지에 글도 쓰기도 했다. 특별히 기억되는 것은 「인도의 시성(詩聖) 타고르의 회화」에 대한 해설과 비평을, 인사동 선화랑에서 발행하는 『選美術』(1983년 가을호)에 한국에서는 처음으로 발표하기도 했다.

그때까지도 한국화단의 어느 누구도 인도의 타고르가 많은 그림을 그렸다는 사실을 알지 못했고 다만 동양에서 처음으로 노벨문학상을 탄 인도의 시성(詩聖)으로만 알고 있었기 때문에 다정의 논문은 큰 파문을 일으키기도 했다.

이렇게 그의 시선은 인도의 문명을 거쳐 끝내는 티베트불교문화의 정수를 찾아 그 멀고 먼 티베트고원의 수미산(須彌山)에 이르기까지 고행의 길을 마다하지 않았다. 그가 선택한 행로는 결코 순탄하지 않았다. 오늘 우리 앞에 선보인 이 방대한 고전의 번역서들은 바로 그가 쌓아올린 만리장성(萬里長城)이라 할 수 있지 않을까?

결코 어느 누구도 선뜻 손을 댈 수 있는 작업이 아니기 때문에 더욱 값진 것이어서 필자는 많이 고맙고 감동되는 바가 크다 하겠다.

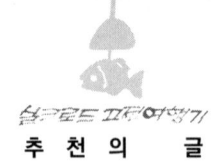

추 천 의 글

그 오랜 인연의 향훈

김연호(충북문화재단이사)

다정인형(茶汀仁兄)과의 만남은 1974년 가야산 자락 해인사 동구에 봄이라기에는 쌀랑한 기운이 가득 했던 때였습니다. 당시 대학 3학년 시절 대불련(大佛聯)활동을 하던 나는 처음으로 가야산(伽倻山) 해인사(海印寺)를 순례하게 되어 산내암자 원당암(願堂庵)에서 며칠 유하게 되었는데, 그때 승가대학에 재학 중인 가냘픈 체구에 형형한 눈빛만이 빛나던 한 학승을 만나 마음을 열게 되었습니다.

비록 그는 산문을 나와서 긴 만행(萬行) 길에 들어서 40년 동안 우리나라 차문화의 한 획은 그은 다인(茶人)으로, 개성 있는 화가로, 그리고 우리나라 '티베트학'의 주춧돌은 놓은 티베트문화 연구가로 활동을 해 왔지만, 아마도 우리 둘 모두 영혼이란 화두를 항상 놓지 않고 살아왔기에 해인사에서의 지중한 인연은 지금까지 이어져 이제 앞서거니 뒤서거니 하면서 환갑의 문턱을 넘게 되었습니다.

저는 작년 여름, 중국 서역으로 실크로드의 길을 따라가면서 오아시스에 우뚝우뚝한 석굴을 만나게 되었습니다. 그때 부처님을 일념으로 그리면서 찾아들었을 구법승의 모습이 오버랩되었는데, 이상하게도 홀연히 먼 옛날의 기억 속의 한 단아한 학승의 이미지가 겹쳐졌습니다.

한 개인의 원력(願力)으로서는 너무나 힘겨웠을 장대한 역경사업의 회향을 접하고선 아마도 지금의 다정인형(茶汀仁兄)은 당나라 구법승이었던 어느 한 큰 스님의 환생으로 몸을 받고 났기에 나의 실크로드의 길에서 아른거린 게 아니랴 싶어 그 영광이 이미 다 이루어져 보인 듯도 합니다.

추 천 의 글

실크로드학의 새로운 길을 여는 작업을 기리며

김풍기(강원대학교 사범대학 국어교육과 교수)

　언어와 언어 사이를 넘어서 새로운 길을 내는 사람을 번역가라고 한다. 우리는 매일 번역을 하면서 살아간다. 다른 사람의 말을 듣고 내 말로 번역을 해서 이해하고, 다른 사물의 언어를 번역해서 내 삶을 꾸린다. 번역이 없다면 우리는 소통부재의 깜깜한 암흑세상을 살아가야 한다. 다른 나라의 말, 혹은 이제는 사라진 옛말을 지금의 언어로 번역하는 일이야 더 말해 무엇하랴.
　번역을 해본 사람이라면 이 작업이 얼마나 힘들고 고된 것인지 잘 안다. 다른 시대, 다른 나라의 말을 지금 우리의 언어로 바꾸는 일은 지난(至難)하기 그지없다. 그러나 고생한 만큼 그 공로를 인정해주지 않는 나라로 우리나라만한 곳이 없는 것도 사실이다. 번역이 대우를 받아야 우리의 문화와 사유가 더욱 풍성해진다는 건 누구나 알지만, 그 공로를 진심으로 인정하는 사회적 풍토는 아직 턱없이 부족하다.
　실크로드학이 더욱 꽃 피우기 위해서 우리는 기본 자료를 읽어야 한다. 그런데 뜻밖에 기본 자료에 대한 번역이 그리 많지 않다. 이런 때에 김규현 선생님의 번역은 이 분야에 새로운 눈을 트이게 해준다. 사실 이 자료를 단순히 번역하는 것이라면 어렵더라도 마음을 낼 수 있다. 그러나 김규현 선생님의 번역은 그 차원을 넘어선다. 자료에 등장하는 지역을 직접 답사하고, 예전의 지명과 지금의 지명을 대조하여 밝힌다. 말이 쉬워서 답사지, 사비를 털어가며 번역을 위해 이런 일을 한다는 것은 사명감 없이는 될 수 없다.

  김규현 선생님의 번역서가 이렇게 빛을 보는 것에 깊은 축하와 감사의 말씀을 드린다. 이렇게 심혈을 기울인 번역서가 또 있을까 싶을 정도로 이 책에 기울인 전문가적 식견과 엄청난 노력을 어찌 말로 표현할 수 있을 것인가. 이 책이 실크로드 연구의 새로운 길을 만들 것이라고 믿어 의심치 않는다.

추 천 의 글

거대한 기록을 오늘 한국인의 언어로 풀어낸 힘든 작업

김희준(포항 대동중학교 역사교사, 전국교사불자연합회 문화부장)

어린 날, 어머니가 절에서 법 보시 받아 온 『부모은중경』을 읽으며 눈물을 흘렸다. 그때 이후로 어른이 되면 인도에 가서 부처님을 만나고 싶은 소원을 간직하였다. 교과서에서 처음 만났던 그 이름, 혜초 스님의 『왕오천축국전』과 어린이 잡지의 부록으로 나온 만화로 흥미진진하게 읽었던 『서유기』의 원전인 현장법사의 『대당서역기』, 김규현 선생의 『혜초따라 5만리』를 인도순례를 다녀와서 읽었다.

베이징에서 마흔여덟 시간 기차를 타고 설역의 심장부, 포탈라궁이 있는 라싸로 가고, 고려 충선왕이 유배 갔고, 스웨덴의 지리학자 스벤 헤딘이 탐험하였던 시가체에도 꿈결처럼 다녀왔다. 다정 김규현 거사님의 저서들을 여행을 앞두고 읽고 또 들고 갔다. 거사님은 여행 후 나의 궁금증에도 자상하게 답해주었다.

중국문명이 인도의 불교문명을 받아들인 역사는 우리의 상상을 뛰어넘는 장대한 모험의 역정이다. 그 길을 답파한 다정 거사님이 5~8세기 문명 전파의 이 거대한 기록을 오늘 한국인의 언어로 풀어내었다. 그 위업을 찬탄하고 함께 기뻐한다.

추 천 의 글

아, 실크로드!

朴允煥(변호사, 전 전주지방검찰청 군산지청장)

고등학교를 다니던 어느 때부터인가 나는 실크로드를 여행하고 싶었다. 대학을 다니고 검사생활을 하면서도 나는 늘 실크로드를 꿈꾸었다. 설산, 말, 사막, 오아시스… 그리고 거기 살았던 사람들과 그들의 남겨놓은 역사 등을….

2006년 변호사 개업을 한 후엔 그쪽으로 가고 싶은 병이 더욱 깊어졌다. 실크로드와 관련된 책을 닥치는 대로 읽고 틈틈이 실크로드 일부인 서안·우룸치·투르판·돈황 등을 다녀오기도 했다.

작년 12월, 티베트 여행을 앞두고 서초동 '예술의전당'에서 '라싸' 특강을 들었는데 그때 강사가 다정님이셨다. 워낙 내용이 충실한 강의였던 터라 님께서 운영하시는 인터넷 카페 '티베트문화연구소'에도 가입하였다.

지난 해 7월에는 바이칼호수 여행을 앞두고 홍천강가에 있는 다정님의 연구소를 찾아 사모님으로부터 맛있는 옥수수를 얻어먹고 님과는 소주도 한 잔했다.

그리고는 그때 사인해서 주신 『혜초따라 5만리』(상·하권)도 9월말 추석을 전후해서 다 읽었다. 그리고는 다정님의 저서는 모두 읽어야 되겠다는 욕심이 생겨났는데, 마침 고전여행기의 백미인 『대당서역기』를 비롯한 대표적인 다섯 권을 모두 완역하고 각주를 상세하게 붙이는 〈실크로드 고전여행기〉 총서를 출간하신다는 소식이 들려왔다. 정말 반갑고 축하드릴 일이다.
 나이 60이 된 지금에도 실크로드의 구석구석을 가보고 싶은 꿈은 여전하다. 나도 역마살을 타고난 노마드의 DNA가 섞여 있는 것일까?

추 천 의 글

단순한 번역서의 차원을 넘는 번역의 '전신(傳神)' 작업

서용(동덕여대 회화과 교수, 한국돈황학회 회장)

다정 김규현 선생께서 이번에 실크로드와 관련된 고전여행기를 집대성한 번역서를 출판하신다는 소식을 접하고 반갑고 고마운 마음까지도 듭니다.

1990년대 중반, 지금부터 십여 년 전 중국 유학생 시절 베이징의 중앙미술학원에서 술잔을 기울이며 인연을 맺은 후 나는 돈황으로, 다정 선생은 티베트 라싸로 홀연히 스며들어가 중국인들도 꺼려하는 오지에서 고행의 길을 자처했던 특이한 사이가 됐습니다. 지인들이 보내준 구호품(?)을 덜어 나눠 보내주며 비록 멀리 떨어져 있지만, 머나먼 이국땅 오지의 한 구석을 지키고 있다는 사실만으로 정신적 동질감을 느꼈던 분입니다.

다정 선생을 처음 만났을 때 여행가라고 자신을 소개 하더니 어느 날엔 판화작가로 활동 하시고 이제는 학자로서 학문적 영역을 넓히시니 다음엔 어떤 모습으로 나타나실지 기대가 됩니다.

이번에 출간하는 '실크로드 고전여행기'는 실크로드 관련 학문의 근간이 되고 있는 비중 있는 다섯 종의 고전여행기들을 집대성했다는 측면에서도 그 의의를 찾을 수 있겠지만 무엇보다 단순한 번역에 그치는 것이 아니고 다정 선생 특유의 부지런함과 성실함으로 일일이 현장을 답사하여 역서를 펴냈다고 하니 그 가치가 남다른 것 같습니다.

중국 남제(南齊) 때 화가이며 화론가인 사혁(謝赫)이라는 사람이 화가의 회화평론 판단의 기본규범으로 6법을 제시하였는데 그 중 '전이모사(傳移模寫)'라는 항목이 있습니다. 그림을 그림에 있어서 선대 화가의 그림을 모사하는 것을 통해 새로운 작품세계를 개척할 수 있다는 것인데, 모사를 할 때 가장 중요한 요소는 단순히 보고 베끼는 것이 아니고 원작자의 정신까지 옮기는 전신(傳神)이 이루어져야 모사작업의 최고의 가치로 인정된다는 것입니다.

다정 선생의 번역서를 접하며 전신(傳神)을 떠올리게 된 것은 그림을 옮기는 것이 모사라면 글을 옮기는 것은 번역인데 이번에 출간하게 된 다정 선생의 책이 단순한 번역서의 차원을 넘어 원작자와 일체가 된 번역서로서의 '傳神'을 이루었다고 생각되기 때문입니다.

추 천 의 글

고전여행기의 지도화·코드화는
과거의 시공을 찾아가는 의식의 실크로드

송순현(정신세계원 대표)

　홍천강 김 첨지께서 이번에 실로 대단한 일을 하셨습니다. 20년 넘게 티베트와 동북아 고대문화 답사와 연구에 몸 바쳐 오시더니 결국 〈실크로드 고전여행기〉 다섯 권의 주해서를 하나의 총서로 묶어내시니 그 빛나는 정신과 노고에 경의를 표하며 큰 박수를 보냅니다.
　특히 고전여행기의 지도화와 고대 지명의 코드화는 과거의 시공을 찾아가는 의식(意識)의 실크로드로서 인류의 오래된 미래를 환히 밝히는 획기적인 업적이 아닐 수 없습니다.
　과거 제가 운영하던 정신세계사에서 2003년에 다정 선생님의 노작 『티베트 역사 산책』, 2004년에 『티베트 문화 산책』을 발간한 일이 새삼 자랑스럽게 여겨집니다. 다정 선생님의 메마르지 않는 열정 속에 깃들어 있을 하늘의 뜻을 가늠해보며 누구도 막을 수 없는 그 도정(道程)에 영광이 가득하기를 기원합니다.

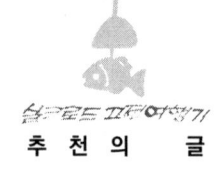

추 천 의 글

괴물 다정 선생님의 역작에 부쳐

옥영경(자유학교 물꼬 교장)

　스무 살에 이르던 어느 한때 '그리스인 조르바' 어디쯤에서 설산에 사는 수도승들에 대한 이야기로부터 티베트에 대한 꿈을 키웠고, 그 길 한 자락이 다정 선생님께로 흘러들어 실크로드까지 이어졌습니다. 그렇게 달포 가까운 날을 다정 선생님을 좇아 서역의 관문인 둔황의 양관(陽關)을 나가서 혜초와 현장이 걸었던 길을 더듬었더랬지요. 당신 아니었으면 제가 어찌 엄두를 냈을 일이라나요.
　어깨 걷고 함께했던 그 시간, 한 인간 안에 사는 지식의 거물이 어떻게 그토록 클 수 있는지, 나아가 그것이 아주 작은 떨림도 지나치지 않는 당신의 감성과 만나 어찌나 거대한 신화를 이루던지, 당신이 들려주시는 '한민족의 기원설'과 실크로드를 걷던 옛 여행가들의 이야기는 황홀하기 그지없었습니다.
　사마르칸트에서 오페라 라보엠으로 마감했던 그 여행에서 돌아온 얼마 뒤의 여름 끝자락, 선생님은 홀로 다시 파미르고원의 와칸계곡을 둘러보러 길을 떠나셨더랬습니다. 아마도 이런 거창한 작업의 마침표를 찍으시려는 듯이….
　"끝 날까지 지극하게 살다가 가는 것"이 오직 소망이라며, 게으르기 짝이 없는 날들을 사는 후대에게 당신의 이번 작업이 얼마나 큰 채찍질인지, 당신의 단단한 걸음들 앞에 부끄럽고 고맙고 감사합니다. 선생님, 정말 애쓰셨어요. 축하드립니다. 사랑합니다!

추 천 의 글

길(道)에서 길(道)을 찾다
: <실크로드 고전여행기>에 붙여

유정길(정토회 에코붓다 전 공동대표, 평화재단 기획위원)

나는 다정 선생을 2002년 아프가니스탄 카불에서 만났는데, 당시 국제개발협력 불교NGO인 정토회(JTS)에서 카불지원팀장으로 활동하고 있었을 때였다. 당시 아프간은 23년 동안의 전쟁이 끝난 직후라서 황폐하기 이를 데 없는 상황에 선생님은 위험을 무릅쓰고 아프간을 방문하여 우리단체와 인연이 되었던 것이다.

우리는 불교를 포교할 생각은 없지만 우리가 활동하고 있는 이 간다라 지역의 불교유적에는 관심이 가지 않을 수 없었다. 그래서 우리가 활동 속에 확인했던 카불 북쪽의 탑타라 마을의 스투파, 동남부의 스투파 등 여러 불교유적을 직접 소개해 드린 적이 있었다.

우리는 이 티베트와 실크로드 전문가를 그냥 보낼 수 없었기에 전기도 들어오지 않는 방에서 남포불을 켜고 이곳 간다라 지방의 역사와 유적 등에 대해『왕오천축국전』등과 같은 고전들을 종횡무진 아우르는 그의 이야기를 너무도 흥미롭게 들었던 기억이 지금도 새롭다.

당시 선생님은『佛光』잡지에「신왕오천축국전 별곡」을 연재하고 계셨고 이후 아주 재미있게 연재의 글을 읽은 적이 있었다. 아프간에 있었던 4년 동안 여러 번의 메일과 소식이 오갔고 당신이 쓰신 책도 보내주시고 하였지만, 정작 한국으로 돌아온 뒤에도 차

일피일 미뤄 아직도 뵙지 못했던 것이다.

  이후 여러 통로를 통해 다정 선생님의 책이나 활동소식을 듣다가 이번에 다섯 종의 책을 번역하셨다는 말을 듣고는 정말 감탄을 하지 않을 수 없었다. 선생님은 티베트전문가이기도 하지만 실크로드를 누구보다 많이 다니셨던 분으로 이미 여러 권의 책을 내셨던 분이다. 집필에 대한 그의 열정과 노력도 대단하거니와 더욱이 이번 다섯 종의 번역서는 단순히 고전의 언어를 번역한 것이 아니라 현장스님과 혜초스님이 다니신 곳을 당신이 직접 다니며 발로 확인하며 번역한 글이기 때문이다. 티베트의 문화와 실크로드에 대해 이리도 광범하고 집중적인 다수의 집필과 번역의 역작을 만들어내신 분이 동 시대에 함께 있다는 것만으로도 우리는 큰 행복을 누리고 있는 것이다.

추 천 의 글

바람이 다니는 영혼의 길목에서

유진규(춘천국제마임축제 예술감독, 마임니스트)

먼저 〈실크로드 고전여행기〉 완역이라는 장대한 작업의 끝맺음을 축하드린다. 몇 년 전인가? 다정 선생의 안내로 차마고도 언저리를 여행할 때다. 티베트 쪽으로 다가갈수록 오색영롱한 깃발인 '룽따'들이 눈에 띄기 시작했다. 고원지대를 지나는데 파란 하늘 아래 흩날리는 아름다운 빛깔의 그 깃발들은 정말로 눈부셨다.

온갖 모양으로 산꼭대기에, 중턱에, 계곡에, 물가에 꽂혀 있는 것을 보다보니 궁금한 생각이 들었다. 저것들이 곳곳에 있는데 장소와 무슨 관계가 있는가? 선생께 물었다.

대답은 "영혼이 지나가는 길목에 룽따를 매달아 놓는다"는 것이다.

영혼의 길목… 그곳은 바람이 다니는 길이었다. 이곳 사람들은 바람이 영혼인지 아는 사람들 이었다. 영혼이 지나다니면서 경을 읽을 수 있도록 '바람의 경전(風馬經)'-룽따를 펼쳐놓은 것이다.

그것을 찾아다니다 보면 그것을 닮아갈 수밖에 없다. 그래서 선생은 매년 자신이 만든 룽따를 티베트에 갈 때마다 걸어 놓는다고 했다. 그리고 그의 우거인 홍천강변의 수리재(水里齋)에도 걸어 놓았다. 속세에 살지만 그 속세를 영혼의 바람에 씻는 선생의 삶이 바람을 그냥 바람인 줄로만 아는 우리에게 전하고 싶은 것은 무엇일까?

내 속세의 때를 선생의 바람에 잠시 씻어본다.

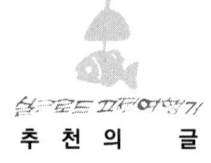

추 천 의 글

고대 인도 불적(佛跡) 여행기의 집대성

윤창화(불교출판협회 부회장, 민족사 대표)

다정 선생님의 〈실크로드 고전여행기〉는 7세기 중국 당(唐) 현장법사의 순례기 『대당서역기』와 8세기 신라 승 혜초(慧超)의 『왕오천축국전』 등 인도 불적(佛跡)을 다룬 여행기 다섯 종을 집대성시킨 것으로 우리나라에서는 보기 드문 대작이라고 할 수 있다.

10여 년 전 불교방송에서 책을 소개할 적에 마침 다정 선생님의 『티베트 역사산책』(정신세계사, 2003)이 나와서 깜짝 놀라 소개한 적이 있었는데, 이때부터 이미 다정 선생님은 티베트 등 실크로드 주변을 답사하고 있었다.

이 책은 다섯 종의 인도 고전여행기를 모두 역주한 것이지만, 그렇다고 단순한 역주서가 아니다. 이 책은 철저한 고증과 검토, 그리고 현장을 답사하여 옛 지명과 지금의 지명을 함께 표기해주고 있다. 또 각종 관련 지도를 삽입하여 살아 있는 여행기로서 현재적 의미를 살리고 있어서 더욱 돋보인다. 시간을 뛰어 넘어 고대와 현재를 연결시켜서 생동감을 주고 있는 점은 이 책의 또 하나의 특징임과 동시에 다정 선생의 탁월한 안목의 결과라고 할 수 있다.

특히 다정 선생님의 명언인 "모름지기 번역이란 원저자가 전하고자 하는 요점을 잘 파악하여 제 3의 언어로 정확하게 오롯이 옮기는 작업"이라는 말은 모든 번역자가 귀감으로 삼아야 할 지침이다.

추 천 의 글

다정 선생과의 인연담

李光軍(中國 魯迅美術大學 敎授, 美術史博士)

　삼장법사(三藏法師)의 『대당서역기(大唐西域記)』를 비롯한 다섯 종류의 고전들은 중국의 전문학자들도 어렵게 여기는 방대한 분량의 고전 중의 고전들인데, 이런 옛 문헌들을 시대에 맞게 현대 한국어로 번역하고 각주(脚註)를 달아 전집으로 묶어 출간을 하게 되었다니 어찌 경사스러운 일이 아니겠습니까?
　더구나 책 서두에 부록으로 붙어 있는 방대한 '사조지로(紗繰之路)', 즉 한국어로 '비단길'의 상세한 지도를 보니 더욱 그러하다고 생각됩니다. 사실 중국 본토에서도 '사조지로 지도'는 그리 여러 루트로 세분되어 있지 않습니다. 그런 것을 다정 선생은 무려 22가지로 분류하여 차례로 상세하게 지도를 만들고, 노정별로 그 루트를 설명하였습니다. 이는 아무나 할 수 없는 장대(莊大)한 작업이라 하겠습니다. 실로 옛 고전을 두루 섭렵한 박학다식한 실력과 자조지로를 두 발로 주파한 경험을 겸비한 내공이 없으면 할 수 없는 일이라 하겠습니다.
　제가 다정 선생을 처음 만난 때는 1993년 베이징 왕푸징의 중앙미술대학(中央美術大學)에서였는데, 당시 선생은 젊지 않는 나이로 중국에 와서 수인목판화(水印木版畵)를 어렵게 전공하고 있었습니다. 그러면서도 틈틈이 티베트(西藏), 둔황(敦煌), 신장위그르자치구(新疆维吾尔自治區) 등 극지를 홀로 돌아다니곤 했습니다. 아마도 그때부터 '사조지로'를 연구하여 20년 후 오늘날의 준비를 하였구나 생각하니 새삼 그 열정과 집념에 감탄사가 절로 생기며 마음속으로부터 축하의 말씀 드립니다.

추천의 글

아직 늦지 않았다네. 새로운 길을 찾아 떠나게

이상기(한국외국어대학교 대우교수)

"아직 늦지 않았다네. 새로운 길을 찾아 떠나게." 이게 다정 김규현 선생이 젊은 친구들에게 던지는 메시지다. 그는 이번에 내놓은 〈실크로드 고전여행기〉 총서를 통해, 젊은이들에게 새로운 길을 찾아 나설 것을 부탁한다. 이 책에는 64세의 나이에 실크로드를 따라 서역만리 길을 떠난 법현스님 이야기도 나오고, 국경통과를 불허한 황제의 명을 어기고 옥문관을 돌파한 현장스님 이야기도 나온다. 이들은 삶이 한 편의 여행이라는 생각에서 망설임 없이 새로운 길로 떠났던 것이다.

신라 출신의 혜초스님은 또 어떤가? 해로를 통해 천축에 갔다 육로로 돌아오는 새로운 루트를 개척했다. 이처럼 종교와 문화를 받아들이고 전파하려는 선각자들 덕분에 실크로드라는 새로운 길이 만들어졌다. 지금까지 실크로드는 3대 간선과 5대 지선으로 분류되어 왔다. 그러나 다정 선생의 〈실크로드 고전여행기〉 총서에서는 실크로드가 11개 루트와 22개 갈래로 확대되었다. 그리고 그것이 지도를 통해 상세하고 일목요연하게 정리되었다. '실크로드 갈래길 총도'가 만들어졌고, '파미르고원 횡단도'가 만들어졌다.

그뿐만이 아니다. 다정 김규현 선생은 이들 여행기에 나오는 모든 지명을 데이터베이스화하였다. 그리고 그 지명을 과거에서 현재까지 역사적으로 정리하고, 한자와 영어 표기를 부가하였다. 그는 이것을 지명의 코드화라고 말한다. 그럼 지도화와 지명의 코드화를 추구한 그의 의도는 무엇일까? 바로 이 총서가 실크로드 여행의 가이드북이 되기를 바라기 때문이다. 이처럼 그는 번역과 역주라는 기존의 참고서에서 한 발 더 나가고 있다.

  서양문학을 전공한 필자는 타클라마칸 사막 북쪽의 서역북로를 겨우 여행했을 뿐이다. 그렇지만 앞으로 파미르 고원을 넘어 인도까지 여행의 범위를 확대하려고 한다. 그렇다면 이 총서에 의지하지 않을 수 없다. 시대정신의 산물인 〈실크로드 고전여행기〉 총서 발간을 진심으로 축하드린다. 그리고 조만간 다정 김규현 선생과 함께 그 길을 걸을 수 있기를 희망해본다.

추 천 의 글

실크로드 고전여행기 출간을 축하하며...

이외수(작가)

멀고 먼
비단길에
한 생애
모든 꿈을 묻고
돌아오다

다정세상의
실크로드 고전여행기
출간을 축하하며
이외수

추 천 의 글

만행(萬行)의 방랑길에서 싸가지고 돌아온 한 보따리 선물

李仁秀(대구교육대학교 음악과 교수)

저는 불교나 역경 그리고 실크로드에 대해서는 잘 모릅니다만, 인간 다정(茶汀)은 잘 안다고 생각합니다. 다정과 나는, 물론 지연(地緣)이나 학연(學緣) 같은 연결고리는 없지만, 동갑의 나이로 지난 40여 년 동안 같이 음풍농월하며 세월을 보낸 '풍류벗'이기 때문입니다.

자유로운 영혼을 가진 탓인지, 역마살(驛馬煞)을 타고난 것인지, 그간 다정의 삶은 한 곳에 안주하지 않고 출가수행자로, 우리차(茶) 연구가로, 화가로, 티베트문화연구가로 그리고 홍천강변 수리재(水里齋)의 농사꾼으로, 수차례 변신을 거듭하였습니다. 그러면서도 그 세계에서 한 획을 그어왔지만, 그래도 한결같이 '자유로운 영혼'이란 울타리 세계 밖으로는 나오지는 않는 어찌 보면 외골수의 삶을 살아왔다고 보여집니다.

이제 그 오랜 인생이란 이름의 방랑길에서 돌아오면서 그는 한 보따리 귀중한 선물을 우리들 앞에 내려놓았습니다. 바로 〈실크로드 고전여행기〉 총서입니다. 박학다식한 재주꾼이 인생이란 나그네 길을 거의 완주한 경륜을 실어서, 세상에 내놓은 마지막 혼신을 다한 보따리이기에 이번 그의 작업은 더욱 귀중한 것이 아닌가 여겨집니다.

"다정! 수고했소. 그러나 이제는 좀 쉬시게나~"

추 천 의 글

다정 형님의 <실크로드 고전여행기> 발간을 축하드리며

장영기(수원대 환경에너지공학과 교수)

다정 형님과 나는 같은 DNA의 일부를 공유하고 있는 사촌지간이다. 또한 내가 어릴 때 원주 인동 고택에서 형님은 빡빡 머리 중학생으로 나는 코흘리개로 함께 생활하여 추억의 일부도 공유하고 있다.

그때 형님은 내가 필요한 놀이기구를 조르면 그것을 만들어 함께 놀아주던 우상이었다. 겨울이면 팽이, 연, 썰매 등이 형님 손에서 뚝딱 만들어지고, 나는 그것을 가지고 손이 꽁꽁 얼도록 뛰어다니던 추억이 있다.

그 후 형님은 출가와 환속을 거쳐 마곡 수리재에 정착한 듯하였으나 형님의 책들을 보면 아직도 영혼은 한 곳에 머물기를 거부하는 것 같다. 항상 여행자임을 고집하며 다른 사람까지 여행으로 유혹하고 있다.

나도 수년 전 중국 서부 실크로드의 둔황을 여행한 적이 있다. 끝없이 펼쳐진 사막과 세월의 풍광에 바랜 막고굴의 불교유적, 그리고 명사산의 오아시스.

그때의 감동은 여행이란 지리적으로 돌아다니는 것뿐만 아니라 시간을 돌아다니는 것일 수도 있다는 것을 느끼게 해주었다.

형님의 이번 고전여행기를 보니 지도까지 곁들여 더욱 억누르고 있던 여행 DNA를 자극하고 있다.

책의 한 구절처럼 앞서 길을 걷던 사문들이 우리들에게 시간과 공간을 뛰어 넘는 유혹을 하고 있다.
 "젊은 친구! 우리는 모두 여행자 아니었던가. 아직 늦지 않았다네. 자 이제 다시 흰 구름을 따라 길 떠나보지 않겠나."

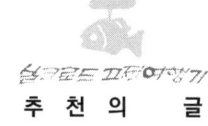

추 천 의 글

<실크로드 고전여행기>를 통해
꿈꾸던 내 길 하나 찾을 수 있으리라...

전상국(소설가)

 오래 전 홍천강 '수리재'에서 다정 김규현을 만난 뒤 내 오랜 꿈이었던 티베트 여행 계획을 슬그머니 접었다. 이 사람만큼 티베트를 볼 수 없다는 절망이었다. 다정이 바로 티베트였던 것이다. 티베트 고원의 신비를 얘기하는 그의 눈빛에서, 그가 그린 탕카 속에 티베트의 혼불이 타오르고 있었다.
 드디어 그 혼불이 일을 냈다. 인류역사상 최고·최대의 5대 인도 여행기를 원전을 넘어서는 오묘한 깊이의 필치로 엮어 묶어낸 일이다.
 이 방대한 기획의 <실크로드 고전여행기>는 신라의 혜초, 당의 현장 등 기록으로 전해지는 순례승들이 파미르고원 모래 바람과 대설산을 넘던 고행 속의 그 법열이 생생히 전해지는, 고대에서 현재로 통하는, 업그레이드된 인도 여행의 가이드북 완결판, 그 방면 자료의 보고(寶庫)이다.
 이 책이 더욱 소중한 것은 옛 순례승들 못지않은 열정으로 오늘도 그 길을 샅샅이 누비고 있는 다정 김규현의 숨결, 그 철학이 책 갈피갈피에 짙게 배어 있음의 발견이다.
 <실크로드 고전여행기>를 통해 꿈꾸던 내 길 하나 찾을 수 있으리란 기대로 가슴 설렌다.

추 천 의 글

영원한 자유인, 김규현을 말한다

전인평(중앙대 교수, 아시아음악학회 회장)

　김규현은 영혼과 몸이 자유로운 사람이다.
　제도권에 들어가 편안한 월급쟁이로 살아봄직도 하지만, 그는 한 번도 대학이나 연구소에 들어가 매인 생활을 한 적이 없다. 이렇게 자유로운 생활을 하지만 스스로를 채찍질하며 부지런히 사는 분이다. 그 성과는 『티베트 문화 산책』 등 수많은 저서로 나타나고 있다.

　김규현은 미개지를 찾아가는 선구자이다.
　그냥 가보는 것도 어려운 티베트에 가서 현지 문화를 연구하고, 한편으로는 카일라스산에서 세계 최초로 전시회를 하기도 하였다. 그리고 티베트 사랑에 빠졌다. 그 열매는 티베트문화연구소의 창립과 활동으로 많은 성과를 내고 있다.

　김규현은 훌륭한 문화해설가이다.
　그의 저서 제목을 보면 하나같이 어려운 테마를 잡고 있다. 그런데 이 어려운 주제가 김규현의 손을 거치면 중학생도 읽을 만한 쉬운 책이 된다. 그의 손은 미다스의 손이다. 가장 어려운 내용이 그의 손을 거치면 가장 쉬운 대중적인 표현으로 살아난다.

김규현은 소박한 시골 아저씨이다.

이처럼 엄청난 일을 하면서도 전혀 권위를 내세우지 않는다. 시골에서 농사짓는 편안한 아저씨의 풍모로 다가온다. 실제는 그는 농사를 지으며 살고 있다. 언제나 따스한 웃음으로 대하는 김규현 선생을 보면 저절로 마음이 열리고 편안해진다.

이제 〈실크로드 고전여행기〉 총서 다섯 종을 간행한다고 한다. 그 어려운 한자 문헌을 모조리 뒤져 번역을 하였다고 한다. 일천오백여 년 전의 여행기록이 이제 김규현의 손으로 생생한 현대어로 살아난다고 하니 기대가 크다. 여러 사람이 이 책으로 티베트를 더욱 사랑하게 될 것이다.

추 천 의 글

<실크로드 고전여행기> 총서의 출간을
진심으로 축하드리며

桐普 鄭大錫(서울대학교 국악과 교수, 거문고 협주곡 <수리재> 작곡가)

너무나도 빠르게 지나가는 세월 속에, 많은 이들이 그저 쉽게 습득하고 얻어지는 지식과 정보에 익숙해져 가고 있는 세상입니다. 그러나 보통 사람들로선 그 고통의 시간을 이겨내기 어려운 작업을 소걸음으로 한 걸음씩 묵묵히 걸어가는 사람도 있습니다.

내 오랜 풍류의 벗인 다정(茶汀)화백도 그런 사람 중의 하나일 것입니다. 그런 그가 오랜 세월 동안, 티베트고원과 실크로드의 험난한 사막 등을 답사하며 직접 차근차근 쌓아온 경험을 승화시킨 <실크로드 고전여행기> 총서를 무려 다섯 종이나 동시에 출간한다고 합니다. 우선 그 방대한 분량과 시대정신이 투영된 업그레이드된 해제문 모두에서 눈길을 거둘 수 없게 합니다.

다정의 이번 역저는 우리가 한 번에 얻을 수 없는 여러 경로를 통한 무한한 노력 속에 얻어진 것으로 우리 인간의 모든 마음을 담고 있는 듯합니다. 절대 경험해보지 않고는 느낄 수 없는 수많은 인생의 경로를 이 책을 통해 간접적으로 매우 친밀히 느껴볼 수 있게 하며 삶의 본질이 되어야 할 믿음과 신뢰를 다시금 회복시켜 주는 보물같이 귀중한 책이라 생각합니다.

이 총서의 출간을 진심으로 축하드리며 모두에게 이 책과 깊은 인연이 맞닿길 간절히 바랍니다.

추 천 의 글

술이작(述而作), 학수겸행(學修兼行)

정수일(동서문화교류연구소장)

'술이작'과 '학수겸행'을 몸소 수범하신 다정 김규현 선생께서 20여 년 동안 갈고 닦아온 〈실크로드 고전여행기〉 총서 역주본을 내놓으셨습니다. 이에 마음속 깊은 경의와 축하를 드립니다.

'술이작'은 『논어』에 나오는 "술이부작(述而不作)"에 대한 역설입니다. 즉 선인의 학설이나 이론을 서술해 밝힐 뿐만 아니라, 새로운 것을 창작한다는 말입니다. 『주희집주(朱熹集注)』에도 "술 전 구이이 작 즉창신야(述 傳舊而已 作 則創新也)"라고 그렇게 풀이하고 있습니다.

이 역작에서 다정 선생은 선학들이 행한 다양한 역주를 단순하게 취사선택하거나 모아 밝힌 것이 아니라, 나름대로의 고증과 시정으로 창신을 기했습니다. 특히 선생은 고산대천을 발섭(跋涉)하면서 선인들 그 누구도 해내지 못한 저자들의 행로를 구체적으로 밝혀내고 비정했으며, 그것을 세세히 지도에 앉혀 이해력과 현장감을 더했습니다. 이렇게 선생은 '술이작'의 탐구력을 유감없이 발휘했습니다.

다정 선생은 배움[學]과 닦음[修]을 겸행(兼行)하면서, '한 나무 아래 사흘을 머물지 않는', 늘 새것을 추구하는 구지와 구도의 나그네입니다. 구지와 구도는 별개가 아니라 하나입니다. 하나일 때, 비로소 배움과 닦음에 공히 천착할 수 있습니다. 선생과는 혜초

연구를 통해 학연을 맺어왔습니다. 5만 리 역정에서 혜초의 참을 구득하셔서『대하 로드 다큐멘터리: 신왕오천축국전』이란 눅진한 흙 묻은 책을 펴냈습니다. 혜초 연구에서 미제로 남아 있는 입적처를 함께 밝히자면서 친히 모은 귀중한 자료를 서슴없이 보내왔습니다. 그리고 항시 허심탄회하십니다. 학문에서의 겸허는 윤리적 미덕에 앞선 성공의 비결입니다. 다정 선생이야말로 그 체현자이십니다.

다정 선생은 늘 자신은 학자가 아니라고 낮춰 말씀하십니다. '학자비별(學者非別)', 즉 학자란 별 사람이 아닙니다. '배움'이란 화두를 집요하게, 정말로 닳도록 집요하게 틀어쥐고 '술이작'할 때, 학문적 성과가 이루어지고, 그래서 대작이 나오게 되는 법입니다. 이것은 마냥 오늘의 다정 선생을 두고 하는 말 같습니다. 이른바 학벌만이 곧이곧대로 학자의 잣대가 되는 것은 결코 아닙니다. 오히려 학벌타령은 자학(自虐)이 될 수 있습니다.

다시 한 번, 다정 김규현 선생의 노고에 감사하면서, 더 빛나는 학문적 업적이 이루어지기를 두 손 모아 기원하는 바입니다.

추천의 글

소걸음으로 만 리 길을 가다

雪山 鐵眼(문경 대승사 선원 수좌)

비로자나 법신불(法身佛)께 귀의합니다.

고대 천축국(天竺國)을 순례한 순례자들이 쓴 방대한 고전을 모두 완역하여 출간하는 〈실크로드 고전여행기〉 번역총서는 질적, 양적으로 모두 큰 의미를 지닌다고 하겠습니다.

우선 그 분량만 보더라도 장대한 작업으로 불교종단 차원의 역경원 같은 큰 연구기관에서도 힘이 벅찬 작업량인데, 그것을 일개 개인이 20여 년이란 오랜 세월을 거쳐 해냈다는 것은 찬탄을 금할 길 없습니다. 본인의 출가본사가 한글역경불사의 거점인 봉선사(奉先寺)이기에 더욱 그러합니다. 비유하자면, 마치 "소걸음으로 만 리 길을 가다"라는 구절이 어울리는 일입니다.

더구나 오래된 고전을 시대정신에 맞는 언어로 번역하고 또한 고대의 지명을 철저한 현장 확인과 고증을 거쳐 현대의 지명으로 코드화한 작업 그리고 본인도 쿰부히말 티베트 스님들의 여정을 찾아다닐 적에 지도와 선배들의 정보가 큰 도움이 되었습니다.

그러나 그 옛날 구법승들은 먼저 목숨을 걸고 걸쳐간 선배들의 뼈와 해골을 이정표 삼아 구법의 길을 가셨습니다. 그 길을 다정거 사께서 혜초스님, 현장법사 같은 고대 구법승들이 걸어갔던 그 행로를 꼼꼼히 여러 장의 지도로 만든 것은 일찍이 그 누구도 해내지 못한 쾌거라 더욱 감동을 줍니다.

본인은 다정화백과 해인사 시절부터 인연을 맺어 어언 40여 년이 되어 갑니다. 그 오랜 세월 곁에서 지켜본 바로는 그간 다정의 삶은, 비록 가정을 이루고 세간에 머물고 있어도, 마치 진리를 추구하는 수행자의 모습과 다르지 않게 한결같이 화두를 놓지 않고 있었기에 마침내 오늘의 대작불사(大作佛事)를 회향하지 않았나 여겨집니다.
　현대의 수행자들에게 이 책은 필독서로서 그 옛날 구법승들의 열정과 마음을 읽을 수 있는 소중한 책으로 권해드리는 바이며, 다정거사님의 그간의 노고에 위로와 아울러 축하의 말씀도 함께 전하는 바입니다.

추 천 의 글

언젠가 나도 그를 따라
티베트 고원에 홀로 서 있지 않을까?

최돈선(시인)

다정은 화가이나 또한 티베트 역사를 섭렵한 사람이다. 거의 이십여 년을 티베트 이곳저곳을 여행했다. 그는 인생에서 가장 중요한 시기를 티베트에서 보냈다. 그는 티베트와 관련된 많은 책을 썼다. 그의 책은 티베트 연구에서 핵심적인 텍스트로 되어 있다.

오래 전 일이다. 다정이 티베트에서 돌아온 지 며칠 지난 후다. 전기 합선으로 홍천 수리재가 몽땅 불에 타 없어졌다. 내가 달려갔을 때 그는 불탄 잿더미 곁에 앉아 있었다. 아직 타지 않은 잉걸불이 가느다란 연기를 피워 올렸다.

다정이 나를 보고 말했다.

"책이고 티베트 자료고 뭐고 다 탔어. 근데 불타는 중에 건진 게 있어. 아들의 컴퓨터와 그림 한 장. 이 그림 최 시인이 말하던 조장 그림이야. 당신 줄려고 했던 거야."

그림엔 죽은 자가 반석 위에 누워 있고 독수리들이 주위를 에워싸고 있었다. 스님 한 분이 염불을 하고 있었다. 가느다란 향불이 파리하게 솟아올랐다. 난 그 그림을 가져왔다. 우린 더 이상 아무 말도 하지 않았다.

그리고 세월이 흘러 다정은 수리재를 손수 재건축하고 또 다시 티베트 방랑길이 들어섰다. 그는 죽을 때까지 티베트를 여행할 것이다. 그는 티베트를 연구하고 티베트를 사랑할 것이다. 나는 다정의 그런 역마살을 존경하고 그리워한다. 언젠가 나도 그를 따라 티베트 고원에 홀로 서 있지 않을까 하는 꿈을 꾸면서…. 세상일은 알 수 없는 것이다.

추 천 의 글

사람은 옛사람이 좋고 물건은 새것이 좋다

현각(원주 성불원 회주)

"사람은 옛사람이 좋고 물건은 새것이 좋다"는 말이 있습니다. 다정 김규현 선생과 처음 만난 지도 40년이 훌쩍 넘는 세월이 흘러서 이제는 서로가 삶의 흔적이 여기저기 묻어나는 나이가 되었네요.

가야산 해인사에서 함께 했던 지난날들이 때로는 삶을 지탱하는 중심이 되기도 하고 때로는 돌아가고픈 고향이 되기도 합니다.

해인사를 떠난 이후 간간이 소식을 접할 때면 예술가로 문필가로 활동을 하시다가 언제부터인가 티베트에 관심을 갖고 서역의 전문가가 되어서 내가 살고 있는 강원도에 터를 잡아 절친한 이웃이 된 것은 아마도 전생의 인연이 계속되고 있다는 생각이 듭니다.

실크로드는 수행자로 반드시 가야 하는 길이기에 해인사에서 함께 수학하던 도반들과 꿈같이 다녀왔는데 이번에 다정 선생의 역작을 통하여 다시 길을 떠나는 느낌을 갖게 됩니다.

그간의 노고에 깊이 경의를 드립니다.

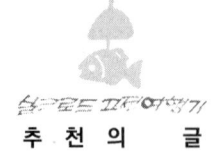

추 천 의 글

⟨실크로드 고전여행기⟩ 총서의 발간을 축하하며

황병기(작곡가, 대한민국예술원 회원)

젊은 시절 '실크로드'처럼 나를 설레게 한 주제가 없었다. 그래서 1977년에 ⟨비단길⟩이라는 가야금 곡을 작곡하기도 했다.

이번에 김규현 선생이 ⟨실크로드고전 여행기⟩ 총서를 낸다니 참으로 반가운데, 그 내용을 훑어보니 가히 압권이라는 생각이 든다. 한 권만 해도 대단한데 총 5권을 번역하고 더구나 현지를 답사하면서 지도까지 만들었다니 실로 놀랍다.

우리 모두가 기다리던 고전 중의 고전이어서 빨리 읽고 싶은 마음이 앞선다. 김규현 선생의 노고를 치하하고 그가 이룬 위업에 존경의 뜻을 표하고 싶다.

파미르고원 횡단도

<파미르고원 횡단도 정식명칭>
9. 파미르 횡단로(Pamir 橫斷路)
- (9-1) 사리쿨 고개길(Sari-kul Pwy)
- (9-2) 와칸주랑 북쪽길(Wakhan Corridor north way)
- (9-3) 와칸주랑 남쪽길(Wakhan Corridor south way)
- (9-4) 다르코트 고개길(Darkot Pwy:高仙芝路)
- (9-5) 쿤제랍 고개길(Khunjerab Pwy)
- (9-6) 카라코람 고개길(Karakoram Pwy)

타지키스탄 두산베 (파미르하이웨이) PARMIR HIGHWAY

TAJIKISTAN

BADAKHSHAN

야실쿨호수(Yasil-kul Lake)
토가르카키(Togarkaki)
QATARKOHI WAKH
조르쿨
조르쿨호수
빅토리아호

호로그(Khorog)
파미르 하이웨이(P.hwy)
파미르천(Parmir River)
카르구쉬(Khargush)
BIG PARM (6,421M)

화이자바드(Faizabad)
쿤두즈(KUNDUZ)
발흐

아비판자강(Ab-i-Panja)

종(Zong)
와칸천(Wakha River)
WAKHAN CORRI
바로(Bar)

이스카심(Iskashim)
괄라판자(Qala Panja)

이스카셈(Iskasham)
칸두드(Khandud)

AFGANISTAN

HINDU KUSH RANGE

NWFP

CHITRAL

치트랄(Chitral)

PAKISTAN

Line Of Control

쿠나르강(Kuar River)

니모그람유적지(Nimogram)
스왓트강(SWAT River)
상그라고개(Shangla Pass)
부트카라유적(Butkara)
상게다르수트파(Shangerdarstupa)

카라코람 하이웨이(KKH)
아보타바드(Abottabad)
인더스하
KOHISTAN

페샤와르(PASHAWAR)
이슬람아바드(ISLAMABAD)

범례
- 산맥
- 국경
- 분쟁국경
- 강
- 고개
- 도로 방향
- 마을
- 중요도시
- 산
- 유적지
- 9-1 ~ 9-6 파미르횡단지도 번호
- 3-6 실크로드총도 번호